■ 2023年度浙江省哲学社会科学规划课题后期资助项目"职业教育赋能脱贫致富的路径研究",编号:23HQZZ52YB

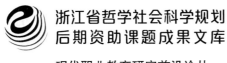

浙江省哲学社会科学规划
后期资助课题成果文库

现代职业教育研究前沿论丛

职业教育赋能脱贫致富的理论与实践研究

瞿连贵　著

ZHEJIANG UNIVERSITY PRESS
浙江大学出版社
·杭州·

图书在版编目（CIP）数据

职业教育赋能脱贫致富的理论与实践研究 / 瞿连贵著. -- 杭州：浙江大学出版社，2024. 11. -- (现代职业教育研究前沿论丛 / 王振洪，朱永祥丛书主编).

ISBN 978-7-308-25580-6

Ⅰ. G71

中国国家版本馆CIP数据核字第2024QL5648号

职业教育赋能脱贫致富的理论与实践研究

ZHIYE JIAOYU FUNENG TUOPIN ZHIFU DE LILUN YU SHIJIAN YANJIU

瞿连贵　著

责任编辑　黄梦瑶

责任校对　张培洁

封面设计　周　灵

出版发行　浙江大学出版社
　　　　　　（杭州市天目山路148号　邮政编码310007）
　　　　　　（网址：http://www.zjupress.com）

排　　版　杭州林智广告有限公司

印　　刷　广东虎彩云印刷有限公司绍兴分公司

开　　本　710mm×1000mm　1/16

印　　张　20.5

字　　数　333千

版 印 次　2024年11月第1版　2024年11月第1次印刷

书　　号　ISBN 978-7-308-25580-6

定　　价　88.00元

"现代职业教育研究前沿论丛" 序

职业教育是国家教育体系中不可或缺的重要部分。伴随着现代化建设进程的加快，职业教育不断壮大。时至今日，我国已经建成了世界上规模最大的职业教育体系，十八大报告中提出的"加快发展现代职业教育"更是将职业教育由"大"变"强"作为共同愿景上升到了国家战略的高度，表明了我国加强现代职业教育的决心和信心。职业教育不仅大有可为，更应当大有作为。作为其中重要的理论支持，职业教育研究也应当大有可为、大有作为。

一个领域的研究水平往往代表着这个领域的发展水平，作为教育学中的"后生"，我国职业教育研究的历史并不算长，但研究热情之高、总体趋势之好、形式内容之丰富都是前所未有的。一大批职业教育人将职教研究作为追求的方向与目标，积极回应和破解职业教育改革发展中的现实问题、重点问题、难点问题，积极探索中国特色职业教育的发展路径，取得了一批高水平、有影响、可借鉴的研究成果，推动了职业教育的发展。

但同时也应该看到，职业教育研究的总体成就与其他学科相比仍有差距，在国际舞台上的声音还不够响亮。职业教育尚有许多理论问题和实践问题需要通过深入的科学研究来进一步理清和解决。在这样的时代需求中，"现代职业教育研究前沿论丛"的主编单位——浙江省现代职业教育研究中心应时而谋、顺势而生。中心前身为金华职业技术学院高职教育研究所，该研究所作为浙江省成立最早的高职教育研究所之一，多年来致力于专深的职教研究。为适应新常态、谋求新作为、实现新发展，2012年5月，金华职业技术学院联合浙江省教育科学研究院成立了浙江省现代职业教育研究中心。2013年1月，中心获批成为"浙江省哲学社会科学扶持型研究基地"；2015年2月，中心正式成为"浙江省哲学社会科学重点研究基地"，是浙江省目前唯一依托高职院校的省级哲学社会科学重点研究基地。浙江省现代职业教育研究中心成立虽然只有四年时间，但以金华职业技术学院高职教育研究所为起点，则有着十余年的发展历史，十余年来，依托国家示范性高职院校建设项目，中心取得了丰硕的成果。作为职业教育的实践者、思考者和记录者，中心始终紧扣改革主题，专注现代职业教育研究，不断发挥在职教研究领域中的先导作用，形成了相当的知名度和影响力。

现代职业教育的快速发展需要强有力的科学研究作支撑，而"现代"两字凸显发展职业教育的时代性，赋予职业教育新目标和新内涵，同时给职业教育研究提出了新命题和新要求。身处五年发展的关键期，职业教育即将进入一个全新的发展阶段，职业教育研究不仅要因势而动、积极求变，更要有的放矢、精准发力，围绕新常态下职业教育的新议题展开一系列的思考和探索，用职业教育理论来说明和阐释职业教育实践，用职业教育实践来丰富和发展职业教育理论，使两者互为补充、齐头并进。这既是现代职业教育发展的现实要求，也是广大职业教育人的责任担当。浙江省现代职业教育研究中心正是抱着这样的初衷出版"现代职业教育研究前沿论丛"，作为中心的一员，我深感快慰。

丛书由浙江省现代职业教育研究中心主编，旨在通过优秀成果的集中展示反映当前职业教育的研究水平，可谓是职业教育研究者的一次集体思想行动。丛书的研究选题关注目前职业教育中的一些热点难点问题，基本代表了现阶段职业教育的理论前沿，将陆续呈现给读者。期待未来能有更多的职业教育研究者加入这一集体行动，使先进思想通过"现代职业教育研究前沿论丛"落地生根，为职业教育走向未来注入新理念、新智慧和新方法，使更多人因此认识职业教育、认可职业教育、推崇职业教育！

借此机会，把这套丛书推荐给广大职业教育的支持者、改革者和实践者，同时瞩望浙江省现代职业教育研究中心继往开来、砥砺奋进、乘势而上，取得新的更丰硕的研究成果！

是为序，更为盼。

石伟平：亚洲职业教育与培训学会（AASVET）原会长，中国职业技术教育学会原副会长兼学术委员会执行主任，华东师范大学职业教育与成人教育研究所原所长、教授、博士生导师，浙江省现代职业教育研究中心学术委员会主任

2016年7月于上海

序　言

　　增进民生福祉始终是我国职业教育的重要价值追求。在促进贫困群体摆脱贫困进而走向富裕的国家规划中，职业教育发挥了关键作用；在促进低收入群体增收致富的社会工程中，职业教育也将大有可为。对职业教育赋能脱贫致富的中国实践展开理论阐释和实证分析，不仅可以从理论上丰富脱贫致富中国模式的具体内涵，在实践层面上也有完善共同富裕中国方案的重大现实意义。连贵的专著《职业教育赋能脱贫致富的理论与实践研究》便是该学术领域的最新探索成果之一，该著作在博士论文（2021年）的基础上修改完善而成，其中还融入了作者毕业后对相关问题的最新思考，对职业教育赋能脱贫致富的理论与实践问题进行了较为系统、深入的研究。看到连贵这部专著即将付梓，作为他的博士研究生导师，也作为长期关注并参与我国西部民族地区职业教育赋能脱贫攻坚的研究者，我倍感欣慰！

　　品读下来，本书具有以下几个特点：

　　一是整合性与创新性相得益彰。既有研究往往要么着眼于脱贫攻坚，要么紧盯共同富裕，人为地区分出两个独立的阶段，本书将摆脱贫困与迈向富裕统一起来，突破既有研究思路的局限，更加贴近职业教育赋能脱贫致富的实际。相较于已有研究，本书注重理论整合与拓展，将内源发展理论与赋权理论相整合，阐明职业教育激活低收入者内源发展动力并赋予其自主发展能力的内在统一；将人力资本理论与现代治理理论相结合，构建职业教育开发低收入者专用人力资本并促进其向就业岗位转换的实践路径。此外，本书提出职业教育开发低收入者面向职业的专用人力资本，相较于其他教育形式，这一点在脱贫致富方面有着独特优势，丰富了人力资本理论内涵。

　　二是科学性与人文性互相关照。本书注重对职业教育赋能脱贫致富中国实践的学理分析与现实刻画。对职业教育赋能脱贫致富政策的历史分析揭示了政策演进的阶段、动因及治理逻辑等基本规律，对职业院校贫困家庭毕业学生就业创业的个案研究展示了身处困境的个体依靠技能摆脱不利处境的行动过程，对职业院校和企业促进共同富裕的案例分析则呈现了社会积极参与的生动画卷，是对职业教育赋能脱贫致富中国实践的多维刻画。本书既是对职业教育服务脱贫攻坚历史的回望，更是对职业教育赋能共同富裕未来的探寻，具有现实温度和人文关怀。

三是理论性与实践性有机融合。本书阐明了职业教育赋能脱贫致富的理论逻辑、政策逻辑和实践逻辑，提供了新的理解视角和理论知识；构建了以对象辨识、方法确立、目标达成为基本要素的职业教育赋能共同富裕的实现路径，提供了实践指导和行动范例。在此基础上，本书提出了面向共同富裕的以低收入群体为重点、以面向就业创业的能力建设为核心、以促进低收入群体增收致富为目标的行动方案，具有重要参考价值。

期待连贵这部专著引发更多学者对该领域的关注与探究。当然，职业教育赋能共同富裕社会建设尚处于早期探索阶段，连贵这部专著同样存在有待改进完善之处。希望连贵继续关注该领域，尤其是推进实现共同富裕进程中的职业教育发展，聚焦问题，深入研究，取得新的突破。

谨为序。

华东师范大学终身教授

2024 年 9 月 26 日

目　录

第一章

绪　论

在漫长的历史发展中，人类自古面临贫困和不平等两个具有普遍性的问题[①]，前者在生产力发展水平普遍较低的社会尤为突出，后者在物质资源较为丰裕但社会分配和财富占有差距较大的时代更为明显。人类发展的历史便是不断解放和发展生产力、不断扩充社会财富，进而从普遍贫困到逐步摆脱贫困再走向普遍富裕的社会发展过程和历史演进进程。

公元1500年以前，对于世界上的大部分地区而言，贫困主要由地方资源引发，比如自然灾害、战争和各文明的分配制度；工业革命以来，工业化和随之而起的帝国主义改变了全球财富创造的方式，致使世界上越来越多的人依赖雇佣劳动和与他们的生存密切相关的市场，他们也更容易陷入生存的困境。[②]在工业化社会中，制度性的贫困使得贫困群体的数量日益增加，危及社会秩序和安稳，引发统治者的高度关注，进而出现了国家对贫困的制度化干预。英国于1601年颁布《济贫法》，从国家层面正式推行劳作学校（industrial school）制度，面向那些父母亲接受济贫区的救济并且年龄在3—14岁的贫苦儿童，提供如纺织、编织和其他毛织品制作等实用的手工类课程学习。[③]

该法的颁布，标志着职业教育成为英国政府干预贫困的正式制度安排，拉开了职业教育参与贫困治理的历史序幕。在西欧各国的工业化过程中，绝对贫困是绝对存在的现象，尤其是在工业化初期；随着西欧各国进入工业化后期，

---

① 郑永年.共同富裕的中国方案[M].杭州：浙江人民出版社，2022：1.

② 史蒂芬·M.博杜安.世界历史上的贫困[M].杜鹃，译.北京：商务印书馆，2014：12.

③ 细古俊夫.技术教育概论[M].肇永和，王立精，译.北京：清华大学出版社，1984：47.

社会福利政策得以实施之后，集团性的绝对贫困已逐渐消失，在促进集团性贫困群体摆脱贫困的过程中，职业教育和培训发挥了重要作用。[①]

在工业社会及后工业社会中，由于工业化过程中相对贫困所具有的持久性特征，英国所确立的面向贫困群体提供职业教育和技能培训、为其谋生和发展提供支持的传统，虽历经400余年的变迁，但对于促进有劳动能力的贫困劳动力摆脱贫困和获得发展，至今仍然具有重要启示。

第一节　研究缘起与研究价值

如何摆脱贫困进而实现富裕是人类孜孜以求的社会目标，也是知识界恒久的研究问题，更是社会发展中长期面临的现实难题。贫困的发生具有复杂的因素，既有内在的精神因素，也有外在的物质因素，既有先天的成因，也有后天的影响，既有整体的因素，也有个体的因素。[②]随着贫困治理理论的发展和具体实践的深入，人类对贫困问题的理解和认识也走向深入，逐渐认识到贫困问题具有历史性、综合性、普遍性、差异性、阶段性和长期性等特征[③]。在中国已从脱贫攻坚转向共同富裕的历史背景下，缘何将研究主题确定为职业教育赋能脱贫致富？主要基于以下三点考虑。

首先，从历史发展看，贫困现象和问题随着社会发展而变化，但难以从根本上消除。当今的贫困问题，尤其是相对贫困问题仍然需要高度关注。党的十八大以来，国家强力推进精准扶贫精准脱贫，打响脱贫攻坚战，反贫困工作取得关键性进展。以现行的农村贫困线为标准，2013年到2018年的6年间，中国农村减贫规模分别为1650万人、1232万人、1442万人、1240万人、1289万人和1386万人，每年的减贫人数均超过1000万。6年来共减贫8239万人，年均减贫1373万人，农村贫困发生率已从2012年的10.2%下降到2018年的1.7%，有10

---

① 厉以宁.工业化和制度调整：西欧经济史研究[M].北京：商务印书馆，2010：283-303."集团性贫困"主要指当时工业化进程中出现的群体性或阶层性的贫困。

② 王曙光.中国农村：北大"燕京学堂"课堂讲录[M].北京：北京大学出版社，2017：317.

③ 曾天山.教育扶贫的力量[M].北京：教育科学出版社，2018：2.

个省份的农村贫困发生率已降到1.0%以下。^①需要说明的是，目前所实现的脱贫与全面建成小康社会的要求、与国际社会通用的新的贫困标准还有很大差距。而要缩小这一差距，需要有效提高低收入人口的收入水平。有效提升低收入人口的收入水平，关键在于提升他们面向劳动世界的职业能力，进而实现稳定就业和高质量就业，实现这一目标的关键则在于，为低收入人口提供面向就业的职业教育和培训服务以提升其就业竞争力。

其次，从社会现实看，2020年后，需要面对已脱贫人口返贫、预防新的贫困发生以及更为复杂的相对贫困治理等复杂问题。从我国实际情况看，基于部分已脱贫地区和人口中产业基础比较薄弱、产业项目同质化严重、就业不够稳定、政策性收入占比高等多方原因，已脱贫人口中近200万人存在返贫风险，边缘人口中近300万人存在致贫风险。^②经济合作与发展组织（OECD）通常采用相对贫困线衡量一个国家的贫困程度。这里的相对贫困线指的是一个国家"中位收入者收入水平的50%"^③，相对贫困线以下的人群所占的比例就是相对贫困率，相对贫困率的高低实质上反映了财富分配不公平的程度。在相对贫困治理时代，主要是解决低收入群体的增收问题，本质上是促进这些群体的能力发展，而职业教育和培训将是重要举措和有效渠道。

最后，从未来发展看，乡村振兴战略的推进乃至共同富裕的实现，前提和基础是解决广大乡村人口的增收问题。新中国成立以来，摆脱贫困始终是党和政府优先考虑的事项，先后制定和实施系列的中长期扶贫工作规划，从新中国成立初期的救济式反贫困到开发式反贫困而后发展为精准扶贫和精准脱贫，构建起立足实际、符合中国国情的农村反贫困道路，为全面建成小康社会奠定了坚实基础。^④全体人民共享全面建成小康社会的发展成果，关键在于提升人民群

---

① 国家统计局.扶贫开发持续强力推进 脱贫攻坚取得历史性重大成就——新中国成立70周年经济社会发展成就系列报告之十五[EB/OL].（2019-08-12）[2023-12-21]. https://www.gov.cn/xinwen/2019-08/12/content_5420656.htm.

② 刘新吾，原韬雄，吴月，等.如何防止脱贫人口再返贫？[N].人民日报，2020-08-17（7）.

③ 李华.国际社会保障动态：反贫困模式与管理[M].上海：上海人民出版社，2015：34.

④ 国家统计局.扶贫开发持续强力推进 脱贫攻坚取得历史性重大成就——新中国成立70周年经济社会发展成就系列报告之十五[EB/OL].（2019-08-12）[2023-12-21].https://www.gov.cn/xinwen/2019-08/12/content_5420656.htm.

众的生活水平，尤其是解决低收入人口和贫困人口能力不足、收入偏低、低水平发展的问题。简言之，通过低收入人口收入的增加，实现全体人民共享发展成果。而收入的增加，关键在于提升低收入人口进入劳动力市场、参与市场竞争的能力，主要渠道则在于就业导向的教育和培训。

在后脱贫时代，随着乡村振兴的推进，相对贫困治理已然是我国面临的重大现实问题。[①]对于相对贫困的治理，尤其是有劳动能力的低收入人口的贫困治理，职业教育和培训将成为基础性工具和关键性渠道。在人类摆脱贫困迈向富裕的漫长实践中，发展经济以扩充社会物质财富是始终不变的方向。

一、研究缘起

通过长期共同努力，中国绝对贫困问题整体上得以解决，在此过程中，职业教育发挥了重要且积极的作用，为中国脱贫攻坚事业提供了有力的教育保障和技术技能支撑。回望脱贫攻坚的历史，有必要反思和回答职业教育赋能脱贫致富何以可能；面向共同富裕的时代需求，更需要思考和谋划职业教育如何赋能低收入群体增收致富。透过职业教育赋能脱贫致富的漫长历史，唯有从根本上回答职业教育赋能脱贫致富如何可能和如何实现的理论问题，才能提供更好的职业教育赋能共同富裕社会建设的行动方案。

（一）职业教育赋能脱贫致富成为各国社会治理的共同选择

反观国内外反贫困的历史经验，发现职业教育和培训或作为福利国家实施积极福利政策的重要内容（如英国），或作为享受政府公共救助的必备要件（如美国），或作为解决贫困问题的重大举措（如非洲诸多国家和地区）。其背后的经验和做法值得深思，可以为今天的贫困治理尤其是相对贫困治理提供有益的借鉴和参考。

一是英美等发达国家实施积极贫困治理政策，将技能发展（skills development）和促进就业作为减轻贫困的重要制度安排。比如，英国通过构建

① 2018年9月21日，习近平在十九届中央政治局第八次集体学习时的讲话中指出："2020年全面建成小康社会之后，我们将消除绝对贫困，但相对贫困仍将长期存在。到那时，现在针对绝对贫困的脱贫攻坚举措要逐步调整为针对相对贫困的日常性帮扶措施，并纳入乡村振兴战略架构下统筹安排。"

"学习和技能体系"（learning and skills system），以应对城市工作贫困问题，取得明显成效；美国将"接受职业技能培训并积极寻找工作"纳入领取政府社会救助的基本条件，以加强对救助对象的约束。这些经验背后的认识论及其治理的理念是什么？其内在的机理又是什么？这些问题需要展开深入细致的分析，对更有效发挥职业教育赋能脱贫致富功能和价值具有重要借鉴意义。

二是主要国际组织将职业教育视为全球贫困治理的关键工具向发展中国家推广。2001年，联合国教科文组织（UNESCO）在其通过的决议中明确"技术和职业教育是减轻贫困的一种可行方法"；世界银行密切关注青年就业中的技能培养以应对就业危机；经合组织制定"技能发展战略"，应对工作世界的危机和预防贫困的发生；国际劳工组织（ILO）着力于教育与劳动力市场衔接机制的建立，以促进技能供给方与劳动力市场需求的高度匹配，有效预防因技能无效或失配引发的工作贫困。值得注意的是，这些主要国际组织无一例外地将关注的目光投向"工作技能"。这种开发各类社会群体工作技能的普遍选择，对于推进当前共同富裕社会建设具有现实价值。

三是职业教育为发展中国家的贫困治理做出了积极而重大的贡献，这已成为各国的普遍共识。近年来，非洲的尼日利亚、赞比亚，东南亚的菲律宾、越南等国家相继出台反贫困战略或规划，纷纷将职业教育作为重要政策手段。

由上可见，职业教育和培训已成为发达国家和发展中国家应对绝对贫困及相对贫困问题的共同选择，通过职业教育和培训，促进贫困者和弱势群体的技能发展，进而促进就业和摆脱贫困是基本的原理。

（二）职业教育赋能脱贫致富成为国家社会治理的制度安排

改革开放以来，从大规模实施扶贫开发、脱贫攻坚、乡村振兴到共同富裕，贫困问题始终是党和政府、社会各界密切关注的重点和难点。贫困治理实践证明，教育是国家贫困治理战略的基础性、先导性和根本性工程。作为重要的教育力量，职业教育始终为中国脱贫致富事业发挥着积极而重大的作用。然而，职业教育何以能脱贫致富，其内在机理是什么？沉淀下来的值得反思和借鉴的经验何在？其对当今建设共同富裕社会有何意义？

综观现实，中国脱贫攻坚创造了世界奇迹，贡献了中国方案，备受世界瞩目。2012年到2018年，西部地区的农村贫困发生率从17.6%下降到3.2%，6年累计下降14.4个百分点。[1]中国减贫是世界贫困治理事业的重要组成部分。中国脱贫攻坚事业的奇迹折射出政治体制、经济发展、文化传统的诸多优势，更汇聚了教育的贡献和职教的力量。

由于现代社会的劳动分工渐趋细化，在诸多贫困治理工具中，作为促进贫困劳动力自身能力发展、服务潜在劳动者素质提升、培养适应就业所需的劳动者的重要手段，职业教育在减轻贫困、摆脱贫困、阻断贫困传递、预防贫困发生中发挥着日益重要的作用。发挥职业教育更大的反贫困功能和价值，有赖于对其内在作用机理和具体路径进行深度反思和实践改进。

（三）职业教育赋能脱贫致富成为当代社会治理的现实选择

在到2020年我国现行标准下农村贫困人口实现脱贫、贫困县全部摘帽、解决区域性整体贫困的目标任务驱动下[2]，区域和个体的绝对贫困问题得到有效解决。然而，从贫困问题演变发展的普遍规律看，贫困问题和现象不会就此永久性消除，而是将以新的形式存在，仍将是社会建设和人类发展中不可忽视的社会问题。

从发展的视角看，面向未来的贫困治理，需要在宏观层面形成政策制度体系，使其既能发挥贫困人口的能动性，又能认识到贫困人口自身努力的局限性，既要发挥社会保障的兜底扶贫功能，又要防止福利陷阱的发生；在微观层面则需要关注贫困发生机制、有效扶贫机制及有效预防机制。[3]就全球来看，绝对贫困明显减少，但并未彻底消除，在部分国家和地区，甚至因疫情、局部战争、自然灾害和突发事件而加剧。就国内而言，随着经济发展水平的整体提升、收入差距拉大的趋势难以在短期内扭转，脆弱群体返贫风险依然存在，防返贫问题和相对贫困问题将成为后脱贫时代贫困治理的重点和难点。

---

① 国家统计局.重大战略扎实推进区域发展成效显著——新中国成立70周年经济社会发展成就系列报告之十八[EB/OL].（2019-08-19）[2023-12-21].https://www.stats.gov.cn/sj/zxfb/202302/t20230203_1900428.html.

② 习近平：在决战决胜脱贫攻坚座谈会上的讲话[EB/OL].（2020-03-06）[2023-12-21]. http://www.xinhuanet.com/politics/leaders/2020-03/06/c_1125674682.htm.

③ 李小云，陈邦炼，唐丽霞.精准扶贫：中国扶贫的新实践[J].中共中央党校（国家行政学院）学报，2019（5）：89.

对于贫困的社会化治理，我们可以从国际组织的实践和经验中借鉴什么？可以从我国以往职业教育赋能脱贫攻坚的治理实践中吸取什么教训？新时代面向共同富裕的社会诉求，职业教育如何参与其中以发挥功能和价值？对这些问题的深入探讨，需要深入探究职业教育赋能脱贫致富何以可能、如何实现、如何优化等基本理论和实践问题，职业教育赋能脱贫致富实现路径即职业教育反贫困如何可能，路径优化即职业教育如何更好地发挥反贫困的功能等关键性问题。澄清以上问题不仅可以对职业教育赋能贫困治理有一个系统全面的梳理和反思，而且可以为当前共同富裕社会建设提供理论借鉴和实践参考。

二、核心概念界定

概念是理论的基本元素，理论构建以概念的清晰界定为起点。本研究致力于阐明职业教育赋能脱贫致富的作用机理及实现路径。围绕研究主题及核心问题，将脱贫致富、低收入人口、赋能路径、职业教育赋能脱贫致富确定为本研究的核心概念，特别是前两个概念，直接决定着职业教育赋能脱贫致富的具体研究对象、分析框架边界和研究内容安排。接下来，将分别对本研究中的几个核心概念展开梳理分析，并提出本研究中的具体操作性定义。

（一）脱贫致富

脱贫致富是颇具中国情境和语意的表达。从基本语意看，脱贫致富实指从摆脱贫困到实现富裕的动态进程；从国家行动看，脱贫致富包括国家主导下从摆脱贫困迈向共同富裕的实践行动；从贫困治理看，脱贫致富还反映出人类与贫困相抗争并逐渐走向美好生活的历史进程。脱贫致富至少有两种典型意义上的使用语境：一是该表述常见于国家出台的贫困治理文件中，在该语境下，脱贫致富主要用于表述贫困治理所要实现的长远目标，具有政治动员的意蕴。二是该表述还常见于贫困治理的具体实践中，在该语境中，脱贫致富作为一种目标指引，向目标群体传递了一个富有吸引力又易于接受的努力方向。

从发展阶段看，脱贫与致富是两个不同层面的问题：脱贫是生存问题，致富是发展问题；脱贫是公平问题，致富是效率问题；脱贫是社会安定祥和的基础，致富是社会繁荣昌盛的条件；脱贫是政府责无旁贷、义不容辞的职责，致富是市场规律、能力角逐的结果；脱贫是采取特惠政策以实现目标，致富是运用普惠性制度以实现公平竞争；脱贫是不论有无发展能力和发展意愿，只要有贫困就要帮助其摆脱贫困，致富则是只对具有发展意愿的群体进行帮扶支持；脱贫必须深入微观以精准到户到人，致富可只宏观上针对大环境搭建好有利于致富的市场平台。①

从历史发展看，脱贫与致富联系紧密，脱贫致富一脉相承。摆脱贫困是共同富裕的前提和基础，共同富裕是摆脱贫困后的持续深化和长远目标，两者统一于建设共同富裕社会的历史进程之中。摆脱贫困需要强有力的政治制度、较为发达的经济基础、较高水准的生产发展、扶危济困的社会文化等的支持。共同富裕则是以人为本的政治价值追求、高质量的经济发展、创新驱动的科技进步、和谐共生可持续的生态和开放包容的文明共同支撑下的理想社会状态。从摆脱贫困走向共同富裕，始终是中华民族不变的梦想，更是中国特色社会主义的本质要求和价值追求。

本研究中，脱贫致富指致力于促进低收入群体摆脱贫困和实现富裕的系列实践活动。前者以国家贫困线为标准，重点促进收入低于国家贫困线的贫困群体摆脱贫困处境；后者以中等收入群体为目标，重点促进虽已脱离贫困状态但收入依然较低的群体向中等收入群体跨越进而实现生活富裕。

（二）低收入人口

收入水平是现代社会中衡量国家、家庭、群体和个人物质资料占有程度和物质生活丰裕程度的重要经济指标。收入水平还是进行群体划分、阶层分析的重要工具。收入水平是一个相对概念，社会和个体获取收入的能力随着社会的发展进步而变化。为此，收入水平是一个不断变化的概念。

按照一定的收入参照标准衡量国家，可将其划分为高收入国家、中等收入国家和低收入国家；依此标准衡量群体、家庭和个体，同样可以将其划分为不同的收入群体。这对于贫困治理具有重要意义，因为收入水平往往是区分一个国家、群体、个体发展水平和状态的重要指标。国内外较为通用的是贫困线，即收入水平低于贫困线的个体、家庭和群体，便是需要进行帮助和支持的对象，贫困线也便成为识别贫困对象的重要依据。尽管不同时期有不同的标准，不同

---

① 张奇.脱贫与致富[N].北京日报，2020-02-10（10）.

区域有不一样的标准，然而以一定的收入标准为依据是共同的选择。

本研究中的低收入人口是指以国家制定和实施的贫困线为标准而识别的收入低于该标准的人口，通常以个体或家庭成员的方式呈现。需要说明的是，在脱贫攻坚阶段（旨在帮助低收入人口摆脱贫困状态），低收入人口指的是那些收入水平低于国家贫困线的个体或家庭；在迈向共同富裕阶段，低收入人口指的是那些收入水平脱离了贫困线但仍然面临返贫风险、收入水平低于中等收入水平的人口。脱贫致富实质上是从摆脱贫困逐步走向共同富裕的过程，但其重点对象均为低收入人口。

（三）赋能路径

赋能（empower）又称赋权、充能、增能。赋能较早出现于管理学，常常和授权联系在一起使用，意为赋予更大的做事的可能性空间。随着赋能被运用于更多领域，对赋能的理解和认识更加多元。在贫困治理中，赋能通常被视为对贫困群体和个体扩充自身发展能力提供支持；教育也被视为对贫困和社会处境不利群体提供能力支撑的重要工具。

赋能路径是实现赋能的方式方法，不同的领域，赋能的方式方法也不尽相同。管理学中的赋能路径，往往涉及管理者与员工之间的权力配置、关系调整及利益变化，伴随着分权、授权等行为。社会学尤其是社会工作中的赋权，则意味着通过社会工作专业人员的介入，调动社会各层面的资源，以在个体与其周边的社会资源之间架起桥梁，以促进个体运用周边资源以改善自身不利处境。教育赋权则针对贫困或社会处境不利群体自我发展能力不足的深层原因，通过使其获得受教育权为其提升自我发展能力提供支持服务。综上可知，虽然不同学科涉及的对象、举措和目标各不相同，但均要通过一定的方式加以实现，即均有赖于一定的路径。

本研究中，赋能路径指的是职业教育赋能低收入群体脱贫致富的实现形式。从实际运行看，其瞄准特定对象、依托特定工具、实现特定目标，由此连接成完整的逻辑脉络。职业教育赋能脱贫致富的路径是指借助职业教育，实现赋能低收入群体脱贫致富的方式。

（四）职业教育赋能脱贫致富

职业教育赋能脱贫致富是指借助职业教育的力量实现脱贫致富的目标。准确理解职业教育赋能脱贫致富的内涵意蕴，需要从两个更为基本的概念入手，即职业教育和职业教育赋能脱贫致富。

1.职业教育

对职业教育的理解与认识至少有以下几种代表性观点：

一是以欧洲联盟（EU）为代表的职业教育和培训（vocational education and training，简称VET）。

二是以联合国教科文组织为代表的技术和职业教育与培训（technical, vocational education and training，简称TVET）。该组织认为职业教育的含义包括[1]：①普通教育的一个组成部分；②准备进入某个就业领域以及有效加入职业界的一种手段；③终身学习的一个方面以及成为负责任的公民的一种准备；④有利于环境的可持续发展的一种手段；⑤促进消除贫困的一种方法。

三是技术和职业教育（technical and vocational education，简称TVE）。

四是以德国为代表的看法，集中表现在该国2009年7月4日修改的《职业教育法》中。该法明确规定，职业教育指职业培训准备、职业培训、职业进修以及职业转行培训[2]，其更接近大职教观视野下的职业教育。

不难看出，无论是哪一种理解，均将技术纳入职业教育的范畴，涵盖学校职业教育和职业技能培训。本研究中，职业教育是从广义上进行界定的，其内涵包括职业教育和社会培训，与国际通用的技术和职业教育与培训更为接近，更加符合当前职业教育发展的客观需要和现实形态，是各国职业教育改革发展的主要方向。

2.职业教育赋能脱贫致富

职业教育赋能脱贫致富这一表达经历了漫长的形成过程。这一过程可以从政策表达和学术表达两条主线加以梳理和分析。

一是政策话语演进层面。中共中央、国务院1984年印发《关于帮助贫困地区尽快改变面貌的通知》，强调"要重视贫困地区的教育，增加智力投资……重

---

① 刘来泉.世界技术与职业教育纵览[M].北京：高等教育出版社，2002：68.

② 陈凌，张原，国懿.德国人才战略：历史、发展与政策[M].北京：党建读物出版社，2016：63.

点发展农业职业教育，加速培养适应山区开发的各种人才"①，开启了教育扶贫的国家行动和职业教育扶贫的历史；国家教育委员会办公厅1992年印发《关于对全国143个少数民族贫困县实施教育扶贫的意见》，在国家政策层面正式使用"教育扶贫"②；教育部等六部门于2016年印发《教育脱贫攻坚"十三五"规划》，明确使用"教育脱贫"③。由此可见，从强调重视发展教育和增加智力投资，到提出教育扶贫再到教育脱贫，既是对教育在贫困治理中作用与价值认识的深化，也反映出国家贫困治理政策对教育的功能期待。

　　二是学术话语演进层面。厘清职业教育赋能脱贫致富的基本内涵，需要从与其密切相关的四个概念谈起。第一个是教育扶贫，主要是从科技的角度来谈的，认为科技扶贫是扶贫工作的重点，而教育扶贫是扶贫工作的根本途径④，其认识逻辑为，扶贫的根本在教育、重点在科技。第二个是教育脱贫，意指针对贫困地区的贫困人口进行教育投入和资助服务，使贫困人口掌握脱贫致富的知识和技能，提高贫困人口的科学文化素质以促进经济和文化发展，最终摆脱贫困。⑤第三个是职业教育精准扶贫，被认为是"精准扶贫理念与职业教育的有机结合……是在贫困对象精准识别、精准帮扶的理念下，对适合进行职业教育与培训的贫困者进行帮扶的扶贫方式"⑥，侧重于精准扶贫与职业教育之间的关系，以此为出发点加以阐述。第四个是扶教育之贫，认为教育扶贫是扶教育之贫，补齐教育质量短板；依靠教育扶贫，通过提升贫困人口知识能力水平帮助其脱贫致富。⑦

---

① 中共中央、国务院关于帮助贫困地区尽快改变面貌的通知[EB/OL]. (1984-09-29) [2023-12-21]. https://www.fsou.com/html/text/chl/1616/161615_1.html.

② 国家教委办公厅关于对全国143个少数民族贫困县实施教育扶贫的意见[EB/OL].（1992-10-19）[2023-12-21]. https://www.gdjyw.com/jyfg/12/law_12_1530.htm.

③ 教育部等六部门关于印发《教育脱贫攻坚"十三五"规划》的通知[EB/OL].（2016-12-19）[2023-12-21]. http://www.gov.cn/xinwen/2016-12/29/content_5154106.htm#1.

④ 吴春选.谈智力扶贫[J].群言，1987（9）：23.

⑤ 钟慧笑.教育扶贫是最有效、最直接的精准扶贫：访中国教育学会会长钟秉林[J].中国民族教育，2016（5）：22-24.

⑥ 瞿连贵.从职业教育扶贫到职业教育精准扶贫：内容分析、问题反思及前景展望[J].成人教育，2018（11）：76.

⑦ 曾天山.教育扶贫的力量[M].北京：教育科学出版社，2018：6.

综合以上考虑，本研究中的职业教育赋能脱贫致富，是指立足低收入人群的能力状况和就业需要，从能力建设和发展这一根本出发，通过提供学历职业教育和非学历职业技能培训以及职业继续教育，促进这些群体向劳动力市场及工作岗位过渡、获得稳定优质就业机会和较高工资收入，促进其摆脱贫困进而向实现富裕跨越。其可以简要概括为，依托优质职业教育和培训资源，面向低收入人口，开发使其实现高质量就业的综合职业能力，促进其增收致富的系列行动和具体过程。

三、研究价值

《2030年可持续发展议程》明确指出：贫困依然是世界发展的最大挑战，是推进可持续发展的必然要求。该议程将消除任何形式和表现的贫困尤其是极端贫困视为议程的首要目标。贫困治理的历史经验表明，有效减贫、脱贫和防贫，人的全面和主动发展是前提，文化知识和生产能力培养是关键，在普及优质基础教育的基础上，为低收入者提供面向职业和就业的教育和培训服务是重要保障，并获得社会的广泛认可。联合国教科文组织制定和实施《职业技术教育和培训战略（2016—2021）》，将促进平等作为该战略的优先目标，明确为成员提供政策指导和能力发展支持，以使各成员的职业技术教育和培训更贴近于弱势群体。[①]在人类贫困治理取得重大进展但世界面临的贫困挑战依然严峻、中国绝对贫困问题得到根本解决但实现共同富裕依然艰巨的背景下，探讨职业教育赋能脱贫致富的机理与路径，可以进一步丰富职业教育赋能脱贫致富的理论基础，持续完善分析框架，探寻职业教育赋能脱贫致富的内在机理、实现路径和行动策略，将职业教育纳入国家建设共同富裕社会的体系，更好地服务于实现共同富裕的国家需要，为建设社会主义现代化强国提供职业教育的行动方案。

（一）理论价值

首先，拓展职业教育赋能脱贫致富的理论内涵。现有研究者对教育贫困治理的理论基础主要有两种认识：一种认为教育扶贫以经济学和社会学的学科

---

① UNESCO.Strategy for Technical and Vocational Education and Training (TVET) (2016—2021) [EB/OL].（2016-07-08）[2023-12-21].https://en.unesco.org/sites/default/files/tvet.pdf.

理论为基础，前者的主要代表为经济增长视角和人力资本视角，后者的主要代表为文化观念视角和人力资本视角[①]；另一种认为职业教育精准扶贫的理论依据主要有人力资本理论和可行能力理论[②]。无论是经济学还是社会学，均把人力资本理论作为重要的理论依据，主要是从经济学视角来讨论职业教育摆脱贫困问题的。

然而，探讨职业教育赋能脱贫致富的理论基础，事实上至少涉及以下学科的相关理论知识：其一，职业技术教育学理论和知识，其主要关注和解决的问题是，如何通过职业教育和技能培训赋予贫困及低收入群体面向职业和工作的知识、技能和态度；其二，社会治理的理论和知识，其主要关注和解决的问题是，如何协调和统筹各方社会力量，为贫困群体和低收入群体提供优质且有效的职业教育和培训，并通过跨部门和跨区域合作，发展面向就业的职业教育和培训，将这些社会处境不利群体导向优质工作岗位以实现体面就业；其三，劳动经济学理论和知识，其主要关注和解决的问题是，如何促进贫困及低收入劳动者向劳动力市场过渡、参与劳动、将自身劳动转化为现实生产力；其四，社会政策理论和知识，其主要关注和解决的问题是，如何通过包容性的经济发展政策，促进劳动力吸纳能力强的劳动密集型企业和小微企业的经济发展，为贫困群体提供更多就业机会和收入保障，促进社会公平公正。令人遗憾的是，现有研究对以上多种职业教育赋能脱贫致富所涉及的相关理论的关注较少，需要更加深入地探讨。

其次，完善职业教育赋能脱贫致富的分析框架。现有相关研究在分析上主要限于职业教育自身，很少从贫困发生的复杂性和脱贫致富的艰巨性出发，审思职业教育赋能脱贫致富的整体环节，难以呈现职业教育赋能脱贫致富机理及路径的完整形态。探讨职业教育赋能脱贫致富，既要充分考虑职业教育对低收入群体在技能发展方面的积极作用和价值，更要深入分析实现低收入群体技能开发（skills development）转化为技能使用（skills utilization）的环境和条件，即持续的经济增长和有利于吸纳低收入者的就业机会与工作岗位、体面工作和稳定收入、政策保障和社会氛围等外在环境。世界银行（WB）开展相关研究后发

---

① 魏向赤.关于教育扶贫若干问题的思考[J].教育研究，1997（9）: 62-66.

② 谢德新.职业教育精准扶贫的理论基础、涵义阐释与功能定位[J].职教论坛，2018（3）: 24-29.

现：从技能开发到技能应用的顺利转变，是职业教育和培训发挥减贫功能和作用的前提[①]；与此相反，若基于经济发展水平和人力资源配置等原因，缺少技能转化的支持环境和条件，这时职业教育培养出来的技术人才可能或者因为就业市场不需要，或者虽然就业市场需要但被安排在与所学专业不直接相关的某些重要职位，或者虽然就业市场需要这类人才但由于后者对职业前景和报酬的不满而选择了一些与培训没有直接关系的职业，从而出现技能浪费问题[②]。

由上可知，理解职业教育赋能脱贫致富的内在机理与实现路径，需要突破职业教育内部视野与思维局限，综合分析职业教育与外在支持环境的有效互动，并以此确定和完善分析框架，揭示职业教育赋能脱贫致富的完整形态，见图1-1。具体而言，可基于强化职业教育自身功能和作用、创造面向低收入群体的就业机会、构建有利于技能应用的社会环境三个方面，确立职业教育赋能脱贫致富的分析框架和思考路向。

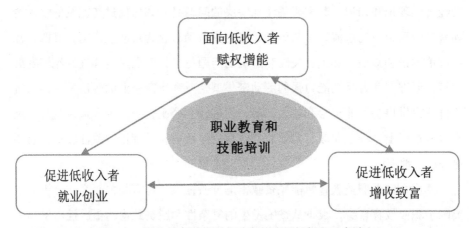

图1-1　职业教育赋能脱贫致富的分析框架和思考路向

最后，厘清职业教育赋能脱贫致富的内在机理。已有研究在职业教育和培训如何对低收入群体发生作用、如何促进贫困群体就业增收等方面进行了深入细致的研究，探明了基本的作用机理。然而，职业教育赋能脱贫致富功能的发

---

①　KING K, PALMER R. Skills Development and Poverty Reduction: The State of the Art [EB/OL].（2006-01-01）[2023-12-21]. https://www.gov.uk/dfid-research-outputs/skills-development-and-poverty-reduction-the-state-of-the-art-post-basic-education-and-training-working-paper-series-n-9.

②　石伟平.福斯特的职业教育思想及其影响[J].外国教育资料, 1995（2）: 56-62.

挥，除了职业教育和培训与低收入群体有效链接外，更要将这些群体导向劳动力市场以实现就业，如此才能发挥职业教育和培训的价值、取得稳定可观的收入，也才能稳定脱贫致富。从宏观层面看，要实现以上目标，还需要在经济增长和社会治理政策中，将包容、利贫、公正作为重要的价值追求，创造职业教育赋能脱贫致富的良好环境和支撑条件。

（二）应用价值

首先，可以系统梳理和提炼职业教育赋能脱贫致富的实践经验。从这一点来看，仍需要深入探讨隐藏在丰富多样的实践背后的作用机理。从历史经验看，经过初期探索和实践，职业教育赋能脱贫致富构建起政府主导、多方参与的运行机制，具体表现为在东西部职业院校合作反贫困、劳动力转移培训反贫困、促进贫困家庭子女接受职业教育、促进农民工接受职业培训等方面取得巨大成就[①]；从现实发展看，职业教育已成为国家贫困治理中的重要制度安排、各级政府贫困治理的有效实现路径[②]。值得深思的是，这些历史性进展和生动实践的背后，有没有值得汲取的经验？这些经验对于当下的共同富裕社会有何启示？本研究通过历史分析、国际比较和实地调查，力图对以上问题进行多维度和系统性研究，以提供科学合理的解释。

其次，可以探索低收入群体增收与共同富裕衔接的路径。在国家绝对贫困问题得以解决之后，不仅要确保已脱贫人口不返贫，而且要促进他们持续增收，更要防止少数民族地区和发展滞后地区规模性返贫。质言之，2020年后仍要加强低收入群体的治理工作，以此巩固脱贫攻坚成果、助力建设共同富裕社会。要解决这些现实问题，需要从根本上厘清职业教育赋能脱贫致富的内在机理。原因至少在于：其一，从巩固脱贫攻坚成果和夯实共同富裕的物质基础看，少数民族地区长期面临的经济发展滞后、增收难度较大、制约增收的因素较多等难题依然突出，将是我国建设共同富裕社会的重点和难点；其二，在当前和今后相当长一段时间内，职业教育和培训仍将是我国低收入群体治理的重要制度安排和增收致富的重要工具；其三，从国家长远发展看，经济高质量发展已

---

① 李中国，黎兴成.职业教育扶贫机制优化研究 [J].国家教育行政学院学报，2017（12）：88-94.
② 瞿连贵，石伟平.我国职业教育反贫困的限度与突破进路 [J].职教论坛，2019（4）：6-14.

成为加快共同富裕社会建设的基础，是实现中华民族伟大复兴的关键性保障，要使少数民族地区、发展相对滞后地区实现乡村振兴和共同富裕，巩固脱贫成果基础上的大幅增收是基础和前提，强化职业教育支撑保障功能和作用是关键；其四，在以职业分工为基础的现代社会中，为有劳动能力的低收入人口提供职业教育和培训支持，既是促进社会公平公正的内在需要，更是实现共同富裕的必然要求。

再次，可以积极拓展职业教育服务国家战略的可能空间。从探寻职业教育赋能共同富裕的可能和空间看，需要深入思考：职业教育的切入点在哪里？可以吸取什么历史经验和教训？有无可遵循的路子？……这便需要立足国家发展战略的现实需要，探寻职业教育从服务"脱贫攻坚"向推动"乡村振兴"转变的可能路径。《中共中央 国务院关于实施乡村振兴战略的意见》明确指出：乡村振兴的基础和前提是摆脱贫困，摆脱贫困的关键是提升贫困群众发展生产和务工经商的基本技能。① 乡村振兴中，职业教育肩负着提升农民基本技能和培养农民就业创业能力、赋予低收入群众发展的内生动力，进而保障低收入群众不返贫、稳增收和促共富的重大使命。《国家职业教育改革实施方案》再次强调，"加大对民族地区、贫困地区和残疾人职业教育的政策、金融支持力度，落实职业教育东西协作行动计划，办好内地少数民族中职班"②。2019年2月，中共中央、国务院联合印发的《中国教育现代化2035》明确提出显著提升职业教育服务能力、实现困难群体帮扶精准化、推进教育精准脱贫等具体要求。无论是脱贫攻坚、乡村振兴等国家发展战略，还是教育现代化和国家职业教育改革的制度设计，均将职业教育赋能脱贫致富归入国家重大战略的范畴。职业教育赋能脱贫致富的功能是国家发展战略、教育制度设计、职业教育改革的基本内涵，是职业教育回应现实需求、服务经济社会发展的有效形式。

最后，有利于深化对职业教育赋能脱贫致富实现条件和支持环境的理解和认识。从职业教育赋能脱贫致富的实现路径来看，囿于现有研究在理论基础、

---

① 中共中央 国务院关于实施乡村振兴战略的意见[EB/OL].（2018-02-04）[2023-12-21]. http://www.gov.cn/zhengce/2018-02/04/content_5263807.htm.

② 国务院关于印发国家职业教育改革实施方案的通知[EB/OL].（2019-02-13）[2023-12-21]. http://www.gov.cn/zhengce/content/2019-02/13/content_5365341.htm.

分析框架、作用机理等认识上的局限，在职业教育赋能脱贫致富的对策建议上，主要是从职业教育自身办学质量的提升、满足低收入群体的个性化需求、职业教育服务低收入群体功能拓展等方面予以分析。需要注意的是，以上分析和努力更多集中于能力提升和技能培养，缺乏对技能应用环境的应有关照，因此未能构建起职业教育赋能脱贫致富的完整路径。原因在于，职业教育赋能脱贫致富实现路径的构建，除了需要强化职业教育的功能外，还需要有为低收入群体提供就业机会和收入保障的劳动力市场的参与，以及创造这一环境和条件的政府政策的支持。如此，才能构建"瞄准低收入群体→开展优质职业教育和培训→提供优质就业机会和收入保障→增加收入→脱贫致富"的完整路径。

第二节　研究进展与可能空间

从国内外贫困治理的历史发展看，职业教育和培训早已是贫困治理的重要制度安排和主要国际组织推进减贫战略的重要举措。在贫困治理中，职业教育和培训发挥着弱势群体能力建设的载体、贫弱群体教育权利的保障、政府弱势群体治理的工具等多重作用，具有多维价值、承担多重使命。本书基于现有文献，力图梳理分析贫困治理战略和行动中，职业教育赋能贫弱群体发展的内在机理，呈现职业教育赋能贫困群体发展的实现路径，以为职业教育赋能共同富裕提供经验借鉴。为实现这一目标，需要将其置于贫困治理的历史演进、国际比较和当下实践等多元背景下，从多维度加以考察和审视，以对职业教育赋能贫弱群体发展的基本问题有更为深刻的理解和认识。

一、研究进展

由于国际上通常用减贫、反贫、消除贫困等描述那些旨在帮助弱势群体摆脱不利处境并实现发展的行动，而国内又通常以扶贫开发、脱贫攻坚、精准扶贫、脱贫致富等描述那些旨在帮助贫困及低收入群体摆脱贫困和实现发展的行动，"研究进展"部分综合考虑到以上概念表述方面的差异，主要围绕减轻贫困、摆脱贫困、脱贫攻坚、精准扶贫、共同富裕等主题进行梳理分析，尽量较为全面地回顾该领域的研究进展。

（一）职业教育赋能脱贫致富的机理研究

肯尼斯·金（Kenneth King）和罗伯特·帕尔默（Robert Palmer）的《技能发展与减贫：研究综述》一文对主要国际组织贫困治理战略中技能开发及职业教育政策变革进行了深入分析，从中可以窥探对职业教育赋能贫困治理内在机理的理解和认识的演进。该文将职业教育赋能贫困治理的政策划分为以下四个阶段：

第一阶段：职业教育培养合格劳动力以促进经济增长进而实现减贫（20世纪50—60年代）。在该阶段，社会占主导的发展思想是，经济增长和现代化被视为减轻贫困和提升生活质量的重要方式。在其指引和影响下，促进经济增长的主要手段是大规模的物质资本和基础设施投资，尚未直接关注通过职业教育和培训推动反贫困，而是强调职业教育服务于合格劳动力培养，以促进经济增长，通过经济增长间接服务于减轻贫困。该阶段对职业教育赋能贫困治理的内在机理的理解呈现为：职业教育→合格劳动力→经济增长→减轻贫困。

第二阶段：职业教育通过改善贫困者的人力资本状况进而促进经济的持续发展（20世纪70年代）。该阶段经济增长中出现的系列问题让人们逐渐意识到，经济要持续发展，仅有物质资本还远远不够，还需要合格劳动力和优质人力资本支撑。在实践层面，公共政策的重点转向直接为贫困者提供健康、营养和教育服务。《1980年世界发展报告》的数据表明：改善贫困者的健康、营养和教育状况，不仅仅是贫困者自身的利益，还有利于贫困者收入的增长。随之而来的是，实践中注重对贫困者的职业技能培训，以提高其人力资本存量，进而提高其收入。随着实践的深入，职业教育被纳入公共政策范畴，成为政府直接提供教育服务的重要内容，以增加贫困者的人力资本存量并提高其收入，使其摆脱贫困。该阶段对职业教育赋能贫困治理的内在机理的理解则呈现为：改善公共政策服务→直接提供教育服务→注重贫困者职业技能培训→改善人力资本存量→提高收入→减轻贫困。

第三阶段：职业教育是贫困人口进入就业市场和获取就业机会的必要保障（20世纪80年代）。全球经济衰退和发达国家的债务危机，以及东亚和拉丁美洲、南亚和撒哈拉以南非洲持续发展的现实，迫使人们再次将发展的重点放在改善经济管理和让市场力量发挥更大作用上。此时，除了关注贫困群体职业技能培训外，还注重贫困群体发展机会和权利的保障。实践中，更加注重贫困群体参与市场的机会。对于职业教育与贫困者关系的思考实现了重大转折：突破了原有的仅仅关注对贫困者开展职业教育和技能培训的视野局限，更加关注贫困者能否进入劳动力市场以获得就业机会。该阶段对职业教育赋能贫困治理的内在机理的讨论路径更加开阔，具体呈现为：注重市场力量→职业教育和技能培训→增加贫困者人力资本存量→发展机会和权利保障→获得就业机会→提高收入→减轻贫困。

第四阶段：职业教育是政府和机构合作的为贫困者提供教育服务以促进其就业的支点（20世纪90年代）。在该阶段，政府和机构走向了中心舞台，尤其强调政府和机构在弱势群体和社会脆弱性问题应对中的责任与合作；《1990年世界发展报告》提出，一是通过经济开放和基础设施投资促进劳动密集型经济增长，二是在卫生和教育方面向贫困人口提供基本服务。这一阶段，强调政府和机构在弱势群体保护中的责任，在方式上，强调经济开放性和基础设施投资，促进劳动密集型经济增长，通过向贫困人口提供教育服务，确保其获得参与市场的机会。该阶段对职业教育赋能贫困治理的内在机理的理解呈现为：政府和机构强调对弱势群体保护的责任→发展劳动密集型经济→创造就业机会→职业教育和培训→增加人力资本→获得就业机会→提高收入→减轻贫困。

由以上分析可见，随着贫困治理的推进，对职业教育赋能贫困治理的内在机理的理解和认识更加全面和深入。比如，面向弱势群体，开展职业教育和培训以提升其人力资本存量；倡导优先发展劳动密集型经济以为弱势群体提供就业机会。随着对职业教育赋能脱贫致富的内在机理的理解和认识更加深刻，目标定位也更加多元，即增加贫困和低收入人口的收入，进而发挥减缓贫困、摆脱贫困和促进富裕的多重功能（见图1-2）。值得注意的是，更加注重职业教育赋能弱势群体实现富裕的功能和作用将成为基本趋势。

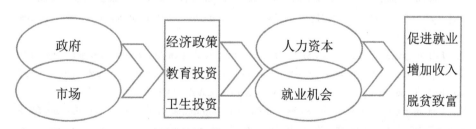

图1-2 政府-市场合作下职业教育赋能脱贫致富的路径

国际社会对职业教育赋能贫困治理的理解和认识更加综合化。世界银行21世纪初提出的贫困治理战略中，将提供机会、促进赋权和加强安全等三项内容视为其贫困治理战略的基本内容[1]。需要说明的是，职业教育和培训从不同层面涵盖了以上三个方面：职业教育和培训可赋能于贫困群体以消解其脆弱性，可促进其就业以提高其利用发展机会的能力，可提高其收入以增加其安全感。已有研究表明：技能发展、创新、生产力、就业能力和工作满意度之间存在正相关[2]。针对贫困群体和低收入群体进行有效治理，已成为各国政府普遍面临的挑战，职业教育和培训不仅仅是贫困群体摆脱贫困的有效渠道，还成为发达国家解决工作贫困问题的首要选择[3]；从发达国家贫困治理的实践看，参加职业教育和培训已被纳入社会保障制度范畴，其既是公民的基本技能权利[4]，也是公民享受政府资助时应履行的责任和义务。可以看到，贫困治理策略和行动的变化，缘于对贫困现象和问题的理解和认识的深化，以及与之密切相关的特定阶段社会发展理论和政策的转变。值得注意的是，贫困治理战略及实践策略的演变，直接或间接影响职业教育赋能贫困治理的功能定位和现实价值。

反观国内，鲜有关于贫困治理政策演进中的职业教育定位、功能及进展的相关研究。原因可能在于，国内至今仍然难以找到以职业教育和培训为主体的贫困治理的战略或政策文本。进一步梳理我国已出台的系列扶贫开发战略、规划和相关政策文本发现：在国家贫困治理政策体系中，教育通常是脱贫攻坚战略的一种模式，职业教育则是教育脱贫攻坚模式的一种策略（见图1-3）。从现实看，这与职业教育在国家贫困治理中实际发挥的功能和作用并不相符；从发

① World Bank. World Development Report 2000/2001 : Attacking Poverty [EB/OL].(2014-06-06) [2023-12-21]. https://www.researchgate.net/publication/314511791_World_Development_Report_Attacking_Poverty.

② The Importance of Being Vocational: Challenges and Opportunities for VET in the Next Decade[EB/OL].（2020-07-01）[2023-12-21]. https://www.cedefop.europa.eu/en/publications-and-resources/publications/4186.

③ Learning and Work Institute. Skills and Poverty: Building an Anti-poverty Learning and Skills System[EB/OL].（2016-09-08）[2023-12-21]. https://learningandwork.org.uk/resources/research-and-reports/skills-and-poverty-building-an-anti-poverty-learning-and-skills-system/.

④ Learning and Work Institute. Skills and Poverty: Building an Anti-poverty Learning and Skills System[EB/OL].（2016-09-08）[2023-12-21]. https://learningandwork.org.uk/resources/research-and-reports/skills-and-poverty-building-an-anti-poverty-learning-and-skills-system/.

展看，这一定位难以体现职业教育在建设共同富裕社会中所肩负的普惠性人力资本开发的使命和责任。

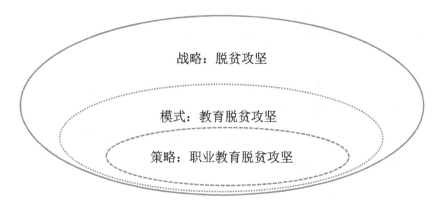

图1-3 国家贫困治理体系中的职业教育功能定位

（二）职业教育赋能脱贫致富的功能研究

基于不同视角，研究者对职业教育赋能脱贫致富的功能展开探讨，代表性观点有以下几种：一是认为在终身教育体系构建中，应从教育目的、教育对象和教育体系的不同维度加强职业教育的扶贫助困功能，首要目标在于打破贫困和排斥的恶性循环，通过实施回流教育帮助弱势群体中的失学、失业者（现实中职业院校中的失学者的回流教育或再次教育机会仍未受到应有的重视），发展面向特殊群体的职业教育以满足其对职业教育的需要，开展创业教育以为弱小行业、小企业中的工人和个体劳动者的职业准备提供服务，发展职业继续教育为特殊困难群体提供第二、第三次机会[1]。二是提出民族职业技术教育具有提高民族经济活力、增强脱贫致富能力的"造血功能"，是民族地区自然资源优势转化为经济优势的重要途径、培养民族地区各类经济建设人才的重要战线[2]；在精准扶贫视域下，凸显职业教育的扶贫助困功能是民族地区精准脱贫的有效途径[3]。三是认为职业教育对消除贫困具有多元功能，即消除绝对贫困、缩小相对

① 余祖光.终身教育背景下职业教育的扶贫助困功能[J].北京大学教育评论，2007（3）：23-27，187-188.

② 梁洪波.略论发展民族地区的职业教育问题[J].广西民族学院学报（哲学社会科学版），1991（3）：102-106.

③ 黄进丽.少数民族地区职业教育服务精准扶贫的路径选择[J].职教论坛，2017（23）：85-88.

贫困、消解能力贫困、消除文化贫困的功能[1]。四是认为职业教育扶贫既要承担教育责任，又要发挥扶贫功能[2]。五是认为最近几十年全球经济变化不断赋予职业教育与培训更多新的政策价值：被政府和社会视作提升劳动生产力、获得国际竞争力的主要手段，并被认为是解决失业尤其是结构性失业问题的工具[3]。

现有研究集中探讨了职业教育的扶贫助困功能，不过更多集中于减轻贫困和摆脱贫困，对于促进弱势群体持续发展进而迈向富裕鲜有论及。如图1-4所示，在贫困治理中，职业教育具有多重功能，不同功能有相应的实现形式。从历史发展看，减轻贫困和摆脱贫困只是职业教育赋能脱贫致富的基本目标，随着社会生产力的持续提升、社会分工的持续深化和社会财富的持续扩充，人类将步入更加富有、更为均衡的新阶段，职业教育更具价值的目标将是促进低收入群体增收致富，进而成为优化社会结构和促进社会共同富裕的重要教育制度安排。

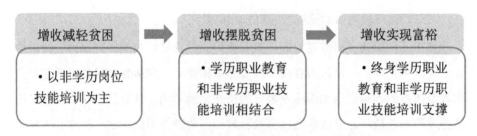

图1-4 职业教育赋能脱贫致富的功能向度及实现形式

从现实看，职业教育赋能脱贫致富的多重功能均有不同程度的体现，而且其至少通过以下三个层面来实现，即指向个体的赋权增能促增收、指向区域的促进地方经济发展、指向民族地区的传统工艺振兴和民族文化传承等。需要注意的是，目前相关研究较少，尤其在职业教育赋能共同富裕方面，有待进一步拓展。

（三）职业教育赋能脱贫致富的机制研究

国内研究者主要基于职业教育精准扶贫、脱贫攻坚等政策视角，对职业教育赋能脱贫致富的作用机制展开探讨，代表性观点至少有以下几种：一是群体

① 侯长林，游明伦.职业教育的多元化扶贫功能及其定位探讨[J].教育与职业，2013（36）：26-28.

② 曾小兰，朱媛.职业教育精准扶贫的定位、模式及推进策略[J].教育与职业，2017（19）：5-11.

③ 杰克·基廷，艾略特·梅德奇，维罗妮卡·沃尔科夫，等.变革的影响：九国职业教育和培训体系比较研究[M].杨蕊竹，译.北京：首都经济贸易大学出版社，2016：8.

22

视角，认为作为一项根本性与长远性的精准扶贫方式，职业教育反贫困的作用机制体现为转变片区贫困群体的价值观念，提升片区贫困群体的知识文化水平，丰富片区贫困群体的成人成才途径，以及推进贫困民族地区产业经济的特色化发展[1]。二是个体视角，指出通过职业教育或培训，贫困个人可以获得经济性资本收益、符号性资本收益以及缄默性资本收益，进而实现职业教育直接性扶贫、发展性扶贫和补偿性扶贫[2]。三是特殊群体视角，主张职业教育作为精准扶贫的有效方式，通过发挥补偿性和发展性功能，能帮助农民工改善就业状况、扩充社会关系网络和认同城市文明，在减少物质贫困、消解能力贫困和消弭精神贫困方面有着巨大价值[3]。

国内已有研究在职业教育赋能脱贫致富的作用机制的分析维度上，至少达成以下几个方面的共识（见图1-5）：第一，对象识别方面主要有贫困个体、贫困群体和贫困地区，集中于人和区域两个层面；第二，治理重心方面主要集中于提升个体能力、促进群体转移和发展区域经济三个层面；第三，治理目标方面均集中在脱贫致富，但路径略有不同。

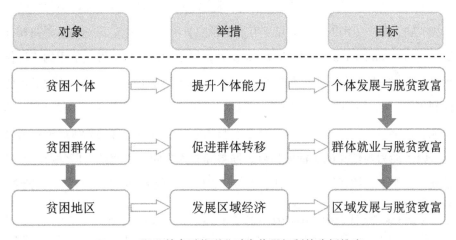

图1-5 职业教育赋能脱贫致富作用机制的分析维度

① 许锋华，徐洁，刘军豪.连片特困民族地区职业教育反贫困的作用机制及实现保障研究[J].广西民族研究，2017（6）：151-157.

② 李鹏，朱成晨，朱德全.职业教育精准扶贫：作用机理与实践反思[J].教育与经济，2017（6）：76-82.

③ 朱德全，吴虑，朱成晨.职业教育精准扶贫的逻辑框架：基于农民工城镇化的视角[J].西南大学学报（社会科学版），2018（1）：70-76，190.

职业教育赋能贫困治理的作用机制在贫困个体和群体层面上表现为，通过职业教育和培训，改变贫困群体的价值观念、提升贫困群体的知识文化水平、拓宽贫困群体成人成才途径，进而使其获得经济性资本、符号性资本、缄默性资本，实现脱贫；在区域经济发展和协同进步的层面上表现为，通过发展民族贫困地区的职业教育和培训，培养服务地方经济发展所需的实用技术技能人才，开发贫困民族地区传统工艺资源和特色文化资源，推进民族贫困地区产业经济的特色化发展，实现区域发展和贫困群体脱贫协同推进。职业教育反贫困有赖于发挥其补偿性功能和发展性功能，进而实现直接性扶贫、发展性扶贫和补偿性扶贫。然而，现有对作用机制的探讨呈现的是学理层面的分析和梳理，如何更进一步提炼出职业教育影响贫困的基本原理及具体的实现路径，有待更加深入广泛的探讨。

国外对职业教育赋能贫困治理作用机制的相关研究中，主要视角及代表性观点主要有以下几种：第一，从工作与摆脱贫困的关系出发，倡导"工作是人们收入的主要来源，是贫困者摆脱贫困的主要途径"[1]，该观点强调以获得工作、获得收入来摆脱贫困。第二，从技能发展（skills development）与贫困治理的关系出发，认为学徒制的实施与减轻贫困程度相关联，中等教育和培训与摆脱贫困相关联，更高级别的教育和培训有利于预防贫困的发生[2]。第三，从学习和技能（learning and skills）与减贫的关系出发，提出学习和技能影响贫困的三种传导机制[3]：一是学习和技能影响工作和收入，即那些技能水平较高的人更有可能找到工作，也更有可能挣得更多。二是学习和技能影响社会参与和积极公民的养成，在学习参与、资格等级和社会参与之间，学习与改善健康状况的行为之间，财务能力与较高的生活满意度、储蓄和收入之间关系密切，即学习参与度较高、技能水平较高的个体，社会参与性也较高，成为积极公民的意识也较强。

---

① World Bank. World Development Report 2005: A Better Investment Climate for Everyone [EB/OL]. （2005-08-01）[2023-12-21]. https://baccountability.com/announcement/world-development-report-2005-better-investment-climate-everyone/.

② KING K，PALMER R. Skills Development and Poverty Reduction: A State of the Art Review [EB/OL]. （2007-12-12）[2023-12-21]. https://www.etf.europa.eu/sites/default/files/m/C12578310056925BC125 73AF00520109_NOTE79TKHJ.pdf.

③ Learning and Work Institute. Skills and Poverty: Building an Anti-poverty Learning and Skills System [EB/OL]. （2016-09-08）[2023-12-21]. https://learningandwork.org.uk/resources/research-and-reports/skills-and-poverty-building-an-anti-poverty-learning-and-skills-system/.

三是学习和技能的代际影响，即支持父母参与学习以提高他们的技能，有利于孩子在学校及以后取得更好的成绩。换言之，父母的学习参与程度和技能水平的提高，有利于其获得更好的工作机会和更高的收入，更多地参与社会，获得更强的财务能力，更好地支持孩子取得好成绩，呈现出学习和技能对父母工资、收入、财务能力的影响，而这些积极影响反过来会促进子女的学习，进而使其取得更好的成绩，以斩断贫困的代际传递。具体情况见表1-1。

表1-1 学习和技能影响贫困的三种传导机制

传导机制	学习和技能的影响
工作与收入	*获得关键就业技能和软技能 *构建技能阶梯（比如学徒制） *获得工作、职业或行业技能
社会参与和积极公民的培养	*读写和计算技能 *数字技能 *财务和健康认知力
代际传递	*父母学习和技能水平的提升有利于孩子进步 *父母学习和技能水平的提升更有利于孩子获得支持

出 处: Learning and Work Institute. Skills and poverty: Building an Anti-poverty Learning and Skills System [EB/OL]. （2016-09-08）[2023-12-21]. https://learningandwork.org.uk/resources/research-and-reports/skills-and-poverty-building-an-anti-poverty-learning-and-skills-system/。

从国外已有相关研究看，尽管研究视角不尽相同，但核心问题均在于解释教育和培训对个体能力的开发，进而获取工作和收入方面的作用，从而阐释了职业教育对贫困的影响机理。该机理可以简要概括为：教育和培训→贫困人口能力发展→工作机会获取→收入获得保障→减轻贫困。由此可见，这一机理中尚未触及提供面向贫困者的就业机会这一更为关键的问题。

（四）职业教育赋能脱贫致富的条件研究

职业技术教育和培训只是摆脱贫困的必要条件而非充分条件[1]，这是理解职业教育赋能脱贫致富支持性环境的必要基础。关于从技能开发而形成的人力资本到技能应用而生成的现实生产力的顺利转化，图1-6清晰地呈现了职业教育赋能脱贫致富的支持性环境，可以将其具体概括为：第一，面向弱势群体开展职

---

[1] World Bank. World Development Report 2007 : Development and the Next Generation[EB/OL].（2006-09-01）[2023-12-21]. https://elibrary.worldbank.org/doi/abs/10.1596/978-0-8213-6541-0.

业教育和培训，以使其获得就业所需的知识、技能和态度，实现对其赋权；第二，弱势群体能获得就业机会和稳定的收入，以减贫脱贫和迈向富裕；第三，地方政府实施包容的经济发展政策，以便能为贫弱群体带来就业机会；第四，以上环境之间的良性互动和正向叠加。然而，现有研究更多局限于职业教育对弱势群体发展的影响的探讨，这实际上只是职业教育赋能贫困治理的内容之一。若未能实现就业，职业教育赋予贫弱群体的技能难以转化为现实生产力，无法促进弱势群体增收，脱贫致富便无从谈起。

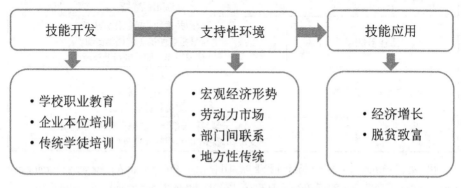

图1-6 职业教育赋能脱贫致富的支持性环境[①]

以上对职业教育赋能脱贫致富支持性环境的分析，对本研究中分析职业教育赋能脱贫致富具有重要启示。基于上述分析，职业教育赋能脱贫致富可以概括为，是以贫困群体和低收入群体为对象，对其开展职业教育和培训，赋予其面向劳动力市场的职业能力，并支持其获得稳定的就业机会和收入，从而减轻贫困、摆脱贫困乃至促进发展的系统工程。职业教育赋能脱贫致富的实现，既需要职业教育和培训服务提供者对弱势群体开展职业教育和培训，又需要经济部门为这些低收入群体提供稳定的就业机会和基本的收入保障，更离不开包括良好的社会经济发展形势、利贫的劳动力市场环境和包容的地方发展政策等多方支持。

总而言之，职业教育赋能脱贫致富是跨越教育、经济和社会政策的多方协

---

① KING K, PALMER R. Skills Development and Poverty Reduction: A State of the Art Review [EB/OL]. （2007-12-12）[2023-12-21].https://www.etf.europa.eu/sites/default/files/m/C12578310056925BC12573AF00520109_NOTE79TKHJ.pdf.

同行为，有明显的指向性、公共性和公益性。基于我国国情的复杂性、地域发展的多样性和发展水平的差异性，职业教育赋能脱贫致富的实现路径也必将是多种多样的，以适应各地不同的经济发展水平。然而，正如图1-7所示，职业教育赋能脱贫致富功能的实现，离不开面向弱势群体的市场就业所需的职业技术教育和职业技能培训，更离不开将这些群体导向经济部门以实现就业的渠道，这些关键环节之间建立起的彼此之间有效互动的机制，便是职业教育赋能脱贫致富的实现路径。

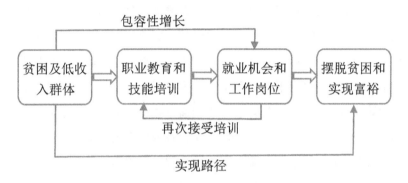

图1-7 职业教育赋能脱贫致富的实现路径

（五）职业教育赋能脱贫致富的模式研究

在国内外贫困治理的历史演进中，职业教育在不同层面以不同形式作为贫困治理的方式或措施，发挥着积极而重要的作用，积累了可资借鉴的历史经验。其对准确理解当前职业教育赋能脱贫致富的功能定位、内在机理及其实现路径，以更好地发挥职业教育的脱贫致富功能具有重要启示，有必要对其主要实施模式及其特征加以深入分析。

从国外职业教育赋能贫困治理的演进看，主要出现过三种模式。

一是职业教育赋能贫困治理的学校化。该模式肇始于17世纪初期的英国。1601年，英国《济贫法》颁布实施，该法明确规定，子女在劳工学校接受工艺教育是接受政府济贫的基本前提，当时的工艺教育是通过学徒制的方式实施的。[①] 由于学徒制是早期职业教育的重要形式，该法的实施标志着职业教育成为英国反贫困的法定手段。1697年，英国教育家洛克（John Locke）为英国政府"竞

---

① 石伟平.比较职业技术教育[M].上海：华东师范大学出版社，2001：201.

赛和殖民地委员会"拟定《贫穷儿童学校计划》，该"儿童学校"在18世纪后半期到19世纪中叶已发展为英国的"产业学校"，成为职业教育特色突出的贫困儿童的教育机构。[①]从某种程度上看，其将职业教育服务产业发展和促进贫困人口脱贫有机结合起来，体现了职业教育赋能贫困治理的深化。

二是职业教育赋能贫困治理的制度化。随着工业化发展的加快和社会阶层的分化，阶层贫困愈加突出。在此背景之下，以英、美等国为代表，将职业教育视为应对工业化时代贫困问题的制度安排和政策工具，并在贫困治理中加以推广。20世纪60年代以来，发达国家职业教育赋能贫困治理的成功经验受到国际组织的肯定和认可，在国际组织的推动下，职业教育赋能贫困治理的成功经验在更大范围内尤其是发展中国家得以推广：世界银行将职业教育视为教育参与贫困治理政策的重要手段，向发展中国家提供项目贷款，发展职业教育、开展职业培训，以减少贫困；国际劳工组织通过技能培训促进贫困人口就业以减轻贫困。21世纪以来，职业教育参与贫困治理取得重大突破：联合国教科文组织发布的《修订的关于技术和职业教育的建议书》提出"应将技术和职业教育视为有助于减轻贫困的一种方法"，预示着职业教育成为全球贫困治理的制度安排将获得国际社会认可。

三是职业教育赋能贫困治理的国家化。近年来，尼日利亚制定专门战略，将职业技能培训作为提高劳动力素质、促进贫困人口就业的重要举措[②]。英国为解决工作贫困问题，建立学习与技能发展体系，确保公民技能权利、保障技能学习费用、明确个人和企业分担费用的比例，为劳动者的职业生涯规划提供咨询和支持服务[③]，为工人技能提升、转岗就业、增加收入提供了制度化保障，该制度的建立大大减少了工作贫困的发生。在《个人责任与就业机会协调法》框架内，美国威斯康星州建立了就业中心，为求职者和雇主提供一站式的就业服务，如就业咨询、职业生涯规划、教育、培训和工作安置服务，以为那些健康

---

① 贺国庆，朱文富，等.外国职业教育通史[M].北京：人民教育出版社，2014：64-67.

② NWACHUKWU P. Poverty Reduction Through Technical and Vocational Education and Training (TVET) in Nigeria[J].Developing Country Studies, 2014（4）：10–13.

③ Learning and Work Institute. Skills and Poverty: Building an Anti-poverty Learning and Skills System [EB/OL].（2016-09-08）[2023-12-21]. https://learningandwork.org.uk/resources/research-and-reports/skills-and-poverty-building-an-anti-poverty-learning-and-skills-system/.

而有工作能力的贫困者搭建就业的阶梯。[1]经合组织研究发现，非正式和非正规的TVET可以为处于不利地位和被边缘化的群体提供与工作相关的技能，在减少贫困、不平等和社会排斥方面发挥积极作用[2]。

从国内职业教育赋能脱贫致富的行动模式看，主要有以下几类：一是将民族地区的职业技术教育与扶贫工作结合起来，通过职教扶贫，增强民族地区贫困对象的造血功能，加快民族地区脱贫致富的步伐[3]，其作用机理为通过职业教育提升贫困群体能力，促进地区发展和脱贫致富；二是通过办学理念、课程设置、教材开发等途径使职业技术教育向西部地区农村教育渗透，促进农村经济与农村教育双赢，实现农村教育服务农村经济，为农村社会培养更多实用型人才，进而实现职业教育扶贫[4]，关键在于发展渗透式的职业教育，为农业农村发展培养实用技术人才，服务农村经济发展，促进贫困人口脱贫；三是立足连片特困地区区域经济发展和贫困人口脱贫致富的现实需要，发展面向农村发展的职业教育，构建区域政府推进定向农村职业教育的统筹机制，推动区域协同定向农村职业教育发展的多方联动，建立完善区域内职业院校跨区域帮扶合作的机制[5]；四是通过职业教育的快速发展促进脱贫，以免学费政策保障贫困学生人人就学，东部和城市对口支援和联合招生及职业技能培训扶贫[6]；五是面向赋能共同富裕社会的需要，职业教育东西协作应着力从借助外力推动转向依托内力驱动、从阶段性项目推动转向长期性制度保障、从单一利益追求转向多维利益

① 哈瑞尔·罗杰斯.美国的贫困与反贫困[M].刘杰，译.北京：中国社会科学出版社，2012：102.
② OECD. The Role of Technical and Vocational Education and Training (TVET) in Fostering Inclusive Growth at the Local Level in Southeast Asia[EB/OL].（2018-11-28）[2023-12-21]. https://www.oecd-ilibrary.org/employment/the-role-of-technical-and-vocational-education-and-training-tvet-in-fostering-inclusive-growth-at-the-local-level-in-southeast-asia_5afe6416-en .
③ 田北超.发展民族职业教育 增强扶贫工作活力——论民族地区的职教扶贫工作模式[J].西南民族学院学报（哲学社会科学版），1995（1）：14-16.
④ 朱德全.西部贫困地区农村"双证式"教育扶贫模式探索[J].教育研究，2004（2）：80-84.
⑤ 唐智彬，刘青."精准扶贫"与发展定向农村职业教育——基于湖南武陵山片区的思考[J].教育发展研究，2016（7）：79-84；许锋华，盘彦镦.反贫困视域下连片特困地区职业教育定向培养模式的建构[J].中南民族大学学报（人文社会科学版），2017（1）：64-67.
⑥ 高玉峰.中国职业教育扶贫：从全覆盖迈向全面精准[J].中国职业技术教育，2017（6）：37-41.

权衡，统筹个体增收致富与区域持续发展①。

（六）职业教育赋能脱贫致富的问题与策略研究

国内学者对职业教育赋能贫困治理中相关问题的研究，主要有以下方面：一是认为职业教育扶贫存在识别对象不精准、动力机制薄弱、多方参与机制不完善、考核评价不健全、信息传递单一、退出认证机制缺失等问题②；二是认为面向脱贫致富，民族地区职业教育价值取向上盲目追求劳动力的城市转移就业从而忽视了本地实用人才的培养，盲目追求升学、升格从而使职业教育丧失了职业性，盲目举办新兴专业从而使职业教育丧失了民族性③；三是指出由于职业教育办学与招生体制、人才培养机制和管理协调机制等方面的局限，职业教育精准扶贫在精准聚焦、拔根除贫和长远性保障方面尚存在客观困难④；四是指出职业教育反贫困中存在政策的应急性取向产生的持续性限度、项目的粗放实施产生的效益性限度、对象的主体意识薄弱产生的内源动力培育限度⑤；五是认为在职业教育东西协作赋能共同富裕中，面临着助力发展明显但内源动力培育不足、缺乏建立长效协作机制的动力保障、难以有效权衡协作各方利益、所学专业难以实现当地转化致使返乡发展缺乏支撑等现实挑战⑥；六是认为面对职业教育赋能共同富裕的时代需求，人力资本开发面临供给滞后与特色不足的双重挑战，职业技能培训面临项目制下稳定性差的现实阻碍，职业教育培训体系面临职前职后脱节的结构困境⑦。

不难看出，职业教育和培训具有职能边界，只能解决贫困者自身能力不足和技能发展的问题。以上对职业教育和培训面临问题的讨论，也是针对贫困者

① 瞿连贵，周政龙，李耀莲.职业教育东西协作赋能共同富裕的实践基础及路径转向[J].教育与职业，2022（8）：10-12.

② 李中国，黎兴成.职业教育扶贫机制优化研究[J].国家教育行政学院学报，2017（12）：88-94.

③ 许锋华.精准扶贫：民族地区职业教育发展的新定位[J].高等教育研究，2016（11）：64-69，76.

④ 李鹏，朱成晨，朱德全.职业教育精准扶贫：作用机理与实践反思[J].教育与经济，2017（6）：76-82.

⑤ 瞿连贵，石伟平.我国职业教育反贫困的限度与突破进路[J].职教论坛，2019（4）：6-14.

⑥ 瞿连贵，周政龙，李耀莲.职业教育东西协作赋能共同富裕的实践基础及路径转向[J].教育与职业，2022（8）：9-10.

⑦ 瞿连贵，邵建东.新时代职业教育赋能共同富裕的现实困境与推进策略[J].高校教育管理，2022（5）：33-39，51.

能力建设和提高的，并未涉及提供就业机会、保障就业质量和收入水平，因而不能直接产生脱贫致富的效果。职业教育和培训赋能脱贫致富的功能发挥，有赖于从技能发展（在职业教育和培训中获得）到技能应用（在具体工作中实现）的顺利转变，而这一转变离不开配套的支持性环境①，而在很多发展中国家尤其是低收入国家，往往缺乏这样的支持性环境。部分原因在于，在这些国家，技能发展规划的责任一般由几个部委或政府机构分担，而最需要技能培训的人很可能会被遗漏②。比如，对东盟地区的实证研究发现，TVET 并没有对东盟地区处于不利地位和被边缘化群体的经济成果和社会福利产生显著的积极影响，原因在于低 TVET 参与率、低公共 TVET 支出、TVET 质量差，特别是在国民收入较低的国家；由于缺乏关键利益相关方，特别是私营部门参与地方 TVET 规划、设计和实施，TVET 相关性较弱③。

由此可见，对职业教育赋能脱贫致富所面临的问题的分析，主要集中于国家对职业教育管理方面的诸多体制和机制障碍，职业教育在服务减贫脱贫中功能发挥不充分等方面。这在一定程度上忽视了对更为关键的诸如贫困群体如何导向就业市场、经济增长如何为贫困者创造就业机会等问题的关照。而这些因素对于职业教育赋能脱贫致富功能的发挥却更具有决定性意义。

基于职业教育赋能脱贫致富中面临的问题，研究者给出的相应策略有：一是提供更贴近弱势群体需求的职业技术教育和培训以促进社会平等④。二是加强技术职业教育与培训和提高高等职业教育质量，以提高贫困者劳动能力、促进

---

① KING K，PALMER R. Skills Development and Poverty Reduction: A State of the Art Review [EB/OL]. （2007-12-12）[2023-12-21].https://www.etf.europa.eu/sites/default/files/m/C12578310056925BC12573AF00520109_NOTE79TKHJ.pdf.

② ILO. Global Employment Trends for Youth 2017: Paths to a Better Working Future [EB/OL]. （2017-12-01）[2023-12-21]. https://www.ilo.org/wcmsp5/groups/public/---dgreports/---dcomm/---publ/documents/publication/wcms_598669.pdf.

③ OECD. The Role of Technical and Vocational Education and Training (TVET) in Fostering Inclusive Growth at the Local Level in Southeast Asia [EB/OL]. （2018-11-28）[2023-12-21]. https://www.oecd-ilibrary.org/employment/the-role-of-technical-and-vocational-education-and-training-tvet-in-fostering-inclusive-growth-at-the-local-level-in-southeast-asia_5afe6416-en .

④ UNESCO. Strategy for Technical and Vocational Education and Training (TVET) (2016—2021) [EB/OL].(2016-07-08) [2023-12-21]. https://en.unesco.org/sites/default/files/tvet.pdf.

经济发展和减轻贫困①；建立面向低收入群体的学习与技能体系②，包括政府必须履行的三项基本承诺，即保障公民的技能权利、增加投入并且由企业和个人共同分担、为低收入群体职业发展提供咨询和支持。还有研究者针对中国职业教育赋能脱贫攻坚的现实问题，对相应的策略展开广泛而深入的探讨，认为需要推动职业教育供给侧的体制机制改革，建构现代职业教育体系，提升职业教育质量，增加职业教育个人收益③；调整政策取向从应急性反贫困向系统性反贫困转变，优化实施从粗放式反贫困向精准性反贫困转变，培育贫困群体主体性意识，以使其从被动脱贫向主动脱贫转变④。三是从民族地区反贫困的现实出发，主张把职业技术教育浸透到普通中小学中去，重视实习基地的建设以提高学生的适应能力，实行联合办学和两种证书，建设合格的师资队伍⑤；做好对职业教育反贫困的顶层设计、倡导实施职业教育定向培养模式、推进信息技术与职业教育深度融合是保障连片特困民族地区职业教育反贫困顺利实施的重要举措⑥；促进优质职教资源向贫困地区、贫困家庭倾斜，加快培养符合贫困地区产业需求的技术技能型人才，广泛开展各类技能人才培养培训⑦；建构定向模式以培养本土人才；传承民族文化以助力脱贫致富；开展"互联网＋"行动以扩大民族地区职业教育的扶贫功效，完善职业教育资助政策以加大对民族地区贫困学生的资助力度⑧。

就具体的行动策略而言，由于现有研究更多仍然是从职业教育内部寻求突

---

① UNESCO. Strategy for Technical and Vocational Education and Training (TVET) (2016—2021) [EB/OL].(2016-07-08)[2023-12-21]. https://en.unesco.org/sites/default/files/tvet.pdf.

② Learning and Work Institute. Skills and Poverty: Building an Anti-poverty Learning and Skills System [EB/OL]. (2016-09-08) [2023-12-21]. https://learningandwork.org.uk/resources/research-and-reports/skills-and-poverty-building-an-anti-poverty-learning-and-skills-system/.

③ 李鹏，朱成晨，朱德全.职业教育精准扶贫：作用机理与实践反思[J].教育与经济，2017（6）：76-82.

④ 瞿连贵，石伟平.我国职业教育反贫困的限度与突破进路[J].职教论坛，2019（4）：6-14.

⑤ 梁洪波.略论发展民族地区的职业教育问题[J].广西民族学院学报（哲学社会科学版),1991（3）：102-106.

⑥ 许锋华，徐洁，刘军豪.连片特困民族地区职业教育反贫困的作用机制及实现保障研究[J].广西民族研究，2017（6）：151-157.

⑦ 王嘉毅，封清云，张金.教育与精准扶贫精准脱贫[J].教育研究，2016（7）：12-21.

⑧ 许锋华.精准扶贫：民族地区职业教育发展的新定位[J].高等教育研究，2016（11）：64-69，76.

破，缺少对贫困者在获得职业教育和培训后，如何将其所获得的知识和技能转化为现实生产力的考察和分析，即对为贫困者提供就业机会以实现就业的整体性思考。这在一定程度上反映出现有研究在理论视野和分析框架上的局限，未能揭示出职业教育反贫困完整的作用原理与实现路径。

二、可能空间

基于以上对现有文献的分析，发现国内外众多学者关于职业教育赋能脱贫致富的相关研究至少在以下方面达成广泛共识：一是职业教育已成为国内外贫困治理的重要制度安排、贫弱群体能力建设的基础政策工具、发达国家支持弱势群体发展的社会政策。比如，自工业社会以来，职业教育在贫困治理和弱势群体发展中的地位和作用受到越来越多的关注。二是现有研究主要集中于经济学和社会学，重点探讨职业教育赋能脱贫致富的理论价值和现实意义，相关发现为更加深入地思考职业教育赋能共同富裕提供了经验基础和借鉴意义。三是职业教育赋能弱势群体发展的独特功能已获得众多组织和国家的认可，各国在开展职业教育赋能弱势群体发展时，已较为普遍地注重与当地经济发展实际相结合。四是职业教育赋能脱贫致富的功能主要体现在促进贫弱群体摆脱贫困状态，具体表征为个体摆脱贫困、群体摆脱贫困和区域实现发展三个维度，个体层面的增收脱贫功能尤其受到关注。五是已有研究者从贫困地区、民族地区内源发展出发，提出发展面向贫困地区、民族地区的旨在脱贫致富的职业教育。六是尚有研究者探讨了技能阻断贫困传递的机制、职业教育赋能摆脱贫困的作用机制，将研究内容推向深入。

由以上可知，已有研究为探讨职业教育赋能脱贫致富提供了学理支撑和经验基础。在学理支撑方面，对职业教育参与贫困治理的理论基础、作用机制等基本问题的探讨，深化了职业教育赋能贫困治理的理论认识。在经验借鉴方面，国内外实践经验、有效模式和相应策略的探讨提供了进一步改进行动的实践基础。总之，现有研究成果为本研究提供了理论基础和经验借鉴。

然而，已有研究仍有进一步拓展和深化的空间。一是已有研究的多学科交叉融合视角还有较大突破空间，应将与职业教育赋能脱贫致富紧密相关的经济学（人力资本理论）、社会学（社会政策和制度安排）、教育学（职业教育）、劳动经济学等学科结合起来。二是已有研究偏于宏观的思辨和分析，较少从低收入者接受职业教育和培训后的动态发展方面展开讨论，需要将低收入者置于重要地位。三是已有研究多聚焦于国际或国内、历史或现状、理论或实践，在多视角多维度进行综合研究方面仍有突破空间。

有鉴于此，本研究以内源发展理论、赋权理论、人力资本理论、社会治理理论为基础，立足从脱贫攻坚转向共同富裕的时代背景和国家需要，探讨职业教育赋能脱贫致富的理论依据、内在机理，基于实证调查，考察职业教育赋能脱贫致富的实施成效、运行特征及面临困境，力图阐明职业教育赋能共同富裕的内在机理及可能的路径，以构建赋能共同富裕社会建设的职业教育行动路径。

第三节　研究内容与分析框架

研究问题是研究设计的核心部分。研究的质量和价值在很大程度上取决于能否提出一个有价值的真问题，以及能否构建一个分析该问题的合理框架。这也是本节致力于实现的目标。

一、研究问题与研究目标

研究问题是一项研究的逻辑起点，研究问题的解决意味着研究目标的达成。本研究以职业教育赋能脱贫致富为主题，着力考察职业教育赋能脱贫致富的理论基础、历史演进、国际经验、现实图景、内在机理及路径构建，并提出面向共同富裕社会的职业教育行动路径。

（一）研究问题

本研究围绕职业教育赋能脱贫致富的路径这一主题，致力于解决以下问题：

其一，透过复杂多样的职业教育赋能脱贫致富的政策和实践，试图厘清职业教育赋能脱贫致富的内在机理，以解决职业教育赋能脱贫致富何以可能这一理论问题。

其二，依据能力开发与促进就业结合、就业增收与脱贫致富衔接的原理，依循"技能开发+技能应用+技能积累"与"就业—增收—致富"协同实现的逻辑理路,构建职业教育赋能脱贫致富内在机理的分析框架,揭示职业教育赋能脱贫致富的实现路径。

其三,通过相关理论和多维实证资料的对比、分析和验证,力图提出职业教育赋能脱贫致富的路径构成和实践向度。

其四,面对赋能共同富裕的时代需求,面对赋能对象需求改变、实施环境变化、赋能方法更新等现实情况,构建符合中国建设共同富裕社会的职业教育赋能共同富裕的行动路径。

(二)研究目标

为从多个角度分析职业教育赋能脱贫致富何以可能和如何实现,从理论和实践层面阐明"是什么"、"怎么样"和"怎么办",以更好地提供职业教育赋能共同富裕的职业教育行动方案,本研究力图达成以下目标。

其一,借鉴贫困治理理论的最新研究成果,梳理国内外职业教育赋能贫困治理已有理论和实践经验,以此为基础和起点,设定职业教育赋能脱贫致富的分析框架与思考路向。

其二,通过历史研究、比较研究和实证研究,力图揭示职业教育赋能脱贫致富的内在机理和影响因素,阐明职业教育何以能赋能脱贫致富及如何实现赋能脱贫致富这些核心问题。

其三,结合国家发展战略已从脱贫攻坚转向共同富裕的实际,面向赋能共同富裕的现实之需,尝试提出职业教育赋能共同富裕的路径。

二、研究内容与结构安排

在明确研究问题、确立研究目标之后,接下来以研究问题为主线,以研究目标为导向,通过研究内容的分解,并将其按照一定的逻辑组织起来,形成研究内容的一定结构,以此呈现整个研究的最终成果。

(一)研究内容

围绕职业教育赋能脱贫致富的路径这一核心主题,将其进一步分解为更为具体的研究问题,这些具体的研究问题便组成了研究的内容。具体而言,主要的研究内容有如下几个方面：一是职业教育赋能脱贫致富的理论分析，旨在通过多种相关理论的引入，阐明职业教育能够赋能脱贫致富的理论依据。二是职业教育赋能脱贫致富的政策演进，旨在以历史的视角审视政策本身的演进，梳理职业教育赋能脱贫致富政策演进的阶段、动因及治理的逻辑。三是职业教育赋能脱贫致富的国际经验，旨在从国际比较的视角审视主要国际组织职业教育赋能弱势群体发展的主要做法，为我国改进职业教育赋能脱贫致富的实践提供有益参考。四是职业教育赋能脱贫致富的实证调查，旨在以贫困和低收入者的视角和立场，呈现职业教育赋能脱贫致富的运行特征、主要成效、面临的问题等。五是职业教育赋能脱贫致富的内在机理与影响因素，旨在从理论层面对前述各方面内容进行提炼和反思。六是职业教育赋能共同富裕的案例研究，选择供给侧的高职院校和需求侧的企业为研究对象，旨在分析它们在参与脱贫致富中的主要做法和经验，以为更多利益相关者提供行动指南。七是职业教育赋能共同富裕的实现路径，旨在从行动层面提供职业教育赋能共同富裕的方案。在此基础上，梳理总结本研究的主要发现。

（二）结构安排

依据研究内容的内在关系，本研究在结构安排上采用总、分、总的设计思路。具体而言，第一章为研究的导入，从整体上对研究思路、研究方案和技术路线做出阐述，以明确研究的施工图。第二章到第八章为研究的主体，按照理论分析、历史分析、比较分析、现实分析、案例分析、归纳分析等的顺序对职业教育赋能脱贫致富的理论基础、政策演进、国际经验、现实状况、典型案例、实现路径等依次展开分析。第九章为总结和概括，对研究的主要结论进行归纳分析，在此基础上，展望进一步研究的可能空间。

三、分析框架

本研究实质上涉及职业教育与低收入群体发展之间的关系，具体表现为脱贫攻坚之前的职业教育赋能摆脱贫困和共同富裕社会建设进程中的职业教育赋能共同富裕。明确了研究的主题和问题之后，需要进一步明确分析该问题的框架，以为研究提供具体参考。

（一）分析框架

理论分析的思路可以简要表述为：在理解"职业教育何以能脱贫致富"方面，以内源发展理论阐明职业教育激活贫困者脱贫致富的内在动机，以赋权理论论证职业教育赋予贫困者脱贫致富的权能。职业教育既能激活贫困者的内在的脱贫致富动机，又能赋予贫困者脱贫致富的能力，因此能促使贫困者脱贫致富。以此为基础，进一步探究这一机理在实践层面是如何实现的。具体而言，引入人力资本理论用以阐明职业教育是提升贫困及低收入者的人力资本存量的方式；引入现代治理理论以说明为贫困及低收入者实现技能转化提供支持条件（包括面向贫困及低收入者的就业机会及向就业岗位的过渡）的路径，以构建职业教育是如何实现脱贫致富的这一实践层面的行动路向。最终形成如图1-8所示的分析框架。

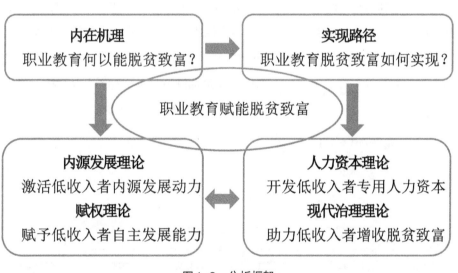

图1-8 分析框架

（二）分析思路

在明确理论分析框架之后，为进一步厘清分析思路，接下来将从以下三个方面加以明确和细化。

其一，总体分析思路。结合社会背景和时代特征，理解和认识职业教育赋能脱贫致富，应考虑两个方面的宏观因素。一方面，工业社会的时代背景。正如埃米尔·涂尔干（Emile Durkheim）在《社会分工论》中所指出的，越是上溯历史，社会就会有越多的同质性，越是接近高等社会形态，劳动分工就越发达[①]；在现代工业社会中，劳动分工是社会分工的基础，职业是社会为个体提供的基本身份。职业教育为贫困及低收入者参与社会劳动进而融入社会提供了必要支持。其依据在于，劳动力是贫困者所拥有的主要资本，这一资本发挥作用的前提是将其投入劳动力市场。职业教育和培训在开发贫困者面向劳动力市场的能力中起到基础作用。这也正是各国将职业教育视为贫困治理基本手段的深层原因。另一方面，终身学习的时代特征。从面向相对贫困治理的现实需要看，适应快速变化的技术及由此带来的职业变革所提出的新要求，需要劳动者通过终身学习以应对变革带来的冲击，以此消解工作贫困并预防贫困发生乃至促进弱势群体实现持续发展。这其中离不开服务终身发展的继续教育和培训的支持。这一点在欧盟国家已经显现。为此，欧盟成员国家通常采取完善继续职业教育和培训（continuing vocational education and training）的举措以强化保障。其对降低低收入人口的脆弱性及预防他们跌入贫困发挥着极为重要的作用。这一趋势随着时间的推移呈现出服务对象进一步拓展、形式更加多样、支撑更加有力的新特征。将以上两个方面纳入分析范围后，可得如图1-9所示的分析思路。

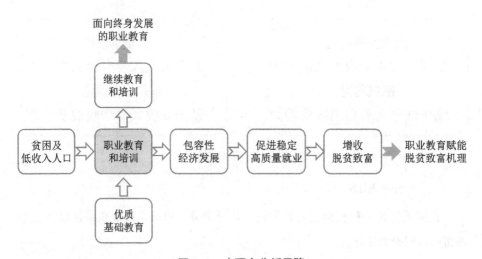

图1-9　本研究分析思路

---

① 埃米尔·涂尔干.社会分工论[M].渠东，译.北京：生活·读书·新知三联书店，2000：98.

其二，内在机理分析思路。从理论和行动经验出发，提炼作用机理的基本组成要素，探讨各个要素之间内在的关系。以此为基础，分别从贫困及低收入者（个体）脱贫致富、贫困地区（区域）脱贫致富、贫困及低收入群体（社会）脱贫致富三个维度构建职业教育赋能脱贫致富作用机理的表现形式。

其三，实现路径分析思路。围绕实现路径的组成要素和具体表现展开。首先，梳理现有相关研究文献，厘清已有理解和认识。其次，借助历史分析、比较分析和实证分析，揭示实现路径的历史演进和表现形式。最后，通过理论反思和归纳总结，提出相对贫困治理中实现路径的应然路向。

第四节　研究方案与技术路线

研究方案是研究实施的纲领，研究技术路线则是研究实施的行动路径。研究方案和技术路线均致力于研究问题的解决和研究目标的达成。在确定了研究问题、研究目标和研究内容后，接下来应进一步明确研究的总体思路和行动路线。

一、研究方案

本研究遵循"提出问题—分析问题—解决问题"的基本思路，按照"问题驱动、多维分析、分层递进"的逻辑，运用理论分析、历史分析、比较分析、实证分析、案例分析多种研究方法，从多个角度分析职业教育赋能脱贫致富的路径，深入、细致、客观、真实地揭示和呈现与之相关的具体内容。一是借助理论分析，构建职业教育赋能脱贫致富何以可能的思维导图和分析框架；二是运用历史分析，梳理职业教育赋能脱贫致富的相关政策演进的历史画像和发展进路；三是通过比较分析，探寻国际组织职业教育赋能弱势群体发展的主要做法与基本经验；四是运用实证分析，揭示职业教育赋能脱贫致富的现实图景和面临的问题；五是运用案例分析，呈现职业教育赋能共同富裕的典型范例和实践经验；六是运用理论归纳，提炼职业教育赋能共同富裕的内在机理、影响因素、行动路径与优化策略。通过以上多方面的分析，提供对职业教育赋能脱贫致富何以可能、职业教育赋能脱贫致富如何实现等核心问题的一种解释。

二、技术路线

研究技术路线是研究实施的行动准则，其遵循研究的严密性逻辑和行动的复杂性逻辑，依据本研究的方案，紧扣研究问题、瞄准研究目标，构建本研究的具体技术路线，形成对研究的整体指导和规约。

首先，通过文献分析，整理国内外职业教育赋能脱贫致富的研究进展和理论成果，以此提出本研究拟解决的主要问题；围绕研究问题，通过理论分析确立理论基础，在此基础上提出研究框架和分析思路。

其次，依托文献资料，采用比较分析方法，对联合国教科文组织、国际劳工组织、世界银行等国际组织在职业教育赋能脱贫致富中的主要实践、作用机理、实现路径等方面加以分析，旨在获取其对理解中国职业教育赋能脱贫致富的启示。

再次，借助政策文本分析，梳理职业教育赋能脱贫致富政策的演进阶段、社会动因及治理逻辑；借助问卷调查、个案访谈和部门访谈、案例研究，从学历职业教育和非学历职业技能培训两个方面呈现职业教育赋能脱贫致富的运行特征、实施成效和面临问题，以呈现职业教育赋能脱贫致富的实然之境。

从次，基于已获得的理论和实证发现，运用归纳法，尝试提炼职业教育赋能脱贫致富的内在机理及表现形式，概括实现路径及其改进优化，最终回应本研究的核心问题。

最后，再次对研究进行反思性回顾，旨在对本研究的结论、研究展望予以简要阐述。图1-10为本研究的技术路线。

三、研究方法

为了对研究问题展开深入细致的探究，实现研究的预期目标，需要选择适切而有效的研究方法。本研究中使用的主要研究方法及其所要解决的问题如下。

其一，文献研究法。通过对学术专著、研究论文、政策文本、研究报告等的梳理和分析，阐明职业教育赋能脱贫致富的理论基础和分析框架，分析职业教育赋能脱贫致富的政策演进阶段、社会动因和治理逻辑等。

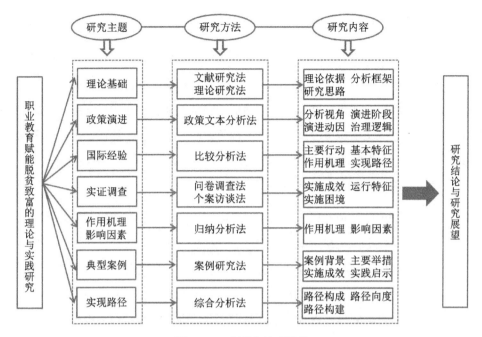

图1-10　本研究技术路线

其二，比较研究法。借助比较分析思维，对联合国教科文组织、国际劳工组织、世界银行等国际组织赋能弱势群体发展的项目、教育政策等相关资料进行分析，考察这些国际组织的组织使命、职业教育赋能弱势群体发展的价值理念、功能定位、实现路径及实践经验。通过对国际组织经验的梳理提炼，为职业教育赋能脱贫致富提供借鉴和参考。

其三，问卷调查法。为了解职业教育赋能脱贫致富的实施成效，本研究尝试设计面向职业院校贫困家庭学生（家庭收入低于国家贫困线的家庭学生）的调查问卷，就学校职业教育赋能脱贫致富的现状进行考察，着力分析其实施成效、运行特征、主要问题及影响因素，旨在全面了解职业教育赋能脱贫致富的现实图景。

其四，个案研究法。为考察低收入家庭已毕业学生就业及职业生涯发展状况，为方便抽样，以16位已毕业学生为个案，力图动态呈现这些学生毕业后职业发展、收入变化、生活状态等方面的主要变化，旨在表明其脱贫致富的成效。与此同时，为考察职业教育赋能共同富裕的主要做法和实践经验，选取浙江省Z校和J公司作为研究对象，开展案例研究。

四、创新之处与几点不足

相较于已有研究从摆脱贫困或实现共同富裕的视角来探讨职业教育的功能与价值、成效与困境、对策与建议等，本研究立足脱贫致富这一历史发展的整体视角，考察职业教育在这一进程中的功能和价值变化，在研究选题、理论依据和研究方法上做了积极尝试，在研究视角方面有所突破。然而，由于贫困本身的复杂性及职业教育参与贫困治理的多样性，研究中面临诸多困难与挑战。

（一）创新之处

本研究的创新体现在以下几点：一是研究视角方面，从摆脱贫困到共同富裕的演进这一历史发展视角出发，运用历史视角、实证视角和比较视角展开多角度分析，审视从摆脱贫困到共同富裕中职业教育的功能和价值变化，探寻共同规律和不同特征。二是研究方法方面，不同于已有相关研究以静态分析为主的特点，本研究将问卷调查法、案例研究法和访谈法有机结合，点面结合、动静融合，以呈现职业教育对服务对象影响的动态过程及其结果。三是研究内容方面，以人的能力建设和发展为核心，突出职业教育开发职业能力的特性，理论上阐明职业教育的赋能机理，实证上揭示职业教育赋能的具体路径和影响因素，对比分析实践层面的异同。

（二）主要局限与不足

本研究的主要局限与不足在于：一是对职业教育赋能摆脱贫困的相关内容分析较多，面向职业教育赋能共同富裕的内容较为有限。主要原因在于，职业教育与共同富裕的相关研究是近年来才受到关注的，对相关问题的讨论较为有限，理解和认识也还不够深入。二是实证数据收集方面，对毕业生的个案访谈数量比较有限，内容有待进一步深化；在职业教育赋能共同富裕的案例研究中，材料的深度、厚度还有待进一步加大。三是对职业教育赋能共同富裕的成效，尚缺少更为规范、翔实的数据支撑。

本章小结

本章完整地呈现出本研究的基本思路，主要从四个方面展开：一是阐明了研究问题的提出及研究的价值；二是回顾了相关研究文献，梳理了研究进展，提出可能的空间；三是明确了研究的内容与分析的框架，勾勒研究的骨架和完整蓝图；四是确定了研究的方案和技术路线。

第二章

职业教育赋能脱贫致富的理论基础

为解释职业教育赋能脱贫致富的理论依据，结合职业教育自身属性和内在特征，选择内源发展理论和赋权理论以说明职业教育赋能脱贫致富的原理，旨在揭示职业教育为何能促进低收入人口脱贫致富。选择人力资本理论和现代治理理论，力图提供职业教育赋能脱贫致富的学理支撑。两者相结合便可明晰职业教育赋能脱贫致富的基本原理和实现方式。

第一节　内源发展理论：职业教育激活低收入者内源发展动力

内源发展理论的核心价值与教育是脱贫致富的根本之策在认识上呈现出内在一致性。这种一致性表征为，承认教育赋予低收入者知识和能力、改变低收入者观念和行为、改善低收入者自我认知并激活其内在发展潜能。事实上，职业教育是低收入者可获得的、更有利于就业进而摆脱贫困迈向富裕的教育，是连接低收入者与工作世界的桥梁。这一特性意味着，职业教育之所以能激发低收入者内源发展动机，关键在于其提供面向职业和就业的知识和技能，促进低收入者实现就业创业以获得内源发展的基础和起点，并在就业创业中提升能力，进而增强自我发展的能力和脱贫致富的信心，最终迈向自主发展和共同富裕之路。

一、内源发展理论及其发展

联合国教科文组织是较早关注内源发展战略的国际机构。在1977—1982年的中期规划中，该组织便明确提出，研究符合不同社会实际和需要的内源与多样化的发展过程，尤其是当地社会的文化条件、价值系统、居民参与这种发展的动机和方式，并将其作为中期规划的目标之一。1988年，该组织编写出版《内源发展战略》一书，首次对内源发展理论和思想进行深入阐述。

在对已有各种发展理念反思的基础上，该组织发现：各种传统的发展模式的缺陷在于，把重点放在经济、生产力和技术方面，从而忽视了人类和社会的真正需要，也没有顾及人民的愿望。内源发展理论则认为：发展是以人、人的能力和人的创造性为中心的，社会－文化因素既是发展的决定性因素，又是发展的最终结果；内源发展就是由内部产生的发展，是着眼于为人类服务的发展，其目标首先是满足人民的真正需要和愿望，从而确保他们自身的充分发展；一个社会只有按照自己的方式才能获得真正的发展，也即从一开始就不停地保存自我，发展的过程不应导致破坏、变质或丢掉各民族的个性，应从本国人民的需要和愿望出发，从本国社会在人力、物力、技术和财政等方面现有的和尚未开发的资源出发。[①]该理论具有鲜明的依靠发展主体自身内在力量、利用自身发展资源、保持自身特性的特征。

（一）内源发展理论的基本意涵

尊重文化同一性以及尊重各国人民享有自身的文化是内源发展的核心要义。内源发展理论的两个基本要求在于：形式方面，发展是从内部产生的；目的方面，发展是为人自身服务的。在承认以人为中心的必要性的基础上，还需要界定人、人的实质、人的目的、人的需要以及资源。这是一项非常艰巨的任务。原因在于，抽象的人和一般的人，可以通过某些普遍的哲学价值从观念上来认识，具体的人和现实的人则只能通过他们的文化来认识，而文化是人和他们所处的环境长期相互作用积累的结果，这种结果既是规范的，也是人为的，更是有差异的。内源发展理论对于认识低收入者的意义在于，只有真正理解低收入者所身处的现实环境，以及其在该环境下形成的特定文化、行为、心理特征，才可能真正接近其真实内心，才可能构建出激发其动机的机制，促使其走向持续发展。

---

① 联合国教科文组织.内源发展战略[M].北京：社会科学文献出版社，1988：1.

内源发展理论认为，发展主体应确认自身的文化特征，这既是维护民族尊严的基本条件，又对动员一切力量来促进发展具有根本意义。原因在于，一个民族自身文化的形成和发展，一般是该民族和民族的成员与生存环境相互适应和相互作用的必然后果。这种后果通常表现为各个民族自身的知识、技术、价值、愿望、信仰、立场、态度、行为准则及与环境的关系的总和[①]。这种文化因基于特定环境和条件，具有很强的地方性。正是在此意义上，真正的发展是以内源发展为基础的，尊重本民族的文化，旨在完善文明方案，促进以人类为中心的目标的达成[②]。尊重低收入者自身的文化价值，是对其进行赋能的基础和前提，这就要求外来文化在进行改造时融入其中。换言之，外来文化只有与低收入者自身文化建立某种关联，才能对低收入者发生作用。

（二）内源发展理论的核心内容

内源发展主张以本地资源开发为基础，以增强人这一发展主体的能动性和创新性为动力，以提高个人技能水平和提升生活质量为目标[③]。这种发展模式将本土资源与作为关键发展主体的个人的能力提升有机结合在一起，通过发展主体能力的提升以充分开发当地资源。内源发展理论对于消解目前在贫困治理中的贫困社区和贫困人口处于物质资本、人力资本和社会资本贫困多重叠加并缺乏自我发展能力的现实难题有很强的针对性和意义[④]。与外源发展或依附理论不同，内源发展理论强调发展的真正动力在于，发展主体自身的力量或内部的动力。与外来动力相比，发展主体自身的或内在的动力更持久、更有效。发展主体内在力量的激活，与其自身的文化、历史、环境、教育等因素密切相关。就重要性程度和可塑性特质来看，教育既是十分关键的举措，又是可获得的改进方式。通过教育可以改变固有的文化观念，增强发展主体的自主性，最终提升发展主体的自主发展能力。

由此可将内源发展理论的核心内容概括为以下几方面：一是发展的关键力

---

① 联合国教科文组织.内源发展战略[M].北京：社会科学文献出版社，1988：3.

② 联合国教科文组织.内源发展战略[M].北京：社会科学文献出版社，1988：19.

③ 高引萌.民族地区乡村内源发展研究[D].武汉：中南民族大学，2016.

④ 章志敏.连片特困地区农村贫困治理转型：内源性扶贫——以滇西北波多罗村为例[J].中国农业大学学报（社会科学版），2015（6）：5-11.

量来自内部而非外部，发展主体是实现可持续发展的至关重要的力量；二是发展主体发展能力的提升是实现内源发展的必要条件；三是内源发展应充分挖掘内在的资源优势，包括自然资源、传统文化、比较优势等；四是内源发展是形成独立自主发展的关键性条件。四个方面相互结合形成了谁来发展（主体）、依靠什么发展（动力）、通过什么发展（路径）、发展为了什么（目标）的完整逻辑，对于脱贫致富中弱势群体的内源发展动力的激活具有重要意义。

（三）内源发展理论的关键特征

一是内源发展理论关注发展主体内在动力的价值。发展主体是推动发展的关键力量，内在发展动力是可持续发展的关键。内源发展不否认外在援助力量的价值。恰恰相反，在发展的启动阶段，往往需要外在力量尤其是物质力量的支持。然而，随着发展的推进，发展主体自身的内在力量显得越来越重要，这一力量往往决定了发展的可持续性。其意味着，内源发展理论的终极目标在于，通过发展主体内在动力的培育和提升，实现可持续的发展。

二是内源发展理论注重发展主体发展能力的培育。与传统发展理论强调基础设施建设、外在援助力量等物质力量不同，内源发展更加关注"是谁推动发展""如何才能推动可持续发展"等深层问题，将推动发展的关注点聚焦于人这一发展中更具活力的要素。并从人如何实现内源发展的认识论出发，提出应注重对发展主体自我发展能力的培养和提升，从而将人的发展与社区发展、经济社会发展统一起来。通过人的发展带动经济发展进而推动社会全面发展，符合唯物辩证主义发展观，符合人类发展的历史规律。

三是内源发展倡导通过人的能力发展以充分挖掘内部力量和潜力。在对"发展主体—发展力量—发展方式"的系统思考中，内源发展理论将明确发展主体、赋予主体发展能量、依靠内部力量和资源优势、实现自主发展和特色发展有机衔接起来，提供了"谁来发展、发展什么、如何发展"的新思路。

四是内源发展旨在实现自主发展的长远目标。依靠外在力量推动的发展难以生成内在发展的动力，因为发展主体的力量和价值没有得到应有的重视，发展主体的能力没有得到尊重、认可和提升，难以形成可持续发展的长效机制。内源发展理论突破这一藩篱，通过发展主体的参与、参与中的能力提升和增强，形成自主发展的能力基础和动力保障。

二、内源发展理论与脱贫致富

脱贫致富的实质是，贫困及低收入人口借助内源动力实现持续发展的过程。方劲认为，注重农村发展的内源性潜力，主张区域经济的开放发展，追求可持续的生计，增强地方民众对发展的认同感，提高地方民众的参与度是农村内源发展的核心特征。①王曙光从内源发展理论出发，对我国农村贫困与反贫困的模式转型与制度创新进行深入分析，提出内生性反贫困的分析框架并对其进行深度阐释②，是内源发展理论在贫困治理领域的拓展应用。内源发展理论倡导在贫困治理过程中对各种要素进行整合，展开机制创新，激发和挖掘贫困及低收入群体内部的力量，促进形成持续发展的驱动力和创造力，意味着对贫困及低收入者自身价值的关注和认可，有利于激活贫困及低收入者自身的发展潜力。

内源发展理论视角下的贫困治理旨在实现三个基本目标：一是培养贫困及低收入者的主体性意识；二是实现贫困治理的机制性构建；三是实现农村脱贫和发展的长期性与可持续性。其将贫困治理上升到如何可持续、依靠什么实现可持续这一关键问题上来。其对具体实践的启示在于：在总结和完善现有贫困治理经验的基础上，亟待实现三个方面的转变，以支撑内源发展理念转化为贫困治理的具体实践。

一是理念上，贫困治理中已经从主要依靠外在力量转向主要依托贫困及低收入者自身的内生力量，尤其是加强贫困及低收入群体的能力建设。从历史看，在贫困治理的早期阶段，通过外在的力量，突破引发贫困的基础条件约束，这些力量为贫困及低收入群众脱离贫困提供了坚实基础，然而不能解决根本性问题。在外部瓶颈问题基本解决以后，已有向内生性贫困治理转变的基本条件。在此情况下，创新贫困治理的体制机制，以有效激活贫困及低收入群体自身的发展能力，凭借贫困及低收入者自身的力量和能力发展实现脱贫致富。只有专注于贫困及低收入人群自身能力发展而摆脱贫困，才能实现持续发展，才能有效防止返贫，才能稳步走向富裕。

---

① 方劲.内源性农村发展模式：实践探索、核心特征与反思拓展[J].中国农业大学学报（社会科学版），2018（1）：24-34.

② 王曙光.中国农村：北大"燕京学堂"课堂讲录[M].北京：北京大学出版社，2017：330-335.

　　二是方式上，贫困治理从粗放型向精准化转变。关键在于基于致贫原因确定相应的贫困治理策略。具体而言，对由外因引起并且个体无力改变的贫困（如失去劳动能力者），应充分发挥社会兜底的功能和作用；对由个体自身原因引发的且通过自身力量可以解决的贫困（如具有劳动能力但因思想观念滞后、文化教育水平偏低、技能培训不足引发的贫困），应注重对贫困及低收入者能力的开发，促进其通过自身力量改变不利处境，依靠自身力量摆脱贫困并实现持续发展，进而迈向富裕，这是贫困治理的终极目标。

　　三是策略上，从单一的贫困治理向系统的贫困治理转变。系统的贫困治理是基于贫困及低收入者能力生成和提升的现实需要，注重多方参与主体共同互动、多种治理要素共同发力、多种社会力量共同作用，为处境不利者实现能力发展和脱贫致富提供系统性、多层次、全方位的支持。这种系统性设计的策略的优势在于，从低收入者摆脱贫困和实现富裕的目标出发，逆向追问治理策略，提出系列措施和办法。

三、内源发展理论与内源动力生成

　　在内源发展理论视域中，作为发展主体的贫困及低收入者是脱贫致富的积极力量，激活内生发展动力是发挥主体力量的前提。为此，有必要厘清两者的内在关联。

（一）人的主体性与内源发展动力

　　人的主体性指的是人这一社会活动的重要主体所表现出来的自觉与主动、能动与创造等内在特性[①]，表征为生命运动中人的自我认识和理解、自我塑造和实现、自我超越及表现于外的个体的自主性、选择性、创新性等种种特质[②]。从不同维度看，人的主体性涵盖观念或心理状态上持有积极能动的心态，行为上的自觉和能动，社会关系中的社会性，历时性中的现实性。[③]

　　首先，人是社会发展的推动者和实践者，人在社会发展中具有主体性作用。

---

① 王三秀，李冠阳，王昶.中国政府反贫困规范重构[M].北京：中国社会科学出版社，2013：46.

② 郭湛.主体性哲学——人的存在及其意义[M].北京：中国人民大学出版社，2011：29.

③ 王三秀，李冠阳，王昶.中国政府反贫困规范重构[M].北京：中国社会科学出版社，2013：47-48.

人的主体性和主体意识既会影响社会发展进步的方向，也会成为制约社会发展的因素。推动社会改革发展，需要塑造人的主体性，增强人的内在发展动力，有效激发人的内在发展动力，将主体意识维持在较高水平，以实现社会发展与人的发展统一，以人的发展推动社会发展。

其次，人的主体性和主体意识的生成和增强，是基于社会实践的。内在发展动力及自主性是人的主体性的重要体现，是在实践活动中得以呈现和发展的，人的主体意识的生成和增强，与内在发展动力的生成相一致，究其根由：一方面，内在发展动力要通过参与社会实践而获得，内在发展动力提升使得人的自我价值得到满足；另一方面，通过参与社会实践，人的主体意识和发展能力得以呈现和增强。

（二）主体性与贫困治理关系的已有理解

第一，主体性提升对贫困治理的积极影响，表现为有利于增强贫困群体摆脱贫困的信心决心、发挥能动作用、增强发展能力[1]，有助于强化内生力量、提升反贫困效率和巩固脱贫成果[2]；与我国贫困治理中倡导的"扶贫必扶智""扶智先扶志"的价值相统一，可以从理论和经验方面获得支持。

第二，贫困治理中培育低收入者主体意识面临的挑战，体现为基层政府中干部的总体性支配、社会力量的缺失、贫困群体的主体性权利丢失。[3]产生的消极影响表现为削弱脱贫致富的效果、制约国家贫困治理目标的实现。对成因的主要解释有：政府主导的"父权式"和"保姆式"反贫困模式[4]，反贫困中"贫困者自身角色定位不准、权责意识不强、自我发展动力缺乏"[5]，贫困者从众心理与陋习、封闭思想与乡土观念，贫困治理中"双方协商对话空间不足"[6]等。尽

---

① 梁伟军，谢若扬.习近平扶贫重要论述的群众主体观论析[J].华中农业大学学报（社会科学版），2020（3）：14-22，169.

② 王娴，赵宇霞.论农村贫困治理的"内生力"培育[J].经济问题，2018（5）：59-63.

③ 马良灿，哈洪颖.项目扶贫的基层遭遇：结构化困境与治理图景[J].中国农村观察，2017（1）：2-13，140.

④ 卫小将.精准扶贫中群众的主体性塑造——基于赋权理论视角[J].中国特色社会主义研究，2017（5）：80-85.

⑤ 王娴，赵宇霞.论农村贫困治理的"内生力"培育[J].经济问题，2018（5）：59-63.

⑥ 唐珍.农村贫困治理中主体性的消解与构建[J].齐齐哈尔大学学报（哲学社会科学版），2018（2）：49-51，69.

管解释各异，但共同之处在于尚未充分认识到低收入者的主体意识，尚未找到培育低收入者主体意识的方法和切入点，至今仍然是贫困治理的难题。

第三，培育贫困者主体意识的策略。一是确立贫困者在贫困治理中的主体地位，推动农村贫困治理模式的创新，加强贫困者主体性建设的系统性。[①]二是以贫困人口最迫切的需要为切入，以贫困人口主动参与为重点，推动贫困人口主动脱贫。[②]三是个体和组织的共同发力，实现贫困人口与外在相关主体之间协商共治。[③]四是收缩基层干部权力空间，激发社会的活力，重新确立贫困群体的主体地位，坚持以贫困群体为中心的内生性发展。[④]五是构建群众参与贫困治理的制度保障，提高贫困农民参与贫困治理的水平。[⑤]六是构建协商对话空间，激发贫困农民主体性。[⑥]七是倡导以赋权为基础的反贫困，依托外在的社会治理和内在的生命治理的有机结合，整合自我与个体赋权、团体与组织赋权、社区和政治赋权，以增强贫困群体的主体性。[⑦]这些策略提供了多视角的改进建议，但前提在于找到切入点，即贫困者自我发展能力培养的有效途径。现有众多策略尚未指出贫困群体主体意识提升的具体策略。

第四，阐明人的主体性对贫困治理的重要启示。确立人的主体性的重要性表明，应在反贫困中确立和突显贫困者个人的主体地位，充分发挥贫困者的潜能，增强贫困者自身参与反贫困的积极性和能动性；通过确立贫困者的主体性地位，能够增强贫困者的反贫困责任意识，主体性意味着贫困者已经自觉认识到自身的责任，并且有信心以自身参与来产生实际影响，由此改变形式化、表

---

① 王三秀.农村贫困治理模式创新与贫困农民主体性构造[J].毛泽东邓小平理论研究，2012（8）：51-56，115.

② 陈育琴.主客体关系学与我国农村扶贫[D].昆明：云南师范大学，2001.

③ 陆汉文，杨永伟.发展视角下的个体主体性和组织主体性：精准脱贫的重要议题[J].学习与探索，2017（3）：32-39.

④ 马良灿，哈洪颖.项目扶贫的基层遭遇：结构化困境与治理图景[J].中国农村观察，2017（1）：2-13，140.

⑤ 李志强.贫困治理中的农民主体性缺失问题研究[D].兰州：兰州大学，2017.

⑥ 唐珍.农村贫困治理中主体性的消解与构建[J].齐齐哈尔大学学报（哲学社会科学版），2018（2）：49-51，69.

⑦ 卫小将.精准扶贫中群众的主体性塑造——基于赋权理论视角[J].中国特色社会主义研究，2017（5）：80-85.

面化的无效参与、自发参与或消极被动参与的现象；将确立贫困者主体地位与意识作为推动政府反贫困规范优化和良性发展的重要动力。[①]

（三）激活主体性和内源发展动力是贫困治理成功的基础

首先，尊重贫困及低收入者的主体性和主体意识是贫困治理成功的内在要求。从贫困治理的实践经验看，国内外成功的贫困治理项目，均离不开对项目的参与者和推动者这两个关键因素的充分考虑。从贫困治理的目的看，项目是贫困治理的载体和工具，本身不是目标。贫困治理的逻辑理路在于，通过适合的项目，让贫困及低收入者参与其中、推动项目，提升自身的发展能力，摆脱贫困进而实现发展。正是基于这一原因，是否考虑到贫困及低收入群体的参与，进而体现贫困群体的主体性和主体意识，已成为贫困治理能否取得成功的关键因素。

其次，激发主体性和主体意识是培育贫困及低收入群体内生动力的关键。在与贫困的斗争中，人类对贫困现象与问题的认识逐渐深入，贫困治理的重点依次从消减物质贫困到解决收入贫困再到消解能力贫困，背后是对致贫原因认识的深化。物质贫困是表象上的贫困，物质贫困的重要原因是收入不足，无法购买生活必需品和支付生活所需的服务费用；而收入贫困的深层原因在于，贫困者发展能力低下，无法有效参与社会竞争，被排挤在社会竞争之外，也就难以分享到社会竞争的益处。解决这一问题的关键是，从能力贫困这一关键因素入手，便形成了贫困的认识逻辑与解决贫困问题的实践逻辑之间的倒置，即事实上对贫困的理解和认识是从物质层面到收入层面再到能力层面逐步深入的；而从贫困的治理看，要从根本上消除贫困，关键在于解决贫困者能力建设这一问题，只有贫困者能力提高了，才能解决收入贫困，进而消除物质贫困。其关系见图2-1。

---

① 王三秀，李冠阳，王昶.中国政府反贫困规范重构[M].北京：中国社会科学出版社，2013：51.

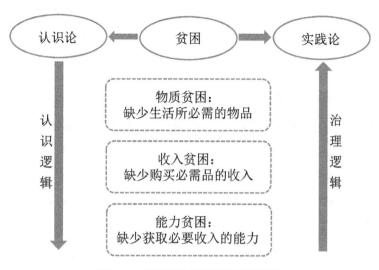

图2-1　贫困的认识逻辑与治理逻辑

最后，贫困治理长效机制构建的关键在于激活贫困群体的主体意识和内生发展动力。从贫困治理的趋势看，越来越多的国家和政府认识到，有效聚合个体（贫困者）、市场（竞争性组织和机构）和政府（服务提供者）三方的力量，充分发挥各自的优势和潜能，对于提升贫困治理实效意义重大。从具体实践看，政府负有贫困治理的责任已成为国际社会的普遍共识，各国政府也正在朝着贫困治理的方向迈进。市场自身具有理性和自我更新的机能，这意味着贫困治理中的市场力量并不存在激发不足的问题。而贫困群体的主体性和内在发展动力水平，将成为决定政府政策和投入效益、市场力量发挥程度的关键影响因素。为此，激活贫困群体的主体性，将其保持在较高水平，是贫困治理长效机制构建中应加以考虑的重要因素。

四、内源发展理论对职业教育赋能脱贫致富的启示

就实践层面而言，确立人的主体性地位的关键在于消除不利于主体意识形成的思想观念，健全有利于公民主体性形成的制度体系，创设主体意识形成的激励环境。[①]以内源发展理论为依据，对理解教育何以能、如何能激活低收入者的主体性具有启示和借鉴意义。

---

① 王三秀，李冠阳，王昶.中国政府反贫困规范重构[M].北京：中国社会科学出版社，2013：48-51.

（一）逻辑起点：职业教育何以激活低收入者的主体意识和内源发展动力

首先需要思考的是，贫困群体的主体意识和内在发展动力激活为何重要又何以可能。已有实践表明：没有低收入者的主动参与，任何贫困治理均难以取得满意效果；积极的贫困治理政策的顺利实施，均以贫困者的主体意识和内在发展动力的培养为起点；激活贫困者的主体意识和内在发展动力，离不开具体的项目载体和实践活动。就职业教育而言，关键是要回答其为何能够有效激活贫困群体主体意识和内在发展动力。第一，从贫困者的知识基础看，通过职业教育培养面向职业的能力，有利于贫困者改善自我认知、增强成功自信；第二，从贫困者的经济能力看，职业教育可为其走向社会、提升学历提供可承受的成长发展通道；第三，从教育与经济日益紧密的趋向看，教育的职业导向性将更加明显，职业教育在将贫困者成功导向工作世界、实现职业生涯发展方面更具优势。

（二）发展导向：职业教育如何促进低收入者面向职业的多维能力生成

首先，增加对贫困者的经济补偿是能力开发的基本条件。应加大对贫困者的经济补偿，扩充其开展人力资本投资的能量。具体而言，一是扩充政府的经济补偿，比如现实中的职业教育国家助学金制度、中等职业学生免学费政策等；二是加大市场力量的经济补偿，如企业面向贫困家庭学生提供的资助；三是激活贫困群体的自我救助，诸如助学贷款、勤工俭学、工学结合等。

其次，坚持面向就业的人力资本开发是支撑其持续发展的关键。通过职业教育和培训获得进入劳动力市场就业的能力，更容易获得就业岗位，实现人力资本投资转化为现实生产力，并通过工资实现资本扩充，增加劳动者获得感和幸福感，其可进一步转化为贫困者持续发展的物质基础和能力支撑。

最后，扩充贫困者的社会网络和社会资源是提升内源发展动力的关键。一是社会关系网络的扩展，主要体现在同学关系的拓展、与企业和职业联系的建立、人际空间的拓展和资源类型的进一步丰富；二是社会资源的扩充，主要体现在就业信息扩展、职业发展资源扩展、创业资源扩展；三是社会支持渠道的扩充，主要体现为就业渠道、创业渠道的政策、信息、资金获得。

（三）实现路径：职业教育何以提升低收入者的自我发展能力

首先，秉持促进贫困者能力建设的基本理念。能力的发展是贫困者脱贫致富的关键，是贫困者实现增收并向致富跨越的必要支撑，坚持促进贫困者能力提升的理念，可以更好地发挥职业教育赋能脱贫致富的功能。职业教育为每个劳动者提供适合的和有用的教育供给，有利于增强贫困者持续发展的内在动力，并且将这一能力与就业和发展结合起来。

其次，确立面向职业和促进就业的能力发展导向。贫困者接受职业教育具有明确的价值诉求，即依托技术技能学习谋求就业机会、获取收入进而摆脱贫困处境。换言之，对贫困者进行能力开发的目标在于，将其投入劳动生产过程，从而转化为现实生产力，以此促进贫困者增收致富。

最后，采用符合能力发展规律的教育和培训模式。不同于学术能力的生成，职业能力生成需要面向工作世界的实践培养，并在实践中增进；有别于借助理论学习促进学术能力发展，职业能力发展需要基于职业生涯发展和技术技能进阶来实现。

职业教育赋能脱贫致富与经济环境密切联系。随着经济高质量发展的推进，对于劳动者的文化知识和技术技能的总体要求日益提高，贫困人口参与社会劳动需要具备更高水平的文化知识和职业能力，尤其是面向职业岗位的专业知识和劳动技能。通过发展职业教育，可将贫困人口培养为适应经济高质量发展所需的现实劳动力，实现贫困治理与服务经济高质量发展的深度契合。这与职业教育自身所特有的面向市场、注重职业能力培养的特性密不可分。此外，由于职业教育专注于职业知识和职业能力的培养，有利于贫困人口获得一技之长，能较好地适应市场需求，从而增强发展的能力。就此而言，通过开展职业教育而赋予贫困家庭就业的技能和发展的能力，不仅仅有利于摆脱贫困，更有助于防止返贫。①

---

① 梁伟军，谢若扬.习近平扶贫重要论述的群众主体观论析[J].华中农业大学学报（社会科学版），2020（3）：21.

第二节　赋权理论：职业教育赋予低收入者自主发展能力

赋权理论起初运用于社会工作领域，旨在解决贫困群体或个体权能不足的问题。对不同国家贫困问题的比较研究发现，虽然社会、文化、经济和政治环境各不相同，但造成贫困者被排斥的因素是共同的：无权无势和难以发声。对此的解释是，面对不平等的权力关系，贫困者无法在与他们密切相关的政策的制定和决策中拥有强大的话语权，比如与商人、金融家、政府和民间社会谈判以获得更好的条件，这严重制约了贫困者积累资产和摆脱贫困的能力。要想摆脱贫困，就需要对贫困者进行赋权。

一、赋权理论及其发展

赋权（empowerment）最初见于1651年，指被授权做某事的状态，做某事的权力、权利和自主权；现在通常指赋予某人或某物权力的行为或行动，即授予执行各种行为或职责的权力、权利或自主权。赋权理论不仅仅重视贫困者的积极力量，而且强调如何有效发挥和提升这一力量。相较于内源发展理论，赋权理论关注到影响贫困者自身发展的深层社会原因，力图改变这些不利于贫困者发展的因素，以增强他们控制自身发展的权能。

（一）赋权理论的核心意涵

赋权指的是贫困者为有效参与影响他们生产和生活的机构的决策，实现与机构对话并对与他们相关的机构行为及效能进行问责，以扩充自身的资本和能力。① 赋权注重贫困者自身的资本和能力，注重内在价值；争取更多的发展权利以更好地实现自身发展，强调工具价值。赋权具有多重内涵，可以是经济、社会或政治方面的。

首先，资本和能力的扩充是赋权的基础和前提。贫困者需要一系列的资产和能力以增加他们的福祉、安全及自信。资本和能力的增加有利于他们与那些更有权势的人谈判。因为物质和金融资产的极端匮乏严重制约了他们为自己争取公平交易的能力，从而增加了他们的脆弱性。

---

① NARAYAN D. Empowerment and Poverty Reduction [M].The World Bank, 2002.

其次，贫困者能力的发展是赋权的核心和根本。能力是人与生俱来的，人们以各种方式发挥能力，通过能力发挥资产效益，增加幸福感。人的能力包括良好的健康、教育、生产或生活技能；社会能力包括社会归属感、领导力、信任关系、认同感、赋予生命意义的价值观以及组织能力。政治能力包括能够代表自己或他人、获取信息、建立联盟，并参与社区或国家的政治生活。值得注意的是，通过教育发展能力是有效赋能的前提，而贫困者常常缺乏必要和实用的教育，这制约着他们能力的发展。投资于贫困者的组织的建立既十分紧迫，又意义重大。

再次，贫困者的组织建设是赋能的组织保障。健康的、受过教育的和有保障的贫困者，可以更有效地为集体行动贡献力量；集体行动可以促进贫困者资本和能力扩充，比如增加贫困者获得学校或医疗资源的机会。贫困者的组织、团体、网络及与他人合作，可以调动资源，改善个人健康、教育和资产安全状况。通过社区组织，贫困者可以表达自己的喜好和意见，并要求教育、卫生、水源、农业或其他领域的服务提供者对所提供的服务负责。贫困者通过自己的组织采取集体行动，可以增加获得商业发展和金融服务的机会，也可以增加贫困者进入新市场的机会。令人遗憾的是，这种有利于贫困者动员和组织以解决问题的集体能力，至今仍未系统纳入减贫战略。不利于贫困者组织能力的建设，一定程度上将贫困者置于孤立无援的境地，极大妨碍了摆脱贫困的实现。

最后，包容的制度是有效赋能的必要条件。赋权意味着改变不平等的制度关系，创设新的制度环境，以利于贫困者的发展。制度是规则、规范和行为模式。同样地，影响贫困者生活的机构既有正规的，也有非正规的。对贫困者的实地调查证实，贫困者渴望能倾听、尊重他们的机构，即使这些机构无法解决实际问题。民间社会团体在支持贫困者的能力发展、向他们传递和解释信息、帮助他们与国家和私人联系方面可发挥重要作用。值得注意的是，这些团体必须保持自身的本性，确保他们真正代表贫困者的利益，并对贫困者负责。

（二）赋权理论的关键特征

旨在增强贫困者发展权能的赋权没有单一和固定的模式，以发展为导向的赋权方法是新的发展理念的体现，注重对人这一关键发展主体的综合赋权。首先，旨在促进发展的赋权方法，将贫困者置于发展的中心，将他们视为最重要的资源而不是问题。这种方法承认贫困者的身份并重视其价值。要发挥贫困者的个体价值，关键在于个人层面的赋权，以增强个体的自我发展能力。英国的乡村振兴实践与经验充分说明：提升知识和素质水平以及重视村民的参与是对个体赋权的有效方式。[①] 其次，旨在促进发展的赋权方法，将赋予对个体发展至关重要的能力视为优先事项，强调通过长期的赋权行动促进贫困者发展能力的形成。相关实践表明，弱势农民的组织能力、表达能力、自制能力及参与意识等民主素养在反复的实践中才能逐渐得到提升，并转化为应用自如的才能。[②] 最后，旨在促进发展的赋权方法，以贫困者的优势为基础，如珍视和利用贫困者个体性的知识、技能、价值观，调动贫困者解决问题的主动性和动力，以使其管理资源和摆脱贫困。更为重要的是，旨在促进发展的赋权法，把贫困者视为应该受到尊敬和有尊严的人。

二、赋权理论的构成要素

赋予旨在增强贫困者发展的权能，以增加他们在不同情况下选择和行动的自由，使他们能获得有利于自身发展的环境。这一目标的实现通常有四个关键的要素——获取信息、包容和参与、问责和地方组织能力[③]，是赋权分析的主要内容。

（一）获取可靠的信息资源

人类已进入知识社会（knowledge society）或者说信息社会（information society），信息资源已然是国家管理和政府治理中的关键资源。信息资源流动包括从政府到公民和从公民到政府的双向流动，无论哪一种流动，对于公民和政府都至关重要。对于前者，有效获取信息有助于其成为有责任的公民；对于后者，为公民提供及时有效的可获得的信息资源，是构建反应灵敏、负责任政府的基本内容。随着信息社会的深入发展，这一特征更加明显。现实中，贫困者往往缺乏可靠的信息，常常依据不准确的信息进行决策，这成为其摆脱不利处

---

① 沈费伟.赋权理论视角下乡村振兴的机理与治理逻辑——基于英国乡村振兴的实践考察[J].世界农业，2018（11）：77-82.

② 孙九霞.赋权理论与旅游发展中的社区能力建设[J].旅游学刊，2008（9）：22-27.

③ NARAYAN D. Empowerment and Poverty Reduction [M].The World Bank, 2002.

境的一大障碍。就此而言，尽管正处于信息技术高度发达的时代，但要将信息以准确且可信的方式传送给贫困者仍有很大的困难。为此，为贫困者提供可靠的信息仍然非常重要。

（二）包容和参与的环境

包容和参与的政策和环境是贫困和弱势群体发展的基本条件。包容的关键问题是包容谁，即包容对象的确定。其所要实现的是将真正困难的群体纳入，让贫困群体有效参与发展项目，成为项目的推动者和受益者。这也是参与式赋权方法将贫困者视为对决策和资源有控制权的共同生产者的重要原因。在一个对贫困者和弱势群体存在排斥的社会中，让贫困者参与往往意味着一个复杂的过程，其涉及新的体制机制、资源配置、增加便利和持续的关注等复杂问题。此外，大多数政府机构呈现出恢复集中决策的发展趋势，通常举行无休止的公开会议，而这些会议对政策或资源决策却很少有实质影响。在这种情况下，参与这类会议则演变为强加给贫困者的又一项成本，因为这种付出是没有任何回报的。为此，通过教育培养贫困者参与的能力无疑是较为可行的方式。

（三）有效的问责机制

问责在现代社会中因被视为增强公共部门服务意识和效能的有效保障而备受青睐和关注。问责的本意是公职人员、私人雇主或服务提供者对政策、行动和资金使用负责，具体的机制主要有三种[①]：一是政治问责，即越来越多地通过选举来实现；二是行政问责，即面向政府机构实行的行政问责，通过内部的问责机制具体实现，包括横向的问责和纵向的问责；三是公共问责，公共或社会问责机制要求政府机构对公民负责。三者之间并非毫无关系，社会问责大多可以加强政治以及行政问责机制。现实中，有一系列工具可确保市民对公共行动及其结果进行有效问责，通常有：第一，政府公共行动过程及结果的信息向公民开放，这对改善政府的治理和问责制会产生积极影响；第二，获得法律和公正司法对于保护贫困者和扶贫联盟的权利，以及使它们能够要求政府或私营部门机构承担责任也至关重要；第三，通过透明的财政管理和为用户提供服务选择，还可以确保各级公共资源的问责制。

---

① NARAYAN D. Empowerment and Poverty Reduction [M].The World Bank, 2002.

（四）强大的地方组织能力

地方组织能力是指人们共同努力，组织起来调动资源解决共同关心的问题的能力。研究发现，地方组织能力对于贫困者解决日常问题非常关键。[①]从社区看，与没有组织的社区相比，有组织的社区更有可能听到贫困者的声音，贫困者也更有可能得到满足。问题的关键在于，贫困者的组织通常是非正式的，由贫困者结合在一起的组织，在满足生存需要方面可能非常有效，但却受到资源和技术知识有限的制约。另外，贫困者组织往往缺乏连接社会资本的桥梁，也就是说，贫困者组织可能与其他不同于自己的群体，以及民间社会或国家的资源没有联系。

三、有效赋权的基本条件

赋权理论主张，投资于贫困者及其组织，有利于改善发展成果。这些成果包括改善治理、更好地运作、更具包容性的服务、更公平地进入市场、加强民间社会和贫困者的组织、增加资产和选择的自由。赋权理论倡导并支持赋予贫困者权利的体制改革，这意味着改变国家与贫困者及其组织之间的关系。重点是投资于贫困者的资产和能力，包括个人能力和集体组织能力，使他们能够有效参与社会和政府的互动，从而有效表达他们的诉求。值得注意的是，无论是国家层面的改革还是地方政府层面的改革，都必须关注法律、规则、体制机制、价值观和行为，因为它们都是赋权的重要基础。[②]

（一）支持弱势群体获得信息的保障机制

一方面，对于贫困者而言，无论是在生活、工作、学习方面还是在健康方面，都面临信息尤其是准确可靠的信息支撑不足的挑战，其意味着贫困者在决策时面临由信息缺失引发的较高风险。在《贫穷的本质：我们为什么摆脱不了贫穷》中，这被描述为"贫困者的决策总是建立在错误的信息之上"，对于贫困者摆脱贫困而言，获得准确、可靠、可信的信息显然是必备条件。另一方面，为确保贫困者获得这一至关重要的信息资源，需要设计旨在为贫困者提供准确

---

① NARAYAN D. Empowerment and Poverty Reduction [M].The World Bank, 2002.

② NARAYAN D. Empowerment and Poverty Reduction [M].The World Bank, 2002.

且他们相信的信息的保障机制。这一机制至少应涉及信息资源的获取、信息质量的保障措施、信息传递的有效路径等内容。网络社会的快速发展为贫困者及时获取他们所需的信息提供了有力支撑，但数字技能的鸿沟可能带来新的挑战，应综合时代特征和贫困者实际为他们提供准确可靠的信息。

（二）包容和支持弱势群体参与的政策环境

实现摆脱贫困的目标，至少面临两大挑战：一是如何激发贫困者摆脱贫困的主动性；二是如何为贫困者摆脱贫困提供支持。克服这两大挑战，均离不开包容和参与机制的支持。就前者而言，激发贫困者的主体意识，需要将贫困者视为摆脱贫困的积极力量，更需要尊重贫困者的个体经验和个人知识，更为关键的是在此基础上的转化，转化为促进贫困者改变自身不利处境和实现发展的内源力量。激活贫困者自身内源发展动力，则有赖于包容性环境的构建。例如为贫困及低收入家庭提供接受教育和技能培训的支持，提供面向弱势群体的合适的教育方式，提供面向低收入劳动力的就业机会等系列包容性社会政策。

（三）建立面向弱势群体发展的问责机制

由于缺少为其发声的机构或个人，贫困者的利益要么被忽视，要么被置于相对边缘的地位。这样的状况既不利于贫困者摆脱贫困，也难以反映现代社会所崇尚的公平公正的价值追求。建立面向弱势群体提供服务的社会问责机制，将其纳入制度化范畴可以提升弱势群体获得的社会服务的质量。倘若这一机制能够建立并得到切实有效的实施，不仅可以极大地提高弱势群体获得感和摆脱贫困的信心，更有助于提高政府的管理效能。事实上，建立社会问责机制这一做法也是在对政府部门进行广泛的效能监控的过程中实现的。将其引入贫困治理领域，既可以提高贫困治理的效能，又有利于提升政府服务于弱势群体的质量。

（四）投资于解决弱势群体现实问题的组织

赋权的出发点和落脚点均在于，培育贫困者依靠自身力量摆脱贫困的能力，进而使其迈向持续发展。实现这一目标，需要找到载体和切入点。不难发现：日常生活中，贫困者所依赖的组织对于贫困者解决现实问题具有重要作用。人们参与针对社区目标的集体行动和对话活动，可以增强对改变人们自身生活能力的控制和信念。①通常情况下，贫困者很难获得其他外在支持，尤其是当政府的支持服务有效抵达贫困者之前尤为如此。这意味着，需要加大服务于贫困者问题解决组织的投资，切实提升其满足弱势群体现实需要的能力。

以上四个方面相结合，可以构建一个面向贫困群体、有利于贫困者发展的制度体系。

四、赋权理论对职业教育赋能脱贫致富的启示

职业教育赋能脱贫致富的实现需要有效结合各方面的因素，其中至少包括贫困者可以获得可靠的职业教育信息、有质量的教育培训、包容的教育培训制度，由此形成面向贫困者进行有效赋能的制度支撑，以有效发挥职业教育赋能脱贫致富的功能。

（一）职业教育赋能脱贫致富的逻辑起点：低收入者获得可靠的信息来源

获得准确可靠的信息对于贫困者而言至关重要，这是他们进行科学决策的基本条件。现实中，由于贫困者往往缺乏正确和可靠的信息，强化贫困者获得职业教育信息资源的保障，对于贫困者进行有效的教育选择就具有重要价值。政府是面向贫困群体提高基本公共服务水平的责任主体，在贫困地区，这一责任的履行受到多方面的影响，贫困者要想便捷地获得准确、可靠、必要的职业教育信息并非易事。现实中，贫困群体对职业教育的理解、对职业院校和专业的认知、对就业空间和前景的了解较为有限。面向社会公众的职业教育宣传和认识虽得到明显加强，但贫困群体接收到的信息很有限。为此，应发挥政府的这一基本职能，确保贫困者事前掌握准确、可靠和充分的职业教育相关信息，做出适合自身的教育选择，掌握选择教育的主动权，这也是贫困者为自身选择合适的教育的基础和前提。

---

① WALLERSTEIN N, BERNSTEIN E. Empowerment Education: Freire's Ideas Adapted to Health Education[J]. Health Education Quarterly Winter, 1988(4): 379-394.

（二）职业教育赋能脱贫致富的核心任务：严格的问责和有质量的教育培训

为贫困者提供有质量和用得上的职业教育和培训，严格的质量问责是重要保障。首先，加大对职业教育和培训服务质量的评估。由于面向贫困者的职业教育和培训的质量评估仍然较为薄弱，依然停留在程序评估和形式评价层面，难以保障服务质量，为此，应引入第三方评估机制，强化质量监控，将评估结果与财政投入挂钩，形成教育和培训质量动态跟进。其次，提升职业教育机构的治理能力。制度规划层面，将服务弱势群体发展纳入职业院校的职能，在政策、资源配置上给予必要考虑；制度落实层面，打破部门分隔，整合用于脱贫致富的各类项目和资金，引入竞争机制，通过市场竞争分配到职业教育和培训机构，实现机构整合与资源整合；教育和培训机构层面，注重市场导向、强化质量意识。

（三）职业教育赋能脱贫致富的关键保障：包容和公平的教育培训制度环境

面向贫困者发展职业教育和培训，需要包容和公平的制度支撑，以构建有利于支撑贫困者发展的制度环境。一方面，增强职业教育的开放性，通过灵活的人才培养模式和教学实施模式，提高贫困群体接受的可及性和便捷性；另一方面，建立职业院校违纪和退学学生的容错和回笼机制，解决违纪学生和辍学学生再教育保障机制缺失的问题。此外，职业院校在具体实施层面需要基于贫困群体的实际和特征，开展有针对性的教育和培训，结合这些群体的基础和需求，做到因材施教，提供他们能够接受的教育和培训。包容和公平的教育培训环境涉及多个方面和环节，这一环境不仅可以为贫困群体提供更有力的支撑，还可以增强职业教育自身的发展活力。

第三节　人力资本理论：职业教育开发低收入者专用人力资本

面对贫困治理的新形势，有必要反思物质资本、社会资本范式所固有的局限，探寻以人力资本为基础并与社会资本和物质资本相结合的新思路。根本原因在于，相对贫困已成为当前贫困治理的重点，物质贫困不再是贫困群体面临的主要障碍，也非贫困的根本原因。若不能有效解决隐藏在物质贫困背后的能力贫困，则为贫困人口提供的社会资本也难以发挥效用。物质资本、社会资本、人力资本均有利于摆脱贫困，但人力资本是撬动社会资本、扩充物质资本的关键。为此，应将人力资本开发视为解决贫困问题的根本和关键，而职业教育则是开发贫困人口人力资本的重要教育保障。

一、人力资本与能力贫困

人力资本作为贫困治理的理论基础主要表现在以下两个方面：一是以舒尔茨（Theodore William Schultz）为代表提出的人力资本理论；二是以阿马蒂亚·森（Amartya Sen）为代表的对能力贫困展开的研究，该研究从贫困者能力不足的角度审视人力资本开发在贫困治理中的价值。基于能力贫困而延伸出来的能力建设，是人力资本理论作为贫困治理重要工具而受到关注并持续发展的关键推动力量。在众多贫困治理理论中，人力资本理论属于新的研究成果之一，对推进贫困治理的理论研究和具体实践具有重要的指导作用。

（一）人力资本与贫困

亚当·斯密（Adam Smith）在界定资本时指出，"一个人的贮存中他期望能给予他收入的那一部分称作他的资本"，一个国家或社会的资本包括"全部居民学成的和有用的技能"[1]，首次将人所具备的技能纳入资本的分析范畴。20世纪60年代，舒尔茨突破传统理论中资本只是物质资本的认识局限，将资本进一步细分为人力资本和物质资本，开创人力资本理论，拓展关于人的生产能力分析的新思路。该理论认为，教育的经济价值主要体现为，通过开展教育投资，增加人的知识、技能、经验，提高人的劳动生产能力、资源配置能力，从而获得更高生产力水平，进而促进国家和地区的经济发展、增加居民的收入等。[2]该认识很快便从经济学的领域被引入社会领域贫困问题的具体研究。舒尔茨更多从人自身能力发展的状况中寻找贫困的具体成因，认为国家贫穷和个体贫困的根本

---

① 亨利·乔治.进步与贫困[M].吴良健，王翼龙，译.商务印书馆，2010：37.

② SCHULTZ T W. The Economic Value of Education[M]. New York：Columbia University Press, 1963：3.

原因在于人力资本的匮乏，也即健康、专业知识、专业技能不足，劳动力自由流动受限，缺乏高质量的人力资本投资，而并非物质资本的缺乏。[①]从个体看，贫困的原因在于缺乏获取基本收入的能力，这种能力表现为参与社会劳动所必备的知识和技能。

（二）能力贫困与人力资本开发

在众多对贫困的研究中，致贫原因一直是焦点，这不仅决定着对贫困问题的立场和态度，还决定着所采取的策略。关于贫困原因的解释，从早期的物质贫困说，到20世纪70年代的权利贫困说。随后，以阿马蒂亚·森为代表的诸多研究者和国际组织进一步深化对能力贫困学说的理解和认知，指出应将贫困视为基本可行能力的剥夺，而不仅仅是表面的收入低下，将贫困的成因推进到能力层面，事实上这也更接近于贫困的实质。能力贫困观主张，基于个人的收入或资源占有量的多少来衡量贫富的传统做法应该有所改变，需要引入能力的维度来衡量人的生活质量。能力贫困观的价值在于，强调个人实现自我价值的实际能力应得到应有的重视。主要原因在于，只有具备实现自我价值的能力，机会平等才有基础和保障。若没有能力的支撑，机会平等将难以实现；通过能力的平等，机会平等才能得以真正实现。

从能力贫困的视角出发，提高个人的能力是解决贫困问题的根本之道。贫困者个体能力不足实质上是他们自身的人力资本匮乏。人力资本不足，使得贫困人口没有足够的能力支撑他们追求生存发展的机会，进而被排斥在社会的边缘、处于社会底层、生活贫困。[②]为此，面向贫困人口开展人力资本投资，提升可行能力以扩大行动范围便成为推进贫困治理行动的必然选择。应该为贫困者提供什么样的人力资本开发？这是面向贫困者进行人力资本开发时首先需要予以回答的现实问题。客观地看，基于能力的贫困与基于人力资本的贫困在认识的逻辑起点上不尽相同，但两者均把摆脱贫困的重点放在贫困者自身的能力建设上，改变了过去着力于经济救助和收入保障、提供机会和参与市场等方面的做法。更为重要的是，将发展教育和健康投资视为解决能力贫困的根本制度。

---

① 李华.国际社会保障动态：反贫困模式与管理[M].上海：上海人民出版社，2015：104.

② 张友琴，肖日葵.人力资本投资的反贫困机理与途径[J].中共福建省委党校学报，2008（11）：46-50.

（三）人力资本开发与贫困治理

随着认识和实践的深入，对贫困的认识从最初的经济视角（收入贫困）发展到社会视角（权利贫困），最后转向能力视角（能力贫困）。由于对贫困的理解不同，随之而采取的策略也相应不同，即从早期的强调物质型贫困治理（救济式贫困治理）到强调权利型贫困治理（社会福利型贫困治理），再到后来的强调能力型贫困治理（能力开发型贫困治理）（见图2-2）。

贫困的经济视角更多从收入层面审视贫困问题，解决的策略主要是增加收入以摆脱贫困和实现发展，由于只停留在表面，因而未能从根本上解决贫困问题。贫困的社会视角主要从社会结构层面讨论收入贫困的社会根源，解决的策略也转向社会改造，即改变权利配置不公平的状况，以为贫困者赋权增能。该视角看到了收入贫困背后的社会原因，能解决由外因引发的贫困问题。贫困的能力视角主要从贫困者自身能力不足的层面讨论贫困问题，解决的策略相应地变为通过教育和培训等提升贫困者自我发展的能力。该视角看到了贫困的内在根源，可以从根本上解决由贫困者自身原因引发的贫困问题。

贫困的经济视角	贫困的社会视角	贫困的能力视角
表现：收入贫困 **对策**：增加收入 **成效**：只看到表面现象，未能从根本上解决贫困问题	**表现**：权利贫困 **对策**：社会改造 **成效**：看到社会结构的原因，能解决由外因引发的贫困问题	**表现**：能力贫困 **对策**：提升能力 **成效**：看到贫困的内在根源，能从根本上解决贫困问题

图2-2 贫困的经济视角、社会视角和能力视角

这一演进符合人类对事物认知由浅入深和循序渐进的规律。人力资本理论从贫困及低收入群体的实际出发，强调通过教育、卫生、文化事业的投资，发展贫困者的健康、卫生和教育，提升人力资本的质量，增强社会竞争能力，最终摆脱贫困和实现发展。需要说明的是，人力资本理论的这一主张并非否认物质资本、社会资本在脱贫致富中的重要作用。恰恰相反，该理论强调将以上三种资本有效结合，只是人力资本理论更为强调通过开发和提升贫困及低收入者

个体的人力资本，提升物质资本和社会资本的效用，更好地促进贫困及低收入者摆脱贫困并实现发展。

遵循以上认识逻辑可以推演出，在能力建设理论视野下，引发贫困的根本原因在于，贫困者自身能力尤其是参与市场竞争和劳动就业的能力不足，致使难以获得社会劳动和就业的机会。而职业教育则是解决贫困者能力不足问题、开发贫困者人力资本的重要渠道。由此可以勾勒出三者之间的内在关系，从而提出人力资本视角下职业教育赋能脱贫致富的分析思路（见图2-3）：针对贫困者能力不足与贫困者人力资本不足的问题，可面向贫困者开发人力资本并促进劳动力市场参与和就业。

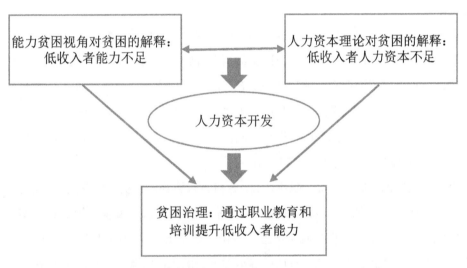

图2-3　人力资本视角下职业教育赋能脱贫致富的分析思路

从人力资本理论视角看，贫困主要由人力资本严重短缺引发，直接后果便是贫困者不具备维持生存、促进发展需要的基本能力和内源动力。因此，通过提高贫困者的人力资本进而增强发展能力，根本的途径则在于面向贫困人口发展教育，以改善贫困者的福利、缩小收入差距和消除贫困。近年来西方国家纷纷转向积极社会政策，将贫困人口接受技能培训进而促进就业作为享受国家提供的福利的基本条件，以强化贫困者应承担的责任和义务，体现出人力资本参与贫困治理的价值意蕴和目标追求。

世界银行建议，发展中国家在制定减贫战略时，应将更多资金投向小学教育和基本公共卫生保健领域[①]，原因在于良好的学前教育和幼儿照料会影响孩子整个人生的发展，对一个国家的人力资本具有决定性影响，对于预防贫困具有重大意义。越来越多的国家意识到这一点。为此，通过人力资本投资预防贫困功能已成为越来越多国家的共同选择。不仅如此，国际组织也将贫困治理重点转移到个体的早年人力资本投资，注重人力资本投资与劳动力市场和就业需要的衔接，着力开展职业教育和技能培训，提升人力资本开发转变为现实劳动生产力的可能性。

由于将贫困者自身视为脱贫致富的重要主体和力量，人力资本理论把开发贫困者的人力资本视为实现脱贫致富的主要路径。通过开发贫困者的人力资本，提升他们参与经济发展、提高工资收入、增进发展的能力，无论是贫困者个体层面还是区域或国家层面，形成多向度的贫困治理与可持续发展相互促进的局面，促进贫困人口从单一的国民财富的消费者转变为国民财富的创造者和消费者，为积极贫困治理政策的实现提供教育的力量。这是人力资本理论对传统贫困治理理论的重要突破之处。从西方国家的实践经验看，面对贫困治理中出现的福利依赖，西方国家采取积极福利制度，将人力资本开发与鼓励就业有机结合，可谓是对这一理论的认可和应用。

面向贫困者展开教育、职业培训、医疗保健方面的投资，提高他们的健康、知识、技能水平和综合能力，增强贫困和低收入群体参与市场竞争或抵抗风险的能力，有利于使他们摆脱经济上的贫困，获得更多闲暇的时间来享受生活，增加诸如安全感、方向感、自信心等精神方面的无形收益。而且健康水平和知识文化素质的提升，也有利于充分发挥贫困者自身的主体意识和主观能动性，促进贫困者在满足生存基础上的更高层次的发展之需求，以便在改进他们生活质量的同时，促进他们自由而全面地发展。[②]

二、人力资本理论对教育赋能脱贫致富功能的拓展

由于人力资本通常由受教育水平、医疗健康状况和技术培训等表示，有研究者以受教育的年限表示个体的知识人力资本，以受教育者的技术水平表示技

---

① 世界银行.1980年世界发展报告[M].中国财政经济出版社，1980：36.

② 世界银行.1980年世界发展报告[M].中国财政经济出版社，1980：107.

能人力资本，以工作的年限表示经验人力资本，考察和分析中国劳动力市场的人力资本对个体社会经济地位的影响。[①]还有研究者认为，从人力资本视野出发，贫困指的是特定人群智力结构的低层次性，以及由此引发的不利的外部环境与之相叠加，最终表现为贫困者人力资本的不足。[②]这里所说的智力结构是指人的文化层次、思想观念、劳动技能和心理素质等因素的组合，而且不同的人群组合的方式也不同，水平自然也有差异。[③]这意味着面向不同群体的教育赋能脱贫致富，在内容和路径上也是不同的。贫困与受教育程度密切相关，主要表现为在贫困治理中，以知识能力与技术技能为代表的人力资本的提升发挥着决定性作用，是拔出穷根、打破贫困恶性循环、有效消除社会贫困的关键所在。[④]通过教育培训，贫困者能获得有关知识技能，这是我国贫困治理中最重要、最有效的途径之一，也是将来迈向共同富裕社会中的重要教育政策。视角不同，对人力资本对于脱贫致富的作用的理解和认识也不同，人力资本方法和人文发展方法是两种主要的方法，两者之间的比较见表2-1。

表2-1 人力资本方法和人文发展方法对人力资本反贫困功用的看法比较

人力资本方法	人文发展方法
更注重人扩大自身在生产可能性的边界上的工具作用和价值，突出工具价值和目标	关注人真正的自由，重视生命意义和价值，扩大人们所拥有的、实际的、可行的选择范围，突出人自身的价值和力量
关注劳动力（workforce），关注劳动力就业及就业对增长的贡献，也即强调人自身的经济价值	关注的是人本身，并不考虑他们是否从事经济生产活动
已经认识到教育的消费性质和改善福利的作用，认为教育对经济增长的贡献决定教育的重要性	更多强调教育的内在价值，把教育视为个人的一种机会和权利，而且认为应该面向所有人提供平等的教育机会

从人文发展方法的视角看，教育既发挥着增进人自身福利的内在价值，又具有间接地作用于社会变迁、文明进步、经济发展的工具价值。由于教育不仅具有促进发展的工具价值，而且本身对于个体、家庭、社区、群体和国家均是极为

① 李培林，田丰.中国劳动力市场人力资本对社会经济地位的影响[J].社会，2010（1）：69-86.
② 杨云.人力资本视野下西部民族地区反贫困的路径选择[J].思想战线，2007（4）：77.
③ 向恒.反贫困与人力资本投资[J].当代财经，1998（7）：16.
④ 余少祥.人力资本在反贫困中的效用：理论模型与实证分析[J].中国政法大学学报，2020（2）：5-16，206.

重要的，应在发展政策中赋予其优先发展的地位。①当前在贫困治理中，要把教育视为优先领域和首要选择，以便将开发人力、促进经济发展、减缓贫困有机结合，服务社会全面进步和持续发展。就此而言，职业教育无疑是优先选项。

三、职业教育赋能脱贫致富与人力资本开发

职业教育和培训是人力资本投资的重要手段，由于面向大众、贴近市场、能促进就业，与贫困及低收入群体的联系更为紧密。在现代工业社会中，职业教育已成为面向贫困及低收入群体开发人力资本进而实现反贫困的教育制度和基本保障。

（一）职业教育是现代社会中人力资本开发的关键渠道

现代社会是劳动分工高度发达并以职业身份为基础的社会。职业教育有利于从业人员工作熟练度、技术水平的提高和敬业精神、责任感的增强，有利于员工人力资本存量和技术技能层次的提升，物质资本的使用效率的提高，以及劳动生产率的提升，进而促进贫困者私人收益和国家社会收益的双重提升，促进技术技能应用型人才职业生涯发展和全面进步。②知识社会是一个变革中的社会③；在知识经济时代，技术进步引发的生产方式变革，使得劳动者需要通过持续的职业教育和培训来适应新的工作，若劳动者未能获得及时有效的培训支持，很容易陷入工作困境（工作贫困），甚至被淘汰出局。在高度专业化分工的世界，职业所要求的知识、技能、态度也日趋精细化，对贫困者的人力资本开发变得日益精细化。要想在就业市场中获得就业岗位，进而获得稳定的收入来源，必须接受专业化的职业教育和技能训练。

（二）职业教育开发人力资本的独特价值

在促进人力资本开发方面，职业教育通常发挥着多方面的功能，主要体现在④：第一，职业教育促进劳动者发展成为专一和高熟练度的劳动力，进而适应高

---

① 沈小波，徐延辉.不同发展视角下教育对缓解贫困的意义[J].财经科学，2008（9）：76-77.

② 白永红.中国职业教育[M].北京：人民出版社，2011：267.

③ 安迪·哈格里夫斯.知识社会中的教学[M]熊建辉，陈德云，赵立芹，译.上海：华东师范大学出版社，2007：16.

④ 白永红.中国职业教育[M].北京：人民出版社，2011：267-268.

度分化的职业岗位。通过对劳动者展开职业道德、专业知识、职业技能、心理健康、就业能力的教育，职业教育促进受教育者逐渐形成正确的劳动观点，使他们获得专业技术知识和熟练的职业技能，实现从潜在的劳动者向现实生产力的转化，以就业为载体，促进人力资本积累尤其是技术提升，提高劳动生产率，进而促进经济快速发展。在此过程中，劳动者的生产技术和能力得到增进。第二，职业教育是人力资本开发系统化、规范化的手段。通过职业教育和培训，人们在技术技能的培养方面得到了系统、规范的训练。第三，对于合理的社会人才结构的形成，职业教育是基础和保障。职业教育对人力资本开发的独特价值，主要通过培养应用型和技术型人才而得到体现。正是通过职业教育，可以及时了解社会对各类专业化人才的需求，进而培养相应的技术人员，促进合理的人才结构的形成。

（三）职业教育赋能脱贫致富的时代价值和功能向度

从时代背景看，职业教育已成为劳动者适应职业生活、谋求职业发展、实现自我价值的不可或缺的教育手段。而从贫困治理的现实需要看，将贫困群体导向就业，增强贫困群体的能力，实现其自我发展，有效预防弱势群体返贫，关键在于稳定就业和体面就业。稳定就业和体面就业的关键是具备面向职业、适应岗位要求的知识和技能。质言之，职业教育在贫困及低收入人口脱贫致富中，发挥着保障生存和促进发展的重要功能。

首先，职业教育可为贫困及低收入群体架起摆脱贫困进而实现富裕的阶梯。从可获得性和承受力来看，职业教育因面向人人、面向社会，贫困及低收入群体更容易进入，而国家政策的支持大大减少了职业教育和培训的直接成本，为贫困及低收入群体减轻了经济压力。相对而言，这样的教育对于贫困及低收入群体更有吸引力，也更容易接受。因面向劳动世界，与就业直接相连，可以将受教育对象直接转移到就业岗位，更容易产生直接的脱贫致富效果。

其次，职业教育是贫困及低收入群体增强脱贫致富信心的启动器。因为经济压力和文化基础薄弱，贫困及低收入群体面临多重压力，成功经历和体验较少，这又会使他们失去摆脱贫困的勇气和信心。心理学研究发现，对于人们能做什么或不能做什么，常常会变为自我实现的预言[①]，事实上，成功通常能带来

---

① 阿比吉特·班纳吉，埃斯特·迪弗洛.贫穷的本质：我们为什么摆脱不了贫穷[M].景芳，译.北京：中信出版集团，2018：235.

更大的成功。关键在于，找到有效载体和切入点，让贫困及低收入群体能参与到经济社会活动中，获得成功体验。这种成功体验意味着贫困者对自我认知的改善，这种改善本身就会影响他们摆脱贫困的信念和行为。职业教育因贴近贫困者、贴近就业、贴近生活，更易于增加贫困及低收入群体的成功体验，改善其自我认知，从而转化为贫困者脱贫致富的力量，为其稳定脱贫和持续发展打牢基础。

最后，职业教育是国家、社会、个人、企业多方共赢的交汇点。政府贫困治理遵循成本最小而社会效益最大的行动逻辑，职业教育可以实现政府社会收益、企业组织收益和个人经济收益的多赢。具体表现为：第一，职业教育直面贫困及低收入群体就业能力不足这一痛点，可为个人能力发展和收入增加提供有力支持；第二，职业教育通过将贫困及低收入群体变成企业或组织所需要的劳动力，为企业和组织运转发展提供人力支持，服务企业和组织发展；第三，职业教育将政府的压力（贫困且需要政府供养的人口）转化为社会的资源（能够通过劳动创造价值的劳动力），减轻政府财政压力，提升贫困及低收入群体文化素质和发展能力。

四、职业教育赋能脱贫致富对人力资本理论内涵的拓展

随着教育普及水平的提升和劳动世界的变革，人力资本理论面临解释脱贫致富力度不足的尴尬。为更好地应对挑战，人力资本理论应注重自身的发展完善以适应环境的变化，进而加大人力资本理论对贫困治理的解释力度。同时可借此拓展人力资本理论的内涵，以更加有力地解释职业教育赋能脱贫致富的功能和作用。

首先，该理论分析框架更多考虑劳动力市场的供给侧，对于劳动力能否转化为现实的劳动力以及影响劳动力收入分配的诸多因素缺少应有的考虑。事实上，仅有人力资本供给并不意味着就能就业和获得收入，其还涉及另一个关键问题，即哪一类人力资本更能满足贫困者和社会的现实需求，以及现实的职业教育的受教育者是如何进入职业教育中的。这两个问题直接决定着贫困者对职业教育的态度，以及他们从职业教育中获取知识、能力及技能的质量。经验研究结果表明，家庭经济困难学生和问题家庭学生更多在高中阶段接受职业教育。而笔者对中等职业学校在校学生的访谈发现，选择职业教育的代表性原因可以

归纳为以下四类：第一类，学生凭借自己的成绩只能进入私立高中，但家庭无法承担高额学费，故而选择中等职业教育，这类学生所占比重较高；第二类，学生初中时成绩排名就比较靠后，对学习也不太感兴趣，读中职没有多大压力，容易毕业；第三类，虽然成绩达到录取线也能上普通高中，但自己更愿意上中等职业学校，因为这样既可以降低学习难度、减轻学习压力，也能更早进入社会挣钱为家庭分忧，但该类学生所占比重极低；第四类，没有更好的继续学习的途径，自己也没有想法，父母为其决定和选择，遵从父母意愿进入中等职业学校（见图2-4）。贫困人口由于选择职业教育的理由和态度不同，参与的程度和取得的实效也有所差异。

图2-4 贫困家庭学生对选择中等职业教育的主要解释

其次，人力资本理论更多关注人力资本投资的价值和意义及方式，局限于人力开发本身。一个明显的不足之处在于，忽略了人力资本能否实现转化和发挥价值的条件，如经济增长带来的就业机会是否充足、收入分配是否公平合理、劳动者能否获得平等的就业权利等客观环境。这些客观环境是个人无法控制的，但政府通过制定和实施系列政策，可以影响就业机会和收入分配结构。只有将人力资本的开发与社会对人力资源的需求衔接起来，将贫困者导向就业的可能性才有保证，才能从根本上发挥人力资本在减少贫困、摆脱贫困和促进发展方面的作用。

最后，人力资本开发仅适用于特定的对象和群体。人力资本投资效益和价值的发挥，在对象上局限于具有劳动潜力的贫困者，这也是人力资本理论解释脱贫致富的力度有限的内在原因，其与职业教育赋能脱贫致富的功能限度具有极为相似之处。然而，随着贫困治理的深入，通过人力资本投资开发人的能力，进而促进脱贫致富将成为主要的方向，其更贴近积极社会政策和内源性发展的实质要求。

五、人力资本理论对职业教育赋能脱贫致富的启示

将人力资本开发与人力资本转化为现实生产力相结合，是有效发挥人力资本赋能脱贫致富作用的前提条件。从职业教育自身的现实状况看，受众多为农村人口，收入多处于中低水平。就职业教育赋能脱贫致富而言，因其能够将所学知识和能力即时转化为岗位能力，进而取得收入以解决现实之需，更切合贫困及低收入人群的现实需要，这也是职业教育能吸引贫困及低收入群体参与、促进贫困及低收入群体就业、增加贫困及低收入群体收入的关键所在。

职业教育的这一特性克服了人力资本理论难以解释脱贫致富的不足，具体体现在：第一，职业教育能为贫困者提供更实用的职业知识、专业能力和就业技能；第二，职业教育往往将人力资本开发与人力资本使用统筹考虑，确保贫困及低收入者获得的能力在现实中得到有效转化；第三，在国家主导下，通过职业教育开发人力资本的成本大幅减少，在贫困及低收入者可承受的范围内；第四，国家经济的快速发展，为贫困者获得就业机会、实现人力资本价值提供了保障。

与此同时，应清醒地认识到，职业教育赋能脱贫致富也具有某些难以克服的局限。第一，中等职业教育学生因所具备的技能层次相对较低，发展潜力不足，发展空间受限。他们通过职业教育虽然摆脱了贫困，但难以向上实现社会流动，大多依然处于低收入群体。第二，由于外在的技能人才成长的环境和收入分配结构需要进一步优化，中等职业教育毕业生增收发展空间极为有限；由于技术进步和企业经营风险的双重影响，职业教育促进摆脱贫困的功能明显，促进贫困群体发展的作用有限。第三，大多行业尚未建立技术工人技能积累和薪资晋升衔接机制，中等职业教育毕业生现实中频繁更换职业，长期在低层次、低技能岗位徘徊，难以实现职业生涯发展。

有鉴于此，致力于脱贫致富的职业教育不应只关注贫困及低收入者的技能训练和收入增加，还应加大贫困及低收入者综合文化素质提升、优势和特长培养、可持续发展能力培育，进而促进贫困及低收入者的能力发展，增强其自我效能感，使其积极有效地参与社会竞争，过上体面而有尊严的生活。在实践层面，应纠正职业教育以企业和就业为导向的办学理念，应引导职业教育兼顾贫困及低收入者发展需求和就业需要，走出偏重技能训练而忽视低收入者多方面发展的误区。

第四节 现代治理理论：职业教育助力低收入者增收脱贫致富

从统治走向治理无疑是人类政治发展的共同趋势，统治逐渐减少而治理逐渐增多，也将成为21世纪主要国家政治变革的重要特征。[①]十八届三中全会做出重大决策部署，明确提出全面深化改革的总目标是，完善和发展中国特色社会主义制度，推进国家的治理体系和治理能力走向现代化[②]，明确国家治理改革发展的基本方向，意味着职业教育反贫困的实现，应从现代治理出发，汇聚多元主体力量，秉持共同协商原则，寻求最优方案，实现高效治理。

一、现代治理理论的产生和发展

现代治理理论是随着民主意识的增强、民主国家的形成和民主政治的实施而产生和发展起来的。相较于传统管理，现代治理倡导国家、个体和社会的平等主体地位、积极互动作用、共同参与推动的公共治理。现代治理在各个领域推广应用，对各国产生深远影响，贫困治理成为现代治理理论的重要成果之一。

（一）现代治理理论的产生和发展[③]

20世纪90年代以来，治理在西方学术界开始流行起来，其中在经济学、政治学和管理学中较为突出。政治生活随着全球化时代的到来而发生着重大的变革，在诸多变革中，最引人注目的是，政治过程的重心正在从统治走向治理。一些重要国际组织先后发表正式报告，专门阐述治理问题，尤其是治理、善治与全球治理问题。

詹姆斯·罗西瑙（James N. Rosenau）将治理定义为，基于共同目标支撑和引领的活动，这些管理活动的主体可能是政府，也可能是其他组织；有可能不需要国家强制力量来推动。罗茨（R.Rhodes）给出六种关于治理的不同定义，即被视为国家管理活动的治理、被视为公司管理的治理、被视为新公共管理的治

---

① 俞可平.论国家治理现代化[M].北京：社会科学文献出版社，2014：2.

② 中共中央关于全面深化改革若干重大问题的决定[EB/OL]. (2013-11-15)[2023-12-21]. https://www.gov.cn/zhengce/2013-11/15/content_5407874.htm.

③ 俞可平.论国家治理现代化[M].北京：社会科学文献出版社，2014：15-20.

理、被视为善治的治理、被视为控制体系的治理、被视为自组织网络的治理，这些概念所指对象和侧重点有所不同，但体现出共同的特征，反映出治理理论的核心要素。

格里·斯托克（Gerry Stoker）在全面梳理已有治理概念的基础上，从理论的层面提出作为治理的五种主要观点：一是治理意味着出自政府，但又不限于政府的一套机构和行为体；二是治理意味着提出旨在解决社会问题和经济问题的方案；三是治理意味着各个社会公共机构（利益相关者）在涉及集体利益时，彼此之间存在权力依赖，为实现目标，组织间需要交换资源、为达成共同的目标而广泛协商；四是治理意味着在参与者之间将形成一个自主的网络，这一网络在特定领域与政府合作，分担部分由政府承担的行政管理责任；五是治理意味着办好事情的能力不仅仅来源于政府自身的权力，还有别的方法和技术来处理公共事务。概而言之，治理主体多元化、权威来源多样化、治理方式协商化、治理方法最优化、治理效能最佳化已成为现代治理理论共同的价值追求。

（二）现代治理理论的内涵与特征

按照马克思主义的观点，国家治理和国家统治是有很大区别的：国家统治实质上是阶级统治，更多是体现国家的价值理性；国家治理是国家统治的手段，更多体现国家的工具理性。[①]两者之间虽只有一字之差，却有着非常大的含义之别：它们之间的区别不是概念层面的，实质上是理念层面的差异。[②]统治属于政治学的范畴，治理则是国家管理的理念和手段，在其指导下的实践上也有重要区别：第一，代表权威的主体不同，前者的主体是单一的，即政府或国家的其他公共权力；后者的主体是多元的，即除政府以外，还包括企业、社会团体和居民自治组织等。第二，权威的性质不同，前者指强制性的；后者更多指协商性的。第三，权威的来源不同，前者的来源是强制性国家法律，后者的来源除法律外还有各种非强制的契约。第四，权力的运行方向不同，前者的权力运行方向是自上而下的，后者的权力运行更多是平行的。第五，作用的范围不同，前者所及以政府权力的边界为限，后者所及以公共领域为边界。

---

① 俞可平.国家治理的中国特色和普遍趋势[J].公共管理评论，2019（3）：30.

② 俞可平.论国家治理现代化[M].北京：社会科学文献出版社，2014：151.

国际政治变革的历程表明，任何社会政治体制，无论哪个阶级或统治集团执政，均追求更好的国家治理。从这个意义上讲，任何国家在推进国家治理的现代化、最终实现善治目标的过程中都遵循以下的共同趋势：从一元治理逐渐转向多元治理；从集权逐渐转向分权，分权的过程在中央向地方、政府向企业、国家向社会三个维度同步展开；从人治逐渐转向法治；从管制逐渐转向服务；从封闭逐渐转向开放。[①]改革开放以来中国治理改革的实践，在不同程度上体现出以上的国家治理现代化的普遍趋势，集中体现出现代社会的内在要求，从不同程度和侧面呈现这些特征。

（三）现代治理理论的分析框架

国家治理主要涉及三个问题，即由谁来治理、如何来治理、治理得如何。[②]这三个问题实质上涉及国家治理体系的三个基本要素：治理的主体、治理的机制和治理的效果。从理论的内在逻辑看，现代治理理论反映出这三大要素及其相互之间的关系，彼此之间形成一个完整的相互衔接的链条，构建起应对公共事务的一种全新的思路，以及这种新的思路指导下的相关行动方案。不同的治理体系和模式，实际上是对治理主体之间的关系、治理的具体方式、治理的价值取向之间的不同组合。不仅如此，现代治理理论的框架对于贫困治理体系的构建同样具有指导和借鉴意义，其对于提升国家贫困治理的效能，提升政府面向弱势群体的服务质量具有重要价值。

二、现代治理理论与职业教育赋能脱贫致富的内在关联

现代治理既是政府管理和公共治理的一种新理念，也是一种新思想，其被多个学科的研究者引入贫困治理领域，对贫困治理的实践产生广泛影响。作为贫困治理的一种重要手段，在贫困治理理念的影响下，职业教育展开了积极有效的探索和实践。

---

① 俞可平.国家治理的中国特色和普遍趋势[J].公共管理评论，2019（3）：30-31.
② 俞可平.论国家治理现代化[M].北京：社会科学文献出版社，2014：152.

（一）贫困治理是现代治理理论在贫困领域的具体应用

贫困治理是治理理念在贫困领域的具体实践[①]，贫困治理是指，为了解决贫困问题，政府、市场组织、社会组织等多主体进行相互协商和协作，总体目标是贫困的减少、贫困人口权利的保障和社会均衡程度的提高。[②]有效的贫困治理可以促进贫困地区经济社会发展、预防缓解各种社会矛盾的发生。[③]

其一，贫困治理是现代治理理论与中国脱贫致富实践相结合的产物。摆脱贫困进而走向共同富裕，是现代社会的共同目标，是现代政府的重要职责，是党的宗旨和使命的体现，是全面建成小康社会的前提。在国家发展战略层面，贫困治理仍然是党和国家治国理政的重要内容。贫困治理是国家治理的重要内容和重要任务[④]，通过现代治理理念的引领，形成社会动员各方力量，有效发挥政府和社会两方面的力量；形成专项扶贫、行业扶贫、社会扶贫互为补充的大扶贫格局；市场引领、社会协同发力，以调动各方面积极性，形成全社会广泛参与脱贫攻坚的格局。[⑤]在消除贫困的基础上迈向共同富裕，是中国特色社会主义的本质要求，也是中国脱贫致富的题中之义。

其二，贫困治理体系是对现代治理理论在中国脱贫致富实践中运用经验的系统总结。贫困治理体系是指，贫困治理的制度、法律、组织、管理等在贫困治理过程中建立和形成的体制和机制体系。在我国脱贫致富的实践中，经过长期实践和系统总结，形成了政府主导、全社会参与、多主体合作、多举措并行的贫困治理体系，为中国的脱贫致富事业提供了机制保障，贡献了贫困治理的中国智慧和中国力量。

其三，有效的贫困治理的主要特征[⑥]。从现代治理理论出发，考察贫困治理的有效性，发现其具有以下四个方面的特点：其一，贫困治理的主体并不是政

---

① 俞可平.治理与善治[M].北京：社会科学文献出版社，2000：5.

② 李雪萍，陈艾.社会治理视域下的贫困治理[J].贵州社会科学，2016（4）：86-91.

③ 苏海，向德平.社会扶贫的行动特点与路径创新[J].中南民族大学学报（人文社会科学版），2015（3）：144-148.

④ 张琦.中国减贫政策与实践：热点评论（2013—2016）[M].北京：经济日报出版社，2017：31.

⑤ 中共中央党史和文献研究院.习近平扶贫论述摘编[M].北京：中央文献出版社，2018：107.

⑥ 向德平，华汛子.改革开放四十年中国贫困治理的历程、经验与前瞻[J].新疆师范大学学报（哲学社会科学版），2019（2）：59-60.

府这一单一主体，而是政府、市场、社会、民众等多元主体，是多种主体力量和资源的聚合；其二，贫困治理的过程就是多主体间的协商与合作，多元主体间平等地进行对话、竞争、合作；其三，贫困治理的方式呈现出需求导向和多种路径同时推进的特点，立足贫困人口的实际、满足贫困人口的基本需求；其四，贫困治理的目标是最大限度地实现减贫效益，确保贫困群体稳定脱贫和持续发展。

（二）职业教育赋能脱贫致富的实践体现出现代治理理论的行动逻辑

实质上，贫困是在一定的社会生产力水平、经济发展方式、政治制度和文化环境中产生和存在的社会现象和问题。贫困治理的具体实施同样离不开特定的经济、社会、文化环境和政治环境。具体而言，将中国改革开放以来经济持续高增长、城市化快速推进、劳动力大量流动的现实纳入分析，以此探讨职业教育参与贫困治理的外在条件和现实环境，以揭示职业教育赋能脱贫致富的现实环境。

其一，经济的持续高速增长提供了规模庞大的就业机会和工作岗位，即"世界工厂的出现和城市工业企业的发展给中国农村剩余劳动力流向城市带来了新的机遇"[①]。

其二，城市化快速推进带来了城市就业的巨大空间。

其三，农村改革释放的巨大劳动力自由流动到城市就业。自20世纪80年代以来，我国贫困人口减少和收入增长与社会的整体性转移变化相关，具体包括农业向工业、农村向城市的整体转移。[②] 从这一角度看，通过职业教育促进劳动力流动，将农村富余劳动力转移与经济快速增长的人力需求，以及城市就业发展空间等多种资源紧紧联系起来，如图2-5，可以提供解释中国职业教育赋能脱贫致富何以可能的历史视角。

---

① 潘泽泉.转型与发展：当代中国农村贫困问题研究[M].北京：中国社会科学出版社，2019：589.
② 李小云.允许农民自由流动是减贫的动力[J].中国乡村发现，2016（4）：13.

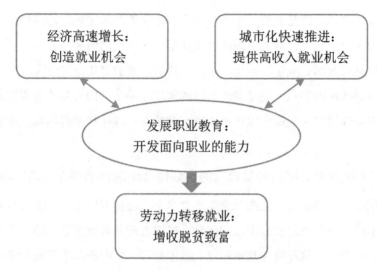

图2-5　中国职业教育赋能脱贫致富的支持性环境分析

三、现代治理理论对职业教育赋能脱贫致富的启示

现代治理理论是现代社会中国家事务和公共管理的重要理论基础，因其在整合社会各方面的力量、发挥各自优势方面所具有的特殊优势，为贫困治理提供新的行动方案和思考方向，对职业教育反贫困具有重要启示。

（一）多元主体互动：职业教育赋能脱贫致富的运行机制

基于现代治理理论的职业教育赋能脱贫致富需要思考的第一个问题是，职业教育赋能脱贫致富究竟应该由谁推动？多主体间究竟如何互动？对于这一问题的思考和回答，离不开对国家政治、经济、贫困治理等现实环境的全面分析和把握。中国职业教育赋能脱贫致富一直是在党委和政府的统筹和动员下进行的，由地方贫困治理职能部门协调各部门，重点解决政策、经费和项目等的资源统筹，职业教育和培训机构解决就业能力培养问题，社会组织负责就业岗位开发和提供，形成多主体相互配合，共同围绕"贫困者能力开发—就业机会开发—促进贫困者就业和再就业—增收脱贫致富"这一思路而进行深度合作和有效互动。这是相关参与者共同努力的目标，也是发挥脱贫致富功能和实现稳定脱贫、持续发展的重要保障。

（二）多方力量整合：职业教育赋能脱贫致富的力量源泉

面对多主体相互独立、多项目分头实施、投入各自分割的现实难题，现代治理理论带给职业教育的启示便是，如何有效地整合职业教育赋能脱贫致富的力量和资源。重点要解决三个具体的问题：一是政府系统内部如何整合针对贫困及低收入者能力发展的政策、项目及资金的投入，改变各自独立、条块分离的现状；二是整合职业教育和培训资源，形成学校教育机构和社会培训机构相互之间有序竞争的格局，提升供给效率，建立第三方评估督导机制，提高教育和培训质量；三是整合教育与就业资源，切实解决当前教育培训与工作就业之间联系不紧密乃至相互断裂的问题。解决以上问题，离不开政府部门的主导作用和统筹功能的发挥，即在政府主导下的多主体治理。而政府主导与统筹正是我国脱贫致富的基本经验之一，与我国政治体制和社会主义制度的优越性相吻合。

（三）从开发到应用：职业教育赋能脱贫致富的内在机理

职业教育何以能赋能脱贫致富，其内在机理是什么？这一问题直接关系到在职业教育赋能脱贫致富中，多主体参与时究竟应该围绕什么发力。职业教育通过开发贫困及低收入者面向职业和就业的能力以促进其向就业岗位过渡，使其通过就业获得收入进而脱贫致富。换言之，职业教育赋能脱贫致富不仅仅需要解决能力建设的问题，还需要解决能力转化为现实生产力的问题。也就是说，职业教育反贫困的内在作用机理在于，将贫困者和工作岗位连在一起，但中间需要能力培养作为桥梁。概言之，要将贫困及低收入者导向就业岗位实现就业，需要政府职能部门的资源统筹、职业教育和培训机构开发能力、行业企业等社会组织提供就业机会。只有部门之间密切配合、多方发力，职业教育才能真正发挥赋能脱贫致富的作用。

（四）构建完整链条：职业教育赋能脱贫致富的路径构建

职业教育赋能脱贫致富的关键在于将贫困及低收入者的面向职业的能力开发、通过就业和再就业的能力转化、通过稳定就业和职业发展的能力积累紧密联系起来，实现高质量稳定脱贫和发展。实现这一目标的路径是多样的，从历史经验看至少有以下几种：其一，跨区域合作，主要是东西合作和省域合作，两者均将职业教育和培训资源、优质就业机会和岗位资源实现跨区域整合；其二，多主体深度融合，先由行业企业确定就业机会和岗位，逆向寻找合格劳动者，贫困地区获得这一信息，将贫困及低收入劳动者组织起来，并将其委托给职业教育和培训机构，由此搭建迈向就业增收致富的通道；其三，职业院校主导，对接多方资源，面向贫困地区和贫困家庭招生、培养和开发，通过校企融合、工学结合将学生转移到就业岗位，从而完成脱贫致富的目标和任务。

本章小结

理论梳理发现，内源发展理论强调发展主体的内源发展动力与职业教育面向低收入者以激活内源发展动力相统一；赋权理论主张赋予低收入群体发展权能与职业教育专注于低收入者发展权能内在一致。以上两个方面为职业教育赋能脱贫致富的作用机理提供了学理依据。人力资本理论将职业教育和培训视为人力资本开发的重要途径，这与职业教育专注于低收入者面向职业的人力资本开发相吻合；现代贫困治理理论专注于多元贫困治理主体的互动与职业教育汇聚多方参与者力量共同面向低收入者综合赋能的逻辑相统一，为构建职业教育赋能脱贫致富的实现路径提供了合理性。

第三章

职业教育赋能脱贫致富的政策演进

运用历史制度主义分析视角，借助政策文本分析法，梳理新中国成立以来职业教育赋能脱贫致富的政策演进，旨在呈现职业教育赋能脱贫致富政策演进的主要阶段。依据历史制度主义的分析思路，以政治制度、经济改革、社会力量、文化传统等为维度，对制度变革动因展开分析，揭示政策演进的动因与治理逻辑。根本目标在于，从历史视角呈现出职业教育赋能脱贫致富作用机理和实现路径的历史演进脉络。

第一节　历史制度主义分析视角

探讨职业教育赋能脱贫致富的政策演进，首先要解决的是对政策内涵的认识和理解。在对政策内涵的现有研究中，更多学者将关注点投向作为工具的政策，代表性的观点主要有：一是从事物的内在属性来解释政策工具，认为政策工具是实现政策目标的方法或手段，是行动者能够使用或潜在地使用的用以实现目的的任何事物[1]；二是从政府行为机制来解释政策工具，认为政策工具是政府的行为方式及调节政府行为的机制[2]、政府将目标转化成具体行动的路径和机制[3]；

---

① 陈振明.政府工具研究与政府管理方式改进——论作为公共管理学新分支的政府工具研究的兴起、主题和意义[J].中国行政管理，2004（6）：43-48.

② 欧文·E.休斯.公共管理导论（第三版）[M].彭和平，周明德，金竹青，等译.北京：中国人民大学出版社，2001：99.

③ 张成福，党秀云.公共管理学[M].北京：中国人民大学出版社，2001：62.

三是从方法层面解释政策工具，认为是公共部门把集体行动结构化以解决公共问题的可识别的方法①；四是从综合角度来解释政策工具，以政策所要实现的目标为导向，以实现政策的效果为标准，实施系列措施，表现为法律、行政、财政等强制性和激励性相结合的多种举措②。

　　综上所述，政策工具是政府治理公共事务的重要手段，是政府实施的旨在解决公共问题、实现政策目标的机制、制度、方法和手段。在国家加快推进现代治理体系和治理能力建设的背景下，政策既是基本的治理工具，也是实现治理目标的重要手段。为实现国家现代治理目标，对政策工具的科学性、合理性以及其与外在环境的适应性等方面提出了更高要求。尽管学界对政策的内涵进行了多层面的探讨和理解，并取得了诸多进展，但已有理解和认识仍然难以回答政策在什么背景下出台、是如何演进的、演进动因是什么等深层问题。

　　在教育赋能脱贫致富政策方面，现有的相关研究已达成以下基本共识：一方面，从对致贫原因的理解和认识看，主要有个体主义、结构主义和关系主义三种政策取向③，政策取向不同，给出的教育赋能脱贫致富的策略也不同；另一方面，就教育赋能脱贫致富政策自身看，教育更多是以开发式反贫困所要实现的目标或任务出现的，教育自身所蕴含的反贫困的功能与价值经历了逐渐被确立并凸显的过程④，体现了人的认识逐渐深入这一普遍规律。此外，对政府主导的教育反贫困的研究主要体现在教育反贫困的地位、对象、主体、措施等方面⑤。尽管对教育赋能脱贫致富政策有了一定的把握，但仍然难以阐明其演进的阶段及其背后的动因等更为深层的规律性意涵，难以把握职业教育赋能脱贫致富的内在变化。

---

① 莱斯特·M.萨拉蒙.政府工具：新治理指南[M].肖娜，等译.北京：北京大学出版社，2016：15.

② 薛二勇，周秀平.中国教育脱贫的政策设计与制度创新[J].教育研究，2017（12）：29.

③ 孟照海.教育扶贫政策的理论依据及实现条件——国际经验与本土思考[J].教育研究，2016（11）：47-53.

④ 刘军豪，许锋华.教育扶贫：从"扶教育之贫"到"依靠教育扶贫"[J].中国人民大学教育学刊，2016（2）：44-53.

⑤ 袁利平，万江文.我国教育扶贫研究热点的主题构成与前沿趋势[J].国家教育行政学院学报，2017（5）：61.

一、历史制度主义理论及分析方法[①]

20世纪80年代末90年代初以来，在以美国斯坦福大学教授阿夫纳·格雷夫（Avner Greif）为代表的经济史研究中，逐渐形成历史制度分析（historical institutional analysis），这是一种新的制度分析范式。该范式的核心观点是，应结合历史信息展开制度分析，以便在特定社会背景下探讨制度发展路径多样化的起源及其影响。历史制度分析强调，任何制度的运行，与所在的社会密切相关，通常是嵌入复杂的政治、经济、文化、社会关系，相互之间彼此联系。在历史制度分析中，只有展开跨学科和跨文化的综合分析，才能更好地揭示历史发展和制度变革的根本原因。历史制度分析试图呈现的是在系统出现之前、存在期间和变化过程中历史的作用，分析历史进程和历史事件对于制度的影响，注重制度对于解释历史进程的作用。历史制度分析具有三个方面的特色：重点关注那些重大结果或令人迷惑的事件，尤其突出历史事件的背景与变量序列，通过追寻历史进程的方式寻求对历史事件和历史行为的理解和解释。[②]

历史制度主义把制度观与历史观有机融合，力图整体地、联系地、发展地、辩证地探索制度的历史演变，并且把重点放在国家政体、政治制度、经济政策和社会变迁上。丹麦新制度主义研究者尼尔森（Klaus Nielsen）认为，应从历史时段、关键节点、路径依赖以及制度断裂四个要素入手，提出历史制度主义的分析框架。[③]这为探讨职业教育赋能脱贫致富政策的历史演进提供了新的思路。

二、历史制度主义对职业教育赋能脱贫致富政策演进分析的启示

脱贫致富是在特定历史、经济、社会和文化制度背景下实施的。借助历史制度分析方法对职业教育赋能脱贫致富政策的演变展开剖析，主要启示在于：第一，从历史时段切入，找到政策形成和发展的时段（formative moments），即职业教育赋能脱贫致富的政策演进的主要阶段。第二，寻找政策形成的关键节点，

① 刘晓，陈志新. 英、法、德三国职业教育与培训体系的发展演变与历史逻辑——一个历史制度主义视角的分析[J]. 外国教育研究，2018（5）：104-116.

② SKOCPOL T, PIERSON P. Historical Institutionalism in Contemporary Political Science[M]//Political Science : State of the Discipline. New York: W.W. Norton, 2002: 693-721.

③ 何俊志，任军锋，朱德米. 新制度主义政治学译文精选[M]. 天津：天津人民出版社，2007：13.

即找到职业教育赋能脱贫致富政策演变的深层原因，进一步分析职业教育赋能脱贫致富政策演变的历史、政治、经济和文化动因。第三，分析政策演变的路径依赖性，透过纵向的历史性分析，寻找职业教育赋能脱贫致富政策演变中的内在的影响因素，这些因素在某种程度上反映出国家的治理逻辑。深层挖掘我国职业教育赋能脱贫致富政策的演进特征及其动因，需要从政治经济、教育发展、文化传统等宏观的社会结构，脱贫致富政策自身以及行动者三个方面入手，揭示职业教育赋能脱贫致富政策的演进脉络。

第二节　新中国成立以来职业教育赋能脱贫致富的政策演进

脱贫致富是新中国成立以来，从站起来、富起来到强起来的强国之路的重要内容和必然要求。在摆脱贫困的伟大斗争中，党和政府始终坚持通过发展经济缓解贫困、通过依靠群众战胜贫困、通过教育改变贫困的战略理念和思路。职业教育作为贫困治理政策的重要元素，始终起着纽带和桥梁的作用，将促进经济发展、支撑贫困群众利用经济机会、提升教育贡献度等连接起来，形成了职业教育赋能脱贫致富的中国模式。

一、面向工农兵普及劳动生产知识（1949—1977年）：教育参与贫困治理的早期探索

面对新中国刚刚成立，国家积贫积弱、人民普遍贫困的现实，国家所面对的是如何解决温饱问题、拔除生存性贫困这一重大而紧迫的现实问题。为应对这一挑战，国家通过尽快恢复经济社会秩序，加快发展农业和工商业，以解决普遍的贫困问题。面对现实和发展需要，这一时期以发展农村教育为依托，将农村教育事业与扫除文盲、普及农民文化知识和生产知识相结合。职业教育虽然并未直接受到关注，但发展农村教育的政策和实践所体现出的教育与生产劳动相结合、教育服务国家农工商发展的理念，体现着职业教育反贫困的内在特质，主要体现为：

第一，在方向上，首次召开的全国教育工作会议将教育的目标确定为服务

工农兵、服务当前革命斗争和服务建设。在其引领下，以公平为导向发展教育，以服务贫苦百姓为宗旨，发挥政治制度优势，迅速普及工农教育。20世纪50—70年代，教育对象首次延伸到全民，教育资源在城乡间进行公平配置，教育目的上提倡全面发展；免费普及教育、开展扫盲教育，快速提高工农群众的文化水平，文盲大国的面貌迅速得以改善；推行教育平等，开启了中国历史上普通群众广泛学习文化知识、积极参与国家建设、行使参政议政和监督权的先河，广大人民不仅实现从社会意义上，而且实现从文化、精神和思想意义上站起来。[1]面向广大人民开展教育普及的取向为尽快恢复生产和发展工商业奠定了坚实基础。

第二，在重点上，在救济式贫困治理思想指导下，由于当时在人力上、物力上和财力上的极度匮乏，该阶段的教育赋能脱贫致富政策体现出在最大限度上增加贫困群众受教育机会为主导的特征。一方面，改变旧学校，开办工农速成中学，全国上下掀起扫除文盲运动的高潮；另一方面，建立起全日制、半工半读式、业余学校等并行的多种学校共同发展的模式[2]。通过政府的全面动员和积极推动，工农学生入学比例大幅度上升，从1950年的几乎为0上升到1956年的34.1%。[3]该阶段的教育赋能脱贫致富行动中，将扫盲运动与劳动生产相结合，迅速普及劳动群众科学文化知识和劳动生产能力，体现出以教育促生产发展、以教育促经济建设的思想。

第三，在策略上，以发展农村教育为重心，积极探索农村教育事业发展与农业生产发展相结合的路子。尽管这一阶段没有出台专门的教育赋能脱贫致富政策，然而在具体的办学实践中，农村地区普遍推行小学由生产大队办、初中

[1]　曾天山.教育扶贫的力量[M].北京：教育科学出版社，2018：20.

[2]　1951年10月政务院颁布《关于学制改革的决定》，明确学制改革的基本方针是："教育为国家建设服务，学校向工农开门。"在此理念指导之下，开设了工农速成中小学和业余中小学。工农业余教育相当于老解放区的群众教育，但在层次上上升到中等教育。新学制的主要特点是普通教育与工农教育、业余教育并举。实施中，工农速成学校的效果不理想，尤其是中学阶段。主要原因是工农干部的文化基础、学习能力和投入精力本不如一般中学生，却要求其在3年或4年间学完中学6年的课，显然是强人所难。1955年，教委通知停止工农速成中学招生，决定今后工农干部和群众学习贯彻业余学习为主的方针。参见：俞启定，和震.中国职业教育发展史[M].北京：高等教育出版社，2012：131-132.

[3]　姚松，曹远航.70年来中国教育扶贫政策的历史变迁与未来展望——基于历史制度主义的分析视角[J].教育与经济，2019（8）：13.

由公社办、高中由区县办的教育发展模式，创造出政府补贴与公社经费分担相结合的全民办教育模式。^①在国家财力非常有限的情况下，迈出农村教育发展的关键步伐，且成效显著：1962年至1978年，全国学龄儿童入学率从56.1%迅速上升到95.5%，其间农村小学毕业生的升学率增长54.1%。^②该阶段农村教育发展模式的探索，实质上是教育普及化、面向工农兵全面开放教育的生动实践，为中国教育赋能脱贫致富事业积累了宝贵经验。这种以公平为导向、以全民为受众迅速普及劳动群众科学文化知识和劳动生产技能的教育发展方向，蕴藏着极为丰富的教育赋能脱贫致富的价值旨趣。

二、面向贫困地区培养实用人才（1978—1993年）：激发农村经济活力促进农民增收

1978年的农村改革是中国经济体制改革的历史起点，由此拉开了中国改革开放的序幕；改革开放之所以能取得成功，与新中国成立30年间积累起来的物质基础、人力资本和现代国家制度密切相关，也是在这些基础之上实现的。^③需要注意的是，人力资本是增加国家物质财富积累、推进国家制度现代化的关键要素。改革开放之初，中国农村人口占80%，最大的国情是人口多，实际上是农村人口多，意味着贫困人口多。依据国家贫困线测算，中国在1978年的贫困人口规模为2.5亿；依据国际贫困线测算，中国当时的农村贫困人口至少为7亿人。当时选择在农村改革，有利于大多数贫困人口脱贫致富。

从历史背景看，当时中国依然面临着普遍的整体贫困问题，这种贫困主要是生存型贫困，即没有解决基本的温饱问题。从教育情况看，新中国成立以来通过发展农村教育事业尤其是扫除文盲和教育普及工作，带动农业改革增收，积极探索共同致富的路子，积累了正反两方面的经验和教训。正是在总结和反思前一阶段贫困治理工作的基础上，结合当时的贫困现状和实际，重构并提出了新的贫

① 司树杰，王文静，李兴洲. 中国教育扶贫报告（2016）[M]. 北京：社会科学文献出版社，2016：16-18.
② 姚松，曹远航. 70年来中国教育扶贫政策的历史变迁与未来展望——基于历史制度主义的分析视角[J].教育与经济，2019（8）：13.
③ 胡鞍钢.国情报告·第十七卷[M].北京：党建读物出版社，2019：147.

困治理政策和管理体制。首先，确定了贫困治理工作的首要目标在于尽快解决普遍面临的温饱问题。这是基于当时中国贫困问题进行全面分析后的决策，这一目标符合中国贫困治理所面对的现实情况，为随后出台的针对性强、切实有效的贫困治理政策奠定了认识论基础。其次，明确了贫困治理战略的重点，即通过农村全面改革激活发展活力。客观地看，新中国成立以来，农村工作始终是党和政府的中心工作，积累了丰富的理论基础和实际经验。农村贫困落后面貌的改变理应通过农村改革发展走出一条新路，这条新路的起点是农村劳动生产和管理体制的改革，即普遍推行农村家庭联产承包责任制，以及大力发展乡镇企业和努力壮大农村集体经济。最后，确定了发展致力于脱贫致富的职业教育，并进一步明确了重点在于发展面向贫困地区的农业职业教育。将贫困地区教育发展与摆脱贫困结合起来，通过培养面向山区开发的各类实用人才，激活贫困地区内在发展力量，具有鲜明的内源发展特征。基于以上判断，国家出台系列政策并将职业教育纳入贫困治理政策，职业教育成为贫困治理的政策工具，发挥了功能和作用。以上情况可以通过该阶段出台的两项典型政策加以说明：

1984年，中共中央和国务院联合印发《关于帮助贫困地区尽快改变面貌的通知》（简称《通知》），将消除贫困作为一项专门政策提出来。《通知》明确提出：依靠当地人民的内在力量、发挥当地人民的主体作用，是改变贫困地区面貌的根本途径，反映出内源贫困治理的思想和意识，是国家开发式贫困治理理念的体现，从发展教育出发，提出包括增加智力投资在内的五项措施，开启了教育扶贫的国家行动[①]；更为深远的意义还在于，明确教育赋能脱贫致富的关键是赋予当地人民摆脱贫困的能力，体现出通过教育赋能的价值追求。《通知》要求，面向山区开发所需，重点发展农业职业教育，加快培养适应山区发展的实用人才，既符合当时人民群众文化水平普遍偏低的实际，又突出了发展农业职业教育面向山区开发人才的具体导向，可以说是职业教育赋能脱贫致富的生动实践。从政策设计看，从改变贫困地区的面貌、增加智力方面的投资这一角度，加大贫困地区教育发展的力度；从面向农业、培养适应山区发展的人才、服务山区开发的视野来定位职业教育的功能和服务面向，呈现出面向贫困地区→发

---

① 曾天山.教育扶贫的力量[M]. 北京：教育科学出版社，2018：6.

展农业职业教育→培养山区开发人才→帮助当地人民摆脱贫困的理解和认识。《通知》的发布不仅标志着国家教育赋能脱贫致富行动的启动，还意味着职业教育被纳入国家贫困治理政策的范围。

1992年，教育部办公厅印发《关于对全国143个少数民族贫困县实施教育扶贫的意见》（简称《意见》），这是中国第一份教育扶贫的政策文件。结合少数民族贫困县在教育上较为滞后、在人才方面极为匮乏这一实际，《意见》明确提出通过职业中学培养当地需要的人才，服务县域经济发展，加强贫困县自身发展能力和后劲。《意见》对职业教育赋能脱贫致富而言，至少具有三个方面的启示和意义：一是贫困地区应通过学校职业教育（职业中学）发挥教育在贫困治理中的功能和作用；二是职业教育赋能脱贫致富功能的发挥应与县域经济结合起来；三是职业教育应将培养面向县域的人才、加强贫困县自身发展能力和后劲作为发展方向。该政策设计符合当时少数民族贫困县的实际，具体措施切实可行，将发展职业教育与县域经济需要相结合的先进理念，体现出职业教育立足地方、服务地方的办学导向，至今仍具有重要参考和借鉴意义。

从当时外部的发展环境看，中国这一阶段的农村改革有两个标志性事件：一是推行家庭联产承包责任制，二是积极发展乡镇企业，被称为中国农村改革中的"两大发明"。家庭联产承包责任制及相关配套政策的实施，使得1978—1985年农村居民的人均纯收入增长高达2.7倍，年平均增长率高达15.2%；农村居民的家庭恩格尔系数从1978年的62.2%下降到1985年的59.2%，说明国家整体由绝对贫困向温饱贫困迅速转变；贫困人口由1978年的2.5亿人减少到1985年的1.25亿人，贫困发生率由30.7%下降为14.8%；城乡居民人均收入的差距由1978年的2.57倍下降到1985年的1.86倍。在农村发展乡镇企业，为中国农民有效参与工业化找到了一条可行的路径；农村乡镇企业的迅速发展创造出大量的就业机会，即由1978年的2827万人增加到1985年的6967万人，增加1.46倍，平均年增长率高达13.4%，为广大农民增收脱贫致富提供渠道和机会；更为重要的意义在于促进了城市工业化与农村工业化相互融合，为20世纪80年代中国工业化高速发展奠定了基础。[①]有鉴于此，中国1978—1985年的农村改革也被视为

---

① 胡鞍钢.国情报告·第十七卷[M].北京：党建读物出版社，2019：126-129.

广大贫困者普遍受益的改革，也是最为成功的改革。而职业教育则通过面向贫困地区开发适应山区的人才，为家庭联产承包责任制的推进和乡镇企业培养和输送了大批管理干部和实用人才。

三、面向成人的职业技能培训（1994—2000年）：促进农民增收和劳动力转移就业

自20世纪80年代中期以来，中国政府实施有组织有规划、广覆盖与大规模的脱贫致富行动，不仅出台系列贫困治理政策、大幅增加用于贫困治理的投入，而且对已有的贫困治理思路进行根本性改革与调整，基本实现贫困治理理念从救济式向开发式的转变。经过长时期的共同努力，全国农村的贫困问题已得到明显缓解，尚未完全稳定解决温饱问题的贫困人口已减少为8000万人。[1]从该阶段的形势看，当时的贫困人口虽然仅占全国农村总人口的8.87%，然而由于这些贫困人口的贫困程度深，要解决这些人口的贫困问题是十分困难和艰巨的。原因在于，这些尚未解决贫困问题的人口主要集中于国家重点扶持的592个贫困县，这些贫困县主要分布在中西部自然条件极为恶劣和发展基础十分薄弱的地区，而且多为革命老区和少数民族地区。这些地区共同面临着地理位置较为偏远、交通不便、生态环境失衡、经济发展滞后、文化教育薄弱、生产生活条件非常恶劣的处境。该阶段的贫困治理政策设计呈现出政策治理为主、积极探索法律治理新路径的特征。

（一）实施首个国家扶贫攻坚行动计划，发挥职业教育促进成人技术培训和就业的功能优势

1994年制定实施的《国家八七扶贫攻坚计划》，是新中国成立以来第一个国家贫困治理专项计划。[2]其明确这一阶段的贫困治理工作坚持效率优先、兼顾公平的原则，利用建立社会主义市场经济体制给贫困地区发展带来的前所未有的机遇，坚持开发式贫困治理理念，坚持市场需求导向，紧紧依靠科技进步力量，开

---

① 国务院关于印发国家八七扶贫攻坚计划的通知（国发〔1994〕30号）[EB/OL].（1994-12-30）[2023-12-21]. https://new.nrra.gov.cn/art/1994/12/30/art_46_51505.html.

② 国务院关于印发国家八七扶贫攻坚计划的通知（国发〔1994〕30号）[EB/OL].（1994-12-30）[2023-12-21]. https://new.nrra.gov.cn/art/1994/12/30/art_46_51505.html.

发和利用当地资源，积极发展商品生产，在解决温饱问题基础上迈向脱贫致富。

改变教育、文化和卫生的落后状况是该阶段贫困治理的重要和优先领域之一，旨在增强贫困群众利用经济发展带来的发展机会、积极开发利用当地资源、发展商品生产的能力，发展教育是提升这些能力的有效举措和重要手段。《国家八七扶贫攻坚计划》明确了教育的职责和定位，具体是：第一，基本普及初等教育，扫除青壮年文盲；第二，面向成年人开展职业教育和技术培训，以使青壮年劳力普遍掌握一到两门实用技术。从国家贫困治理战略对职业教育的定位可以看出，该阶段以成年人为重点开展教育和技术培训，旨在促使大多数青壮年劳动力掌握实用技术。通过职业教育，着力解决青壮年成人就业增收的问题。相较于前一阶段针对贫困地区的贫困治理政策，该政策中的职业教育赋能脱贫致富政策设计呈现出三个新变化：第一，将职业教育赋能脱贫致富的对象由贫困地区（少数民族贫困县）拓展到全国的成人，突破原有对服务对象的区域限制。第二，将职业教育赋能脱贫致富的方式确定为开展教育和技术培训，从具体策略看，主要是农业技术人才培养、农业科学技术推广、农村实用技术培训、转移劳动力的技术培训，实现学历教育和非学历技术培训全覆盖。第三，倡导部门间的协调配合，将教育培训与就业岗位创造结合起来考虑，确保教育和技能培养能转化为现实生产力，有利于促进职业教育赋能脱贫致富功能的实现。不难看出，在贫困治理政策设计方面，该阶段不再仅仅局限于职业教育自身，而是将其置于促进受教育者脱贫致富的最终目标和促进贫困者就业的关键举措之下进行系统设计。其背后的机理和路径呈现为：成人（青壮年）→职业教育和技术培训→就业岗位→劳动生产→增收脱贫致富。

为确保《国家八七扶贫攻坚计划》有序推进和实施，中共中央和国务院于1996年制定和实施《关于尽快解决农村贫困人口温饱问题的决定》，再次强调积极推进贫困地区的教育改革，把重点放在普及初等教育、扫除文盲、对农民开展适用技术培训上，以为当地农民解决温饱问题和脱贫致富服务。① 从贫困治理的整体构想上看，一方面，重点仍然定位于贫困地区的教育改革方面；另一方面，职业教育仍然是教育改革的重点之一。另外，作为促进脱贫致富手段的

---

① 中共中央、国务院关于尽快解决农村贫困人口温饱问题的决定[EB/OL].(2007-06-22)[2023-12-21] . http://www.ce.cn/xwzx/gnsz/szyw/200706/22/t20070622_11897661.shtml.

职业教育，对象上限于农民、方式上为适用技术培训、目标在于解决温饱问题和脱贫致富，在服务面向上有明显收缩同时也更加聚焦，这与当时十分紧迫的2000年前解决温饱问题的目标密切相关。更为重要的是，该政策首次提出将解决温饱问题和摆脱贫困与实现发展致富衔接起来，可以看出国家贫困治理目标设计上的延续性和长远性，以此将其统一到共同富裕的历史进程之中。

为解决农村改革中释放的富裕劳动力的转移就业和增收问题，劳动和社会保障部等七部委于2000年联合印发《关于进一步开展农村劳动力开发就业试点工作的通知》，强调农村劳动力开发就业问题关系到经济发展、社会稳定、农民增收[①]，将其提升到经济社会发展全局的高度，提出优先推进城乡劳动力统筹就业、展开劳动力转移培训、推进面向西部地区的开发就业、鼓励和扶持返乡劳动力创业等四项重点工作。在此背景下，对职业教育提出新的要求：第一，在国家政策层面首次提出在输出地和输入地开展转移劳动力职业培训，以为农村富余劳动力顺利就业创造条件。这已成为国家贫困治理和农村工作领域中一项重要的制度安排，是劳务输出对接的早期探索和实践，更是农村贫困劳动力向城市转移就业的重要保障。第二，构建起政府职能部门制定农村富余劳动力转移培训规划、职业教育和培训机构实施培训的农村劳动力转移培训运作机制。其重要意义在于明确了职业教育和培训机构的职责和任务，意味着促进农村劳动力转移是职业教育的重要功能，而实现的路径便是开展短期非学历技能培训，是相关参与方共同参与贫困治理的早期实践。实际上，这已成为职业院校服务社会的重要工作之一，其为农村反贫困做出了积极贡献。第三，提出以市场化和社会化为导向，建设农村劳动力市场、加大建设职业培训基地或培训集团、引导民办培训机构实施培训、立足市场需求和社会生产需求组织培训、职业培训与就业介绍服务结合等新举措。这与当时国家完善社会主义市场经济体制和职业教育并轨制改革互相契合，为职业教育拓展办学空间、加大服务社会提供了有利的环境支持。这一阶段全国范围广泛开展的"阳光工程"和"雨露计划"为农村发展和脱贫致富贡献了职教力量，是职业教育服务乡村发展，促进农村劳动力和贫困人口增收的典范。第四，以促进农村劳动力就地就近就业和转移就业为目标，从西部大开发的国家

---

① 关于进一步开展农村劳动力开发就业试点工作的通知（劳社部发〔2000〕15号）[EB/OL].（2000-07-20）[2023-12-21]. https://law.lawtime.cn/d631448636542.html.

需要出发，建立中西部地区的农村劳动力职业培训基地。该政策的重要意义在于，将农村劳动转移就业与区域发展带来的就业机会利用有机结合起来。其对于当前乡村劳动力从西部地区到东部地区、从农村向城市的单向性流动具有启示和借鉴意义。概言之，职业教育作为促进农村劳动力开发和就业的手段，根本目的在于促进转移就业以促使农民增产增收。为实现这一目标，需明确职业教育和培训机构的职责，加大职业培训机构建设力度，培训与转移就业服务相结合，就地就近就业与转移就业相结合，同时为中国西部大开发战略的实施和加快解决贫困人口的温饱问题提出新的实现路径。

（二）依托职业教育立法，将职业教育参与贫困治理纳入法制轨道

1996年颁布实施的《中华人民共和国职业教育法》是职业教育领域的首部法律。对于职业教育赋能脱贫致富而言，该法的独特价值意义在于，明确了职业教育在支持区域发展和弱势群体发展中的法律地位。具体而言，该法从两个层面予以明确：一方面，从扶持区域发展和支持群体发展两个方面，将职业教育的脱贫致富功能纳入法制轨道。该法第七条指出，国家发展农村职业教育，支持少数民族地区、边远贫困地区发展职业教育，将发展职业教育视为支持相对落后地区的正式制度安排；同时明确，国家采取措施以帮助妇女接受职业教育、组织失业人员接受各种形式的职业教育、扶持残疾人职业教育的发展，确立了通过职业教育促进社会弱势群体改变社会处境的实现路径。另一方面，对困难群体接受职业教育和技能培训给予资助。比如，职业学校和培训机构对接受中高等职业学校教育和职业培训的学生适当收取学费，对家庭经济困难的学生和残疾学生应给予减免；国家鼓励企业组织、社会团体、其他社会组织、公民个人依照国家相关规定，设立职业教育奖学金和助学贷款，奖励学习成绩优秀学生，或资助经济困难学生。此举可以减少贫困家庭和贫困人口接受职业教育的成本，为消除贫困群体接受职业教育的现实障碍提供了法律保障。与西方发达国家相比，我国将职业教育赋能脱贫致富纳入法制范围的时间要晚很多，不过其为构建以能力建设为中心、挖掘贫困者的潜力、突显人的价值提供了法制保障。

四、面向贫困群众转移就业提升素质（2001—2010年）：加快解决温饱问题的步伐

2001年，国务院发布《中国农村扶贫开发纲要（2001—2010年）》（简称《纲要》），这是21世纪国家制定的首个综合性贫困治理政策。《纲要》出台的基本背景是：当时除生活在自然环境恶劣地区的特困人口、部分残疾人以及少数社会保障对象以外，全国农村贫困人口的温饱问题已基本解决。基于该现实，《纲要》进一步明确，基本解决农村贫困人口的温饱问题，只是完成扶贫开发任务的一个阶段性胜利。国家层面已经清醒地看到，那些尚未解决温饱问题的贫困人口尽管数量不多但解决其温饱问题难度较大；已经初步解决温饱问题的群众由于生产生活条件尚未得到根本改观因而温饱还不稳定，巩固温饱的任务仍然很艰巨；已经基本实现温饱的贫困人口温饱的标准还很低，要在这个基础上实现小康进而过上比较宽裕的生活，仍然需要一个长期的奋斗过程。基于以上分析和判断，将解决温饱问题和巩固温饱确定为这一阶段中国贫困治理的重点和难点。以此为依据，该阶段贫困治理的整体目标仍然定位于尽快解决少数贫困人口的温饱问题，继续改善贫困地区基本的生产生活条件，巩固温饱成果，提升贫困人口的生活质量和整体素质，加大贫困地区基础设施的建设力度，持续改善生态环境，逐步改变贫困地区的经济、社会、文化落后状况，为实现小康创造条件。不难看出，贫困治理的目标已经从消除贫困转变为消除贫困与实现小康的有机结合。

为尽快解决少数贫困人口温饱问题和巩固温饱成果，确定以经济建设为中心、以市场为导向，提高生产力、开发当地资源，发展商品生产、增加贫困农户自我积累、提高其自我发展能力的贫困治理思路。从综合治理理念出发，提出重视教育、卫生、文化、科技事业发展，改善社区生态环境，提高人民生活质量，促进贫困地区经济发展、社会协调发展和全面进步。在服务提高贫困群众的生活质量和综合素质这一目标指引下，职业教育有了更加清晰的定位和更为精准的服务面向：首先，更好地服务科技脱贫致富。结合该阶段以增加农民的收入为中心，重点发展种植业、养殖业和加工业的需要，关键在于将先进实用技术向贫困地区和贫困人口宣传推广，发挥科技在促进贫困人口增收致富中的作用，以帮助他们摆脱贫困迈向富裕。其次，更好地为农民学习先进和实用

技术提供服务。服务群众科技和文化素质的提升，是促进贫困人口经济收入增加的重要举措，是促进贫困地区脱贫致富的根本法宝。为此，一方面切实加强基础教育，普遍提高贫困人口的受教育水平。另一方面，加大农科教结合的力度，统筹推进普通教育、职业与成人教育，整合职业院校与短期技能培训，切实增强农民获取和应用实用技术以促进增收脱贫和发展致富的能力。最后，面向贫困地区的劳动力转移需要，提供职业技能培训服务，配合相关部门引导劳动力的有序转移和流动，开展劳务协作以共同帮扶贫困劳动力，最终更有效地服务贫困劳动力有组织地转移就业。普遍实施的面向农村劳动力的"阳光工程"和面向贫困劳动力的"雨露计划"，将职业教育和技能培训视为主渠道，实施农村实用技术培训，促进农业增产和农民增收；依托开展转移就业的技能培训，以促进贫困劳动力向非农转移就业，进而服务摆脱贫困和促进富裕目标的实现。

五、面向贫困人口提供多层次支持（2011—2020年）：打赢脱贫攻坚战

2011年制定实施的《中国农村扶贫开发规划纲要（2011—2020年）》是中国第三部旨在解决贫困问题的纲要，其核心目标是，2020年底前实现贫困人口"两不愁三保障"，最终彻底解决区域性和整体性贫困问题。实现这一目标对教育提出了更高质量和更加多样的要求，也为教育尤其是职业教育赋能脱贫致富创造了更大的空间。

（一）将贫困家庭新成长劳动力纳为职业教育赋能脱贫攻坚的重点对象

为实现脱贫攻坚总目标，政府将开发式贫困治理、综合型贫困治理和内源性贫困治理相结合，将连片特困地区及该类地区以外的重点县和贫困村、贫困标准以下的具备劳动能力的农村人口视为重点对象，对职业教育提出更加严格和翔实的要求：

其一，将职业教育贫困治理的目标确立为促进贫困家庭的新成长劳动力实现稳定就业，落实所有贫困人口均需要接受职业教育和培训的国家政策要求。具体而言：一是给予参加劳动预备制培训的农村贫困家庭未继续升学的应届初

高中毕业生部分生活费补贴；二是给予接受中等职业教育的农村贫困家庭新成长劳动力生活费和交通费等特殊补贴；三是为农村贫困劳动力开展实用技术培训，加大农村贫困残疾人就业扶持的力度。

其二，构建面向部分中等职业教育全日制学历教育对象的经济补偿和救助制度。比如，对中等职业教育的家庭经济困难学生、涉农专业学生免除学费，扩大国家助学金的资助面，实现对"建档立卡"贫困家庭子女全覆盖。将"雨露计划"纳入贫困学生资助范围。通过多渠道的资金投入，为家庭困难学生接受职业教育提供资金支持，以防因贫辍学发生。

（二）构建职业教育参与脱贫攻坚的运行机制

中共中央和国务院于2015年联合发布的《关于打赢脱贫攻坚战的决定》进一步明确"扶贫先扶智"以增强贫困人口自我发展能力的指导理念，再次强调教育赋能脱贫致富的使命和责任。其对职业教育的要求更加具体翔实：一是加大对劳务输出培训的投入，统筹使用各类培训资源，突出就业导向以提升培训针对性和实效性；二是明确要求职业院校招收贫困家庭子女以使他们掌握致富技能，促进贫困家庭劳动力实现技能脱贫，鼓励企业扶贫与职业教育结合，促进职业教育与就业岗位衔接。三是促进技能培养与就业岗位衔接，支持在贫困地区的县乡建设劳动就业服务网络和平台，引导用人单位在贫困地区建立劳务培训基地、实施订单定向培训、完善劳务对接的机制。四是统筹考虑产业发展与贫困劳动力就业，促进家政服务、物流配送、养老服务等劳动密集型产业的发展，以拓展贫困地区劳动力转移就业的空间。五是完善服务于转移就业贫困人口持续发展的制度，建立流动工人融入城市生活的政策体系。

从国家贫困治理政策对职业教育的定位看，职业教育赋能脱贫致富的功能更加多样、空间更加宽广：一是服务劳务输出；二是服务异地搬迁人口就业；三是服务贫困地区农业技术推广，加大新型职业农民培训；四是为产业脱贫提供人才支撑和技能培训。对职业教育赋能脱贫致富的认识呈现为：贫困劳动力动员（县乡政府工作平台和用人单位基地）→学校职业教育或技能培训（输出地）→当地投入生产或跨地转移就业→技能积累和收入增加（输入地企业和政府共同合作）→融入城市实现发展。随着时间的推移，这种工作机制将在促进贫困人口发展致富中发挥更大的作用，因为输出地和输入地的共同参与不仅实现跨区域的资源配置以提高效率，而且通过岗位需求的精准对接提高教育资源的使用效率。更为重要的是，输入地政府的参与为转移劳动力有序市民化进而壮大中等收入群体提供了制度保障。

（三）提出职业教育赋能脱贫攻坚的行动方案

2016年12月16日，教育部等六部门联合印发的《教育脱贫攻坚"十三五"规划》明确了职业教育赋能脱贫攻坚的行动框架。具体表现为：一是为个人提供以职业教育和技能培训促进贫困家庭脱贫的机会保障。比如，面向贫困家庭中高中阶段的适龄人口以保障接受高中阶段教育尤其是中等职业教育为重点，面向高等教育阶段的适龄人口以提供接受高等职业教育机会为保障，面向学龄后人口以提供适应就业创业需求的职业技能培训为优先。二是以发展职业教育和培训、提升贫困人口的基本文化素质和技术技能水平为重点，提升贫困地区的个体就业创业和脱贫致富的能力。三是面向贫困地区经济发展重点建设中等职业学校或技工学校，开展以职业教育和技能培训为主的专项计划，优质职业教育资源优先向贫困群体汇聚，贫困群体优先获得国家多方面的救助和支持。

（四）推进职业教育赋能脱贫攻坚专项行动

2017年，国务院印发《国家教育事业发展"十三五"规划》，对职业教育赋能脱贫攻坚有着更加明确具体的定位：一方面，明确提出应以学历教育为主渠道，以贫困家庭子女为重点对象，以国家示范校等优质职业院校为依托，以就业前景好的专业为优先，启动职教圆梦等专项计划，旨在提升贫困家庭持续发展能力。另一方面，在东西扶贫协作框架内，实施中等职业教育东西协作计划，该计划为贫困家庭初中毕业生到发达地区接受优质职业教育提供支持。与此同时，建立职业院校间的东西对口支援，加强东部优质院校对西部薄弱学校的发展带动和资源辐射。

从政策自身发展演进来看，对职业教育赋能脱贫致富的推进和突破在于：一是将学历职业教育上升为脱贫致富的主要渠道，符合赋能对象已经转化为学龄人口的新情况，学历职业教育有利于加强脱贫致富的持续性，即通过系统的学校职业教育以增强持续发展的能力进而更好地实现脱贫致富的目标。二是将优质职业教育资源向贫困人口聚集，提高脱贫质量和效益。比如，以国家示范校和国家重点校、就业前景好的专业、东部优质职教集团和学校等为重点，定向招收贫困家庭学生，为其脱贫致富增加权能。三是针对贫困家庭新增劳动力，发挥职业教育优势，实施全日制学历教育，以防贫困家庭新增劳动力再度陷入贫困。事实上，对于贫困家庭，职业教育更多发挥了"职教一人、脱贫一家"的功能。贫困治理的重心已然从减缓贫困和摆脱贫困向预防贫困转变。

2018年，国务院出台《关于推行终身职业技能培训制度的意见》，再次强调，面向符合条件的贫困和低收入家庭开展技能脱贫攻坚行动、实施职业技能提升专项计划，意味着对特殊群体的职业教育和技能培训辐射个体生涯发展的历程，标志着职业教育在贫困治理中从临时性和应急性转向制度性和终身性，其目标从摆脱贫困转向实现富裕。2019年印发的《职业技能提升行动方案（2019—2021）》具体指出，加大对贫困劳动力和贫困家庭子女的技能扶贫力度，在东西扶贫协作框架内推动职业教育和技能培训、贫困村创业致富带头人培训，推进技能脱贫千校行动和深度贫困地区技能扶贫行动。

（五）推出系列专项行动以确保职业教育赋能脱贫致富深入推进

2018年印发的《中共中央 国务院关于打赢脱贫攻坚战三年行动的指导意见》提出为有就业意愿的贫困家庭劳动力提供技能培训服务、为西部地区贫困家庭劳动力提供面向东部的职业教育和技能培训支持、在贫困人口和产业集中地区办好职业院校三项具体措施，意在为有就业意愿和潜能的贫困人口提供多层次和立体化的职业教育服务支持；同年8月推出的《打赢人力资源社会保障扶贫攻坚战三年行动方案》进一步强调，继续推进技能脱贫专项行动、深入开展技能脱贫千校行动、增强贫困地区职业培训供给能力等三个方面的举措；同年9月发布的《关于开展深度贫困地区技能扶贫行动的通知》进一步从职业技能培训政策和任务细化、深度贫困地区技能培训投入、技能培训实施督查三个方面提出具体要求。人力资源和社会保障部等于2019年5月联合下发的《关于做好易地扶贫搬迁就业帮扶工作的通知》从易地搬迁劳动力需求的实际，对职业教育如何满足这一需求给出具体建议。由此可见，相关部门通过推出密集政策，确保职业教育反贫困专项行动计划得以落实，进而服务于国家打赢脱贫攻坚战目标的如期实现。只是这些密集的政策之间会产生互相重合甚至彼此矛盾的问题，给基层政府和职业院校的具体实施带来诸多困惑。从更好地发挥职业教育赋能脱贫攻坚作用的实际看，需要对政策进行整合。

六、面向城乡低收入劳动者的终身职业培训（2021年至今）：赋能共同富裕社会建设

从服务国家重大战略、发挥扶贫助困进而促进民生的角度看，职业教育在乡村振兴中肩负着提升农民基本技能和培养农民就业创业能力、赋予贫困群体及低收入群体发展的内生动力，进而促进贫困群众减贫、脱贫和致富的重大使命。《中国教育现代化2035》中明确提出实现困难群体帮扶精准化和推进教育精准脱贫[①]的具体要求，这一要求涵盖职业教育作为推进教育精准脱贫的重要方式、作为服务能力提升的重要功能向度、作为实现困难群体帮扶精准化的重要载体。《国家职业教育改革实施方案》中强调指出，加大对民族地区和贫困地区及残疾人职业教育的支持力度、推进职业教育东西协作行动计划、办好内地少数民族中职班。[②]新时代国家职业教育发展注重在服务面向上从区域和群体、在工具手段上从政策和资金、在实施方式上从东西协作和内地中职班等做了全面考虑和安排。

教育部办公厅于2019年10月印发的《关于办好深度贫困地区职业教育助力脱贫攻坚的指导意见》，是新中国第一部以职业教育赋能脱贫攻坚为主体的专项政策文本，标志着职业教育从幕后走向前台，从长期以来的嵌入国家贫困治理政策或嵌入教育贫困治理政策到独立和专项的贫困治理政策。其更为重要的意义还在于：第一，首次从国家层面确认职业教育在贫困治理方面的重大意义和价值。当然，有效发挥职业教育赋能脱贫攻坚的功能，离不开优良的基础教育的支撑。第二，聚焦深度贫困地区脱贫攻坚现实需要，明确依托发展职业教育促进深度贫困地区摆脱贫困进而实现发展的定位，对现有教育贫困治理理论

---

① 中共中央、国务院印发《中国教育现代化2035》[EB/OL].（2019-02-23）[2023-12-21]. http://www.gov.cn/zhengce/2019-02/23/content_5367987.htm.

② 国务院关于印发国家职业教育改革实施方案的通知[EB/OL].（2019-02-13）[2023-12-21].http://www.gov.cn/zhengce/content/2019-02/13/content_5365341.htm.

的拓展，对依托发展就业导向的教育，对探索深度贫困地区脱贫致富的有效路径具有重要理论和现实意义。第三，勾勒了职业教育赋能贫困治理的发展方向，即以就业脱贫为导向，以职业院校为主阵地，以有职业教育和技能培训需求的贫困人口为重点[1]，解决了职业教育赋能脱贫致富中"谁脱贫、如何脱贫、依靠什么脱贫"等关键问题。第四，提出了职业教育赋能贫困治理的长远目标，即"依靠技能实现就业创业带动稳定脱贫"。

第三节　职业教育赋能脱贫致富政策的演进动因

新中国成立以来的社会主义建设和改造、1978年以来的改革开放、党的十八大以来全面建成小康社会，是新中国成立后七十多年所经历的三个主要发展阶段。然而，消除贫困并实现共同富裕始终是中国社会发展中的重大现实问题。七十多年来，在脱贫致富的实践中，依靠群众自身力量摆脱贫困始终是中国贫困治理的重要思想，职业教育作为政府贫困治理政策的重要工具和手段，与国家政治制度、经济改革、社会意识、文化传统、法制建设等多方面的环境和因素紧密相关。有鉴于此，本研究着力从政治、经济、社会意识、文化环境四个方面确定分析框架，以探讨职业教育赋能脱贫致富政策演进的动因。

一、政治动因：职业教育是增强贫困群体获得感幸福感的重要举措

中国特色社会主义以人民为中心，为贫困群体提供支持，促其摆脱贫困实现富裕是中国特色社会主义优越性的核心内涵。在中国特色社会主义现代化建设发展中，面向贫困群体尤其是贫困劳动力，开展职业教育和技能培训，为他们融入工业化、现代化和城市化进程提供服务和支持，既是政府推进积极脱贫致富的主渠道，也是发挥社会主义制度优越性的重要举措。

---

[1]　教育部办公厅关于办好深度贫困地区职业教育助力脱贫攻坚的指导意见（教职成厅〔2019〕4号）[EB/OL].（2019-10-17）[2023-12-21]. http://www.moe.gov.cn/srcsite/A07/s7055/201910/t20191030_406100.html.

（一）为社会贫困群众提供支持是党和政府的重大承诺和基本职能

国家既是公民集体利益的代表，也是合法公共权力的主体，更是教育等公共服务的主要提供者。其中包括为社会中处境不利者提供基本的生存和发展保障。这已成为现代社会和国家的普遍共识。随着公共福利制度体系的确立和保障能力的提升，为贫困者提供就业服务成为贫困政策设计的普遍选择，为其提供就业导向的教育和培训是实现脱贫致富最有效率的方式。在2020年现有贫困人口全部脱贫的现实下，发展优质均衡的职业教育成为共同富裕进程中为低收入群体提供支持的重要方式。

（二）党和政府历来将摆脱贫困进而实现共同富裕视为努力方向

新中国成立以来，党和国家领导人始终重视贫困群众的生存和发展问题。从体现社会主义制度的优越性出发来认识贫困治理工作，高度重视并全力推进。在贫困治理工作中，始终注重发挥贫困地区群众干部的主动性、积极性和创造性，倡导自力更生、依靠自身力量摆脱贫困。将着力点放在贫困群众文化素质和生产能力提升上。随着这一认识的深入，职业教育受到越来越多的重视，发挥着越来越大的价值。随着共同富裕的推进，职业教育已上升为低收入群体进入中等收入群体的重要支撑力量。

（三）发展职业教育是党和政府实现脱贫致富目标的重要举措

新中国成立以来的贫困治理，始终注重与国家经济社会发展所需的劳动力开发相结合、与工业化和城市化的就业机会空间布局相配合，通过发展教育和促进劳动者转移就业，最终服务贫困者脱贫致富和促进国家经济社会发展。具体行动中，注重激活贫困群众的自身力量，通过发展生产和参加劳动，使其摆脱贫困进而实现自身发展，始终是党和政府扶贫开发的重要方式。在此过程中，发展职业教育尤其是面向农村劳动力开展技术技能培训，是连接贫困群众和就业市场的有效载体，是中国脱贫攻坚取得巨大成就的关键性因素。

二、经济动因：职业教育是将贫困人口转化为经济发展所需劳动力的关键

新中国成立后，既需要修复战争带来的创伤，又需要改变国家贫穷落后的

现实，在双重压力下，党和政府很快便将工作重心转移到恢复经济和国家建设发展上来。改革开放以来，党和国家始终坚持以经济建设为中心。受发展经济学影响，在发展中解决贫困问题始终是中国贫困治理的主导思想；受社会结构理论的影响，为贫困群体提供社会支持、为该群体参与社会竞争提供支持始终是中国贫困治理的一大传统。

一方面，发展经济积累物质财富为扶贫助困提供物质基础。而且伴随经济发展释放出的大量就业机会，为更多贫困人口参与社会劳动和社会竞争、创造社会财富提供了可能和机会。贫困人口参与社会劳动对应具备的能力和条件有明确的要求。职业教育正是以此为出发点，在促进贫困人口参与社会劳动中发挥自身优势。

另一方面，在经济发展中，可以为将贫困劳动力转化为现实劳动力创造条件。中国政府正是通过促进贫困劳动力就业和提升劳动力生产效率，实现贫困人口摆脱贫困的。历史表明：改革开放前侧重于提高劳动者生产效率，比如通过家庭联产承包责任制激活制度活力，实施扫盲和农村适用技术培训以提高贫困者生产效率；改革开放以来，则主要通过就地就近或转移促进贫困劳动力就业及增加收入以实现摆脱贫困的目标。

值得注意的是，贫困者从潜在劳动者向现实劳动力转化，需要通过职业教育和技术培训对贫困者进行赋权，使其在参与社会劳动中实现自我发展，进而摆脱贫困。从新中国成立初期的大规模扫盲运动、普及初等教育到党的十八大以来的普及高中阶段教育和建立终身职业技能培训制度等，均指向劳动者劳动能力的生成。在这之中，职业教育始终是重要的参与者。

三、社会动因：职业教育是贫困者实现自力更生和自主发展的教育保障

自力更生的价值主张，内在地反映出在贫困治理中的个人责任、国家责任与社会责任的平衡。基于国家责任与社会责任的不同立场和认识，形成了截然相反的社会福利及贫困治理政策。比如，美国对贫弱群体实施的社会救助属于典型的补救型福利，低标准和广覆盖是突出特征[1]；北欧国家普遍实行高税收和

---

① 张汝立，等.外国贫弱群体政策研究[M].北京：社会科学文献出版社，2019：125.

高福利政策，社会贫弱群体不仅能享受基本的物质生活保障，还能获得充分的社会支持与人生发展①。中国贫困治理逐渐从救济式和发展型向自助式和能力建设型迈进，既符合社会文化传统，又可发挥有劳动能力的贫困人口这一资源和主体优势。

（一）中国社会历来重视"扶危济困"以帮助贫困者渡过难关

从基层上看，中国社会具有明显的乡土性，在这种传统结构中，每一家以自己的地位作中心，在周围划出一个圈子，这个圈子便是街坊，街坊是生活上的互助组织。②在中华文明漫长的发展进程中，中华民族始终关注对贫困群体的救助和扶持，尤其是乡间邻里的互相帮助。"扶危济困"是中国社会的一大传统。历史上有官方的救助体系，比如，清朝末期各地相继开办工艺局，旨在收养贫民，教以工艺，通过因材施教，使贫乞者习得一技之长，并借此谋生；到1915年，中华民国颁布实施的《游民习艺所章程》将幼丐纳入救济对象，传授他们文化、职业和工作技能③。同时也有民间的互助组织，在应对战乱、自然灾害等突发事故中发挥了积极作用。在官方的救助体系中，通过帮助困难群体渡过难关、待其有能力时再行偿还的制度设计，发挥贫困者的积极力量。这一传统随着社会的进步得以强化，并显示出明显的分类管理。但重视发挥贫困者自身力量，始终是不变的主题。

（二）社会更加关注贫困者自身的责任和义务以建立可持续的贫困治理

第二次世界大战以来，在西方发达国家的福利思想影响下，中国结合自身国力、财力，积极探索社会主义福利制度建设。公众调查表明：美国人对贫困者抱有同情心，但人们并不赞同在经济上资助那些待在家里的健康成人，只认可向身心健全的人提供临时救济以帮助他们就业。④不仅如此，美国已经认识到，贫困者实现就业需要外在的支持，美国1935年出台的《社会保障法》已经明确提出政府在帮助福利接受者就业中的义务，即为贫困者就业提供支持性工作或

---

① 张汝立，等.外国贫弱群体政策研究[M].北京：社会科学文献出版社，2019：229.

② 费孝通.乡土中国 生育制度[M].北京：北京大学出版社，1998：27 .

③ 杨雅华.乞讨的法学思考：以流浪乞讨的救助与规制为中心[M].北京：法律出版社，2012：141-145.

④ 哈瑞尔·罗杰斯.美国的贫困与反贫困[M].刘杰，译.北京：中国社会科学出版社，2012：69.

服务。20世纪70年代以来，西方国家的福利制度因自身及外在的经济危机影响，陷入困境难以为继。部分西方国家进而寻求积极福利政策，注重贫困者自身的力量和责任。我国在总结新中国成立初期实施的救济扶贫经验的基础上，于20世纪80年代中期提出开发式反贫困理念，强调在国家必要支持下，依靠贫困地区干部群众自身力量摆脱贫困，尤其是通过发展经济、参与生产劳动实现自身的发展。

为实现这一目标，中国政府始终发挥政府主导作用，为困难群众提供改善生产条件的支持。其中，对贫困群众开展教育和培训就是重中之重，在不同阶段，基于贫困群众的不同实际和需要，探索提升群众文化素质、增加劳动生产知识和技能的教育和培训。随着贫困治理的深入，职业教育和培训在贫困治理中的作用愈加突显。

四、文化动因：职业教育是整合扶智与扶志的优先选项

由于多方面因素影响，贫困者面临智力开发不够和脱贫致富信心不足等多重困境。致力于脱贫致富的策略，应充分考虑贫困及低收入者自身的能力基础和摆脱贫困的具体手段，在此基础上，将强智与立志结合起来，为其实现持续发展夯实能力基础。

（一）发展教育才能拔出穷根

贫困表面上主要表现为物质上的贫乏，实质上是收入的不足，根本上是能力的欠缺。解决发展能力欠缺问题，关键在于发展教育。首先，教育改变人们落后的思想观念，改变自我认知。其次，教育赋予人们科学技术知识和参与社会劳动和竞争的知识、技能和态度，促进人们发展。最后，教育增加人们在社会中的物质和人力资本，有利于改善人们的地位，提升社会竞争力。中国历史上"家贫子读书"的说法，表明通过教育改变家庭贫困面貌是普遍的共识。"知识改变命运"是教育赋能摆脱贫困最形象最生动的体现。

中国贫困地区大多教育事业落后，群众受教育水平普遍不高，只有通过教育，才能提高外部投入的效率，才能培育内源发展动力，才能提升贫困人口参与发展机会和分享发展成果的能力，实现可持续发展。

（二）拔出穷根需要扶智和扶志的双重参与

拔掉穷根，关键在于依托教育对贫困及低收入人口进行赋能。对于具有劳动能力的贫困及低收入人口，通过教育可以赋予其两个方面的权能：一是赋予贫困人口改变自身不利处境的能力。这一能力表现为知识、技术或技能，即"智"，从教育服务于人成为社会人、参与社会劳动获得社会认可这一角度看，任何教育的最终目标都是服务于促进个体的就业，即面向劳动世界的教育。二是赋予贫困人口改善自我认知的能力，即"志"。这一能力通常表现为：基于科学自我认知的自信、基于自我接纳的乐观、基于积极预期的开朗、基于积极行动的自我效能感。从教育服务于人的发展、提升个人追求幸福生活的能力这一角度看，对于贫困人口，教育需要对其注入内生力量，改善其认知，提升其追求幸福生活的能力。

（三）职业教育有利于构建摆脱贫困的阶梯

如何增强贫困人口认知能力以形塑脱贫发展的信心，始终是贫困治理中的重大难题。具体而言，贫困及低收入群体面临着知识基础薄弱、提升认知水平难、自我认知有偏差、提升自信难度大等挑战。在智力基础较为薄弱、信息较为匮乏的条件下，促其摆脱困境无疑极具挑战性。职业教育与培训拥有多样性、灵活性、模块化和短期项目以及与劳动市场关联紧密等优势，能更好地服务于弱势群体，是解决失业问题的基础。[1]简言之，依托职业教育开发指向就业的技能，有利于搭建面向贫困及低收入人口脱贫致富的阶梯。

首先，职业教育面向劳动生产，面向日常生活，强调多元智能发展，有利于创造更加多元、更为多样的成长成才渠道。与普通教育更多专注于学科知识、数理逻辑等学术技能的开发相比，职业教育更为专注于某一领域的专业知识、职业能力和工作技能培养，可以为那些出于各种原因，学术技能一般但具有职业技能专长的学生发挥其技能优势提供教育支撑和能力保障，进而促进他们实现就业。

其次，职业教育关注学习者多方面的发展，尤其是实际动手能力的发展，

---

[1] 杰克·基廷，艾略特·梅德奇，维罗妮卡·沃尔科夫，等.变革的影响：九国职业教育和培训体系比较研究[M].杨蕊竹，译.北京：首都经济贸易大学出版社，2016：20.

为学习者搭建更加宽广的成功通道。其通过多种主体的参与，搭建面向劳动和工作的通道，能将贫困人口导向工作世界，使其获得社会认可，为其真正走向社会、走向独立提供诸多支持。

第四节　职业教育赋能脱贫致富政策的治理逻辑

从新中国成立以来职业教育赋能脱贫致富政策的演进可以看出：贫困治理是在国家总体平稳较快发展的背景下推进的，职业教育赋能脱贫致富嵌入国家发展战略之中，职业教育赋能脱贫致富始终重视贫困及低收入者能力开发，职业教育对贫困及低收入者能力开发体系不断完善，职业教育赋能脱贫致富更加关注终身服务和能力发展，职业教育助力贫困治理更加注重从政策治理向法制治理转变。

一、与国家贫困治理总体战略目标统一

新中国成立之初，国家经济工作的重点是通过社会主义改造和社会主义建设，尽快改变新中国普遍面临的贫穷落后的面貌。此时的主要策略是，发展工商业和农业生产。教育的主要职能和任务在于，普及初等教育和扫除青壮年文盲，以此提高群众文化素质和劳动生产知识水平，进而促进农业生产发展，解决普遍面临的温饱问题。此时，职业教育主要面向工农兵开展实用技术培训，促进劳动生产，从而间接服务于减轻贫困程度，服务于共同富裕的伟大梦想。

改革开放以来，围绕发展社会主义市场经济和实施"三步走"发展战略，秉持面向农村农业发展所需加大农业科技推广力度、开展实用技术培训，面向农村富余劳动力尤其是贫困劳动力转移就业所需开展技能培训的总体思路。加强对贫困地区贫困群众的教育和培训，确立了"加大贫困地区智力投资"的总方向，坚持面向贫困地区开展成人培训、发展县域职中，促进贫困者生产增收或转移增收，基本形成面向贫困地区农村培养开发山区人才的职业教育赋能脱贫致富模式。

进入21世纪以来，围绕社会主义现代化建设和加快区域协调发展的总体设计，以贫困县为重点，重点解决温饱问题。结合贫困人口实际和经济持续快速

发展需要，以转移就业和发展生产为重点，着力展开农村实用技术和转移劳动力技能培训，构建了多种途径助力解决温饱问题的职业教育赋能脱贫致富模式。其中的"阳光工程"和"雨露计划"是典型代表，标志着学历教育与非学历培训统筹促进脱贫致富模式的形成。

党的十八大以来，围绕全面建成小康社会和如期实现脱贫攻坚目标的需要，再次聚焦尚未解决温饱问题的贫困人口，以"两不愁三保障"为标准，发挥职业教育功能和作用，助力脱贫攻坚目标的实现。这一阶段，主要通过学历职业教育对贫困家庭新成长劳动力的全覆盖、非学历职业技能培训对成人的全覆盖，进而构建基于精准识别的贫困人口职业教育支持全覆盖。在此基础上，对贫困人口接受职业教育进行精准培养、精准资助、精准就业支持。

二、嵌入国家经济持续高速发展

职业教育赋能脱贫致富之所以取得成功，与中国经济持续快速发展所创造的就业机会紧密联系。一方面，职业教育具有面向和服务经济发展的内在特性；另一方面，经济发展对职业教育提出人才需求。新中国成立后，党和政府始终将经济建设摆在重要位置，尤其是党的十一届三中全会后，牢牢确立了以经济建设为中心的总基调。此后的中国经济持续了四十多年的高速运行，创造出世界经济发展中的一大奇迹。

持续快速的经济发展创造出数量巨大的就业岗位，客观上为贫困劳动力参与经济建设提供了就业机会；经济结构出现重大变化，即第一产业呈现下降趋势且释放出越来越多的富余劳动力，第二、三产业获得了持续发展且吸收了越来越多的劳动力就业。为此，必须面对的问题是：如何为新出现的就业岗位提供合格劳动力？面对新的形势，如何推动反贫困工作？

面对经济快速发展的人才需求和贫困人口脱贫致富的现实需求，职业教育通过两个方面的策略加以应对：一是于1985年制定《中共中央关于教育体制改革的决定》，对中等教育的结构进行宏观调整，即高中阶段教育普通高中和职业教育大体相当，奠定了中等教育发展的方向，也为国家经济发展培养了大批实用技术人才。而从通过经济发展缓解贫困的角度看，该政策为中国经济高速发展进而减轻贫困培养了数量庞大的技能劳动者，贡献了自身的力量。二是积极发展面向脱贫致富的职业教育。其主要举措是发展学校职业教育和面向农村发展开展实用技术培训、推广农业科学技术，面向贫困劳动力转移需求开展技能培训。国家通过创新职业教育发展模式，为经济持续快速发展提供人才保障，融入国家经济发展战略，为贫困及低收入人口脱贫致富提供教育保障和技能支持。

三、注重面向职业促进就业的能力开发建设

20世纪80年代中期开展大规模摆脱贫困的行动计划以来，面对区域整体性贫困，国家将贫困地区资源开发视为首要原则；针对有劳动能力的贫困者，则注重发挥贫困者自身力量，倡导自力更生、依靠贫困群众自身力量摆脱贫困。换句话说，中国政府一直高度重视贫困地区的潜能和贫困群众的能力开发，以开发式贫困治理理念为指导，注重国家投入和贫困地区群众干部内在力量的有机结合。

在激发贫困群众自身力量方面，职业教育始终发挥着重要作用。在社会主义改造和建设时期，在扫除青壮年文盲的过程中，通过将劳动生产知识和技术与普及科学文化知识结合起来，为科学文化水平极低的劳动群众增加科学文化知识尤其是劳动生产知识贡献了力量。这与当时劳动群众文化基础普遍薄弱、国家教育基础能力有限、职业教育极其落后密切相关。在改革开放中，通过面向贫困地区发展学历职业教育培养贫困家庭劳动力，以及面向成人贫困劳动力发展职业教育，为他们发展生产和转移就业提供有力支持。21世纪以来，在中等教育基本普及的基础上，通过引导贫困家庭子女就读中等职业教育并给予经济资助，帮助他们通过就业实现脱贫致富；同时为成人贫困劳动力提供技能培训支持，并促进他们向就业岗位过渡。党的十八大以来，将"教育优先发展"作为贫困治理的重要原则，出台教育和职业教育参与贫困治理的专项政策，构建系统化的职业教育赋能贫困治理的政策体系。

综上可知，注重贫困群体的能力开发是中国贫困治理中始终如一的基本理念。职业教育是支撑贫困者能力发展的最基本和最主要渠道。这既是在国家教育基础上的现实选择，也是国家以经济发展为主导的内在需要，更是将贫困者转化为经济发展的有效参与者的必然选择。

四、适时优化职业教育赋能脱贫致富的实施方式

对贫困者能力开发的方式方法随着职业教育的发展而愈益丰富。新中国成立之初，主要通过职业教育特色并不明显的短期培训，将与劳动生产相关的内容与扫盲运动结合起来，无论形式还是内容都极为简单。随着改革开放的深入，面向脱贫致富的职业教育，从短期培训向学历职业教育延伸；面向脱贫致富的学历职业教育从限于贫困地区向全国范围的空间拓展。进入21世纪以来，学历职业教育所占比重明显增加，而非学历短期培训进一步细化，即除了面向农业农村的实用技术培训，还开拓了面向城市就业的技能培训。党的十八大以来，学历职业教育实现了贫困对象的全覆盖，非学历技能培训在贫困地区实现了向农村劳动力的覆盖，在服务面向上有了进一步的拓展。

值得一提的是，除了构建起面向贫困者的完整、规范、协同的职业教育赋能脱贫致富的体系，还呈现出中国特色职业教育参与贫困治理的特色，其至少体现为：其一，党和政府将职业教育纳入贫困治理体系，着力健全完善制度保障；第二，将区域协调发展与跨区域贫困治理统筹实施，创造出职业教育东西协作的典型模式；第三，将区域职业教育统筹纳入贫困治理范围，形成了国家示范校、国家重点校"对口帮扶"省内的薄弱学校的区域内循环带动模式。

本章小结

新中国成立以来，职业教育赋能脱贫致富的政策经历了六个阶段的发展演进。各阶段的政策在政策对象、政策工具和政策目标上各有侧重，然而，职业教育始终立足国家贫困治理的实际，面向贫困地区或贫困群体开展职业教育和技能培训，提升贫困群体劳动生产能力，促进劳动生产和转移就业，服务于增收脱贫致富目标的实现。背后的动因可归纳为四个方面：一是政治上把职业教育视为增强贫困群体获得感幸福感的重要举措，二是经济上把职业教育视为将贫困人口转化为经济发展所需劳动力的载体，三是政策上把职业教育视为贫困者实现自力更生和自主发展的教育保障，四是文化教育上把职业教育视为面向

贫困者有效整合扶智与扶志的优先选项。政策治理的基本逻辑表现为，与国家贫困治理战略目标内在统一、融入国家持续高速的经济发展、始终注重贫困者面向就业的能力开发及适时优化脱贫致富的实现方式。

第四章

职业教育赋能弱势群体发展的国际经验

为各类社会弱势群体提供面向职业的职业教育和技能培训并非个别情况，而是当今世界各国促进社会弱势群体发展的普遍选择，成为政府面向社会弱势群体发展的重要制度安排。为更好地学习借鉴主要国际组织的经验，本章以职业教育赋能弱势群体发展的主要实践、作用机理、实现路径等为主题，对主要国际组织展开比较分析。在借鉴现有分析思路和研究成果的基础上，选择长期以来关注发展中国家弱势群体发展并在职业教育领域展开行动的三个国际组织进行分析。分析依循"认识论—方法论—实践论"的思路，旨在揭示组织层面对职业教育赋能弱势群体内在机理的理解和认识、主要行动和具体路径，为深化中国职业教育赋能脱贫致富提供有益经验。

第一节　国际劳工组织职业教育赋能弱势群体发展的经验

国际劳工组织是全球劳工领域的专业化组织，专注于劳动世界的专业知识创造与分享、技术服务与援助提供，致力于促进就业、提高劳动者的生活水平、增进劳资双方彼此理解与互相合作、扩大社会保护范围、保障工人生活水平与健康。国际劳工组织为实现组织目标，借助于国际劳工立法、制订国际公约、提出建议书、提供援助、展开技术合作，促进社会正义这一组织使命的最终达成。[①]

---

① The ILO's Strategic Plan for 2018–2021[EB/OL].（2016-10-21）[2023-12-21]. https://www.ilo.org/gb/GBSessions/previous-sessions/GB328/pfa/WCMS_533187/lang--en/index.htm.

国际劳工组织立足自身使命和优势，以促进就业为主线，以构建体面就业的支持性环境（supporting surround）为重点，以提高劳动者生活质量和促进社会正义为目标，减少贫困，实现社会和谐。

一、国际劳工组织使命与弱势群体发展

国际劳工组织一直专注于促进体面就业和提升生活质量。在《2030年可持续发展议程》引领下，其将促进弱势群体发展融入组织发展战略，并发挥其在劳动世界的专业影响力和在国际劳工界的政策号召力，通过系列举措，在促进弱势群体发展中发挥着积极而重要的功能和引领作用。

（一）组织使命与贫困治理理念

1944年通过的《关于国际劳工组织的目标和宗旨的宣言》开篇便明确：任何地方的贫困都会对该地的繁荣构成威胁，反贫困的斗争需要各国在国内坚持不懈地进行，更离不开国际社会持续一致的努力[①]。该宣言进一步指出，为实现消除贫困的使命，国际劳工组织实施以下系列举措：一是促进充分就业，提高生活质量和标准；二是使工人在最能发挥他们技能与才能的岗位上工作，为增进社会福利发挥最大的作用；三是为实现上述目的，在各方相关者得到保障的情况下，提供培训支持，提供包括易地就业、易地居住在内的迁移和劳动力流动方面的便利；四是在工资收入、工作时间和其他工作条件方面，新制定的政策应能保证将发展带来的成果公平地分配给所有人，为所有就业者和需要社会保护的人提供维持最低生活的工资保障；五是承认集体谈判的权利，加强劳资双方在持续提高生产力、制定实施社会经济措施方面的合作；六是增加社会保障措施，确保需要保护的人获得基本的收入保障和完善的医疗保障；七是面向所有行业工人提供充分和有效的生命健康保护；八是提供面向儿童的福利保障和基本的生育保障服务；九是面向劳动者提供充分的营养保障、基本住宅和精神文化消费设施；十是保证受教育机会和职业机会真正均等。

---

① 国际劳工组织章程和国际劳工大会议事规则（2012年）[EB/OL].（2018-12-01）[2023-12-21].
https://www.ilo.org/wcmsp5/groups/public/---ed_norm/---relconf/documents/meetingdocument/
wcms_652215.pdf.

基于该组织使命的基本内容，可以具体整合成图4-1，以简明扼要地表明：国际劳工组织以全体劳动者为服务对象，通过系列举措促进劳动世界的公平公正，实现促进充分就业和提高生活标准的目标。为此面向劳动者提供一系列的保障和服务措施，在这一系列的措施中，职业教育发挥着将各种措施衔接起来的关键作用，而且促进各种措施更有效地发挥作用。比如，该组织将提供培训和劳动力移动的便利、保证受教育机会和职业机会均等作为重点举措，而这些措施直指职业教育，为其他措施的持续实施提供了基本的保障条件。

图4-1　国际劳工组织贫困治理的认识论及理念

（二）组织战略与贫困治理政策

1944年国际劳工大会通过的《关于国际劳工组织的目标和宗旨的宣言》为各国政府展开消除任何形式的贫困行动提供了明确的依据和合法的基础。自此以后，国际劳工组织的这种承诺已转化为政策咨询、标准制定、研究和数据收集以及在穷国和富国消除贫穷的具体技术援助方案。[①] 在《2030年可持续发展议程》下，《国际劳工组织2018—2021年战略计划》重申"显著提高国际劳工组织覆盖

---

① Decent Work, the Key to Poverty Reduction [EB/OL]. （2015-08-27）[2023-12-21]. https://www.ilo.org/global/topics/poverty/WCMS_396219/lang--en/index.htm.

那些劳动世界中最脆弱、最弱势群体，包括处于贫困中的人群、受到冲突和脆弱形势影响的人群以及基本权利和自由遭到恶劣侵犯的人群的能力以及解决其需求的能力"[1]，反映出国际劳工组织在贫困治理领域的基本理念和重点领域。

首先，明确功能定位。作为联合国《2030年可持续发展议程》的重要实施者，国际劳工组织在反贫困方面的目标与联合国设定的2030年消除一切形式的贫困这一总体目标是内在一致的。在如何消除贫困这一问题上，该组织倡导通过促进体面就业、推动创业解决社会弱势群体的贫困问题。这一定位富有前瞻性，也可以更好地发挥该组织的资源优势、组织优势和经验优势。实际上，这一定位对于发达国家的相对贫困治理及发展中国家贫困治理的转型均具有重要启示意义。

其次，明确服务对象。一直以来，尽管国际劳工组织始终致力于面向全体劳动者，提供有关体面就业和创业的专业性服务，然而，就贫困治理领域而言，国际劳工组织具有明确的对象定位，即以青年未就业群体、妇女劳动群体、低技能低收入群体、失业群体等为代表的那些在劳动世界中最为脆弱和处境最为不利的弱势群体。针对这些弱势群体，国际劳工组织将促进他们的就业视为应优先解决的社会发展问题，从而实现促进社会公平公正的组织使命。

最后，可行的实现路径。一方面，国际劳工组织将提高那些劳动世界中处境最不利和最弱势的劳工的能力视为其贫困治理的目标，具有根本性和长远性；另一方面，将为这些群体提供基于能力发展的支持视为实现组织目标的重要路径，从而实现可持续和高质量的贫困治理。需要强调的是，这一路径既能反映当今贫困治理的新趋向和新理念，又能发挥该组织的优势和特点，在弱势群体和就业岗位之间架起桥梁，而连通桥梁的便是职业能力和岗位技能。

二、国际劳工组织职业教育赋能弱势群体发展的主要行动

国际劳工组织发展和咨询工作的一个主要领域是，将消除贫困与促进就业有机融合、协同谋划和同步推进。国际劳工组织主张，促进劳动者通过生产性就业摆脱贫困是最佳途径，也是最具持续性和影响力的途径。国际劳工组织在国家层面推行减贫战略行动的一个主要领域是，赋予各国政府和社会伙伴权利，

[1]　The ILO's Strategic Plan for 2018–2021[EB/OL].（2016-10-21）[2023-12-21]. https://www.ilo.org/gb/GBSessions/previous-sessions/GB328/pfa/WCMS_533187/lang--en/index.htm.

以便将更好的就业目标和指标纳入低收入国家的这些总体国家框架。通过开发综合工具、政策咨询服务和能力建设倡议以及制定和审查减贫战略，促进将就业战略和体面工作目标更好地纳入新一代的减贫战略①，这已成为国际劳工组织贫困治理的一个新趋势。

（一）实施面向非正规经济促进就业以减贫的综合项目②

非正规经济、贫困与就业项目是该组织在柬埔寨、蒙古国和泰国等实施的次区域项目。该项目旨在通过提高非正规经济中男女体面工作的机会和质量，以实现其更广泛的减贫目标，具体内容如下：

一是从方式看，该项目所使用的主要方式有提升组织权、代表权和发言权，提高生产力和市场准入、减少脆弱性，以为非正规经济（informal economy）以及非正规经济工人和经营者提供体面工作的综合方法。该项目通过国际劳工组织的成员和从事非正规经济工作的其他非政府组织和社区组织加以实施。该项目直接的接受者为国际劳工组织成员和其他利益相关者，包括非正规经济工人和雇主。从这一点上看，其目标定位于宽泛的而非精确的群体。然而，从最终的受益者看，是非正规经济中的贫困男女，其中包括年轻人和残疾工人，具有明确而具体的指向。

二是从目标看，该项目的近期目标主要包括以下方面：提高国际劳工组织成员和主要利益相关方制定、执行、监测和评估非正规经济的政策、方案和项目的意识和能力；通过保障他们的权利、发言权和代表权，促进有利的环境形成，提高非正规经济工人和雇主的能力，使他们能够从事体面的生产性工作；通过提升非正规经济的代表性和话语权的活动，以及提高生产力和扩大市场准入的可复制试点项目，增加受益者的收入；确定并实施具体措施，通过代表性组织改善对非正规经济工人和雇主的社会保护；作为国际劳工组织非正规经济全球方案的一部分，促进对从试点项目中吸取的经验教训和良好做法的推广。以该组织在蒙古国实施的项目为例，项目从分析该国的非正规经济的发展状况

---

① Poverty Reduction Strategies [EB/OL].[2023-12-21]. https://www.ilo.org/emppolicy/areas/poverty-reduction-strategies/lang--en/index.htm.

② Informal Economy, Poverty and Employment: an Integrated Approach [EB/OL].[2023-12-21]. https://www.ilo.org/beijing/what-we-do/projects/WCMS_142302/lang--en/index.htm.

为起点。非正规经济是蒙古国向市场经济转轨过程中出现的一种新现象，基本情况见表4-1。

表4-1　蒙古国非正规经济状况及发展机遇和挑战

非正规经济从业人员状况	非正规经济、贫困和就业项目挑战和机遇
■12.6万人从事非正规经济 ■主要活动为零售贸易、服务业、金融服务业、制造业、运输业、手工采矿业领域 ■44.9%的非正规经济就业人员从事服务业，34.9%就业于制造和贸易部门 ■55.2%为男性，44.8%为女性，64%为20～40岁人群 ■11.5万名残疾人中，4%在非正规经济部门工作，90%失业 ■98.9%的打工子弟是个体经营者 ■70.9%为城市人口，29.1%为农村人口，城乡人口大量迁移（乌兰巴托人口的1/3是移民） ■70.5%的人受教育程度高于完全中学水平	■劳工组织与蒙古国在以往倡议基础上的合作 ■国家和社会伙伴的强大存在和高识字率为转型所需和新的治理领域的能力建设提供了良好的起点 ■私营部门的参与者虽然较少，但仍在努力确定和支持/加强代表性组织 ■私营部门：需要支持和接受微型经济主体 ■强烈的内部迁移模式引发非正规经济的兴起

从表4-1中可以看出，蒙古国非正规经济从业人员至少具有以下几个特征：第一，主要集中于服务业和制造、贸易部门；第二，残疾人几乎没有在非正规经济部门就业，而处于失业状态；第三，超过2/3的非正规经济部门从业人员具有完全中学的学历水平。不难看出，非正规经济部门具有重要的作用。另外，随着乡村人口向城市的移动，职业教育在移动人口就业中将发挥更加重要的作用。

（二）借助职业教育和培训开发低收入人口的人力资本

国际劳工组织将促进社会公平视为组织使命和目标，促进社会公平的关键在于体面就业。该组织在促进全球可持续发展视野下，审视自身功能定位和具体行动。就贫困治理领域而言，着眼于体面就业机会的提供，并将其与贫困人口连接起来。在这一思想指引下，在行动层面，开展针对贫困人口的教育和培训项目，并将其推广到该组织的成员中。为将贫困人口过渡到体面就业岗位上，国际劳工组织发挥自身在专业知识、发展咨询、全球倡议等方面的优势，引领包容性和可持续发展趋势，通过高质量就业以实现消除贫困的目标。

首先，开发针对贫困人口的教育和培训项目，并依托组织运作机制和网络体系向组织成员全面推广，以此开发贫困人口的人力资本，为其参与社会劳动提供基础条件。在这一方面，国际劳工组织因长期关注特殊群体（比如青年、女性、残疾人等）与劳动世界的研究而具有得天独厚的实践基础和经验优势。

其次，注重教育和培训项目与经济发展的适应性。基于工作世界变化性的事实，国际劳工组织从劳动者应对劳动世界的需要这一视角出发，强调人力资本开发的重要性。尤其倡导各成员根据自身经济发展水平，开发与其经济发展相适应的人力资本，最大限度地实现技能培训与需求相匹配，而且确保贫困人口获得的技能适应市场需要。这具有鲜明的贫困者的立场和视角。

最后，倡导开发贫困人口人力资本是有效治理贫困的基础性条件。国际劳工组织认为，体面就业是摆脱贫困的最有效方式，实现这一方式的基本前提在于，贫困人口具有参与劳动的基础性条件，即具备面向工作世界的知识和技能。在知识经济时代，这一基础性条件表征为人力资本，其是贫困人口摆脱贫困进而迈向发展之路的条件，更是获得体面工作的基础要素。

（三）依托职业教育和培训促进体面就业和创业

通常情况下，打破贫困循环大多会涉及充分就业和体面工作，这一直是国际劳工组织方针的一个主要方向。有证据表明，体面的生产性工作、可持续的企业和经济转型在减轻贫困方面发挥着关键作用。[①]而职业教育和培训是将劳动者尤其是贫困人口整合到体面工作、可持续经济发展、企业转型和工作变化中的优先选项。一方面，经济转型中的体面就业离不开职业教育和培训的参与和赋权。体面就业与经济转型密切相关，即经济转型必然引发就业环境的变化，在此背景之下，体面就业的内涵、标准及其对劳动者的素质和能力要求也将有所不同。随着科学进步和技术发展，经济转型中对劳动者的技能结构要求通常更加复杂，而技能层次也逐渐提高，客观上需要职业教育和培训赋予贫困人口体面就业的能量。另一方面，可持续的企业更可能提供稳定和体面的就业机会，而贫困人口获得这些机会离不开优质的职业教育和培训的支撑。国际劳工组织倡导为贫困劳动力提供保障其生存和发展的工作机会，实现这一倡议的关键在于企业的可持续发展和贫困劳动力的有效人力资本储备和增值。如此既可以发挥贫困劳动力在反贫困中的积极作用，又可以为企业的持续发展提供有力的人

---

① Decent Work, the Key to Poverty Reduction [EB/OL].（2015-08-27）[2023-12-21]. https://www.ilo.org/global/topics/poverty/WCMS_396219/lang--en/index.htm.

力支持。此外，贫困劳动力获得和适应体面的生产性工作，需要职业教育和培训的保障。贫困人口通常缺乏足够的胜任有技术要求、有收入保障的工作的能力，主要原因在于教育和培训服务的不足。为此，国际劳工组织设计针对贫困者的培训项目，以将贫困劳动力纳入体面就业保障范畴，为其适应持续变化的工作提供能力支撑。

三、国际劳工组织职业教育赋能弱势群体发展的基本特征

在技术创新、人口变化、气候变化和全球化推动下，工作世界发生着实质性变革，其对工作的性质和未来，以及人们在其中的地位和尊严产生了深刻影响。《国际劳工组织百年宣言》指明了前进的道路，即创造一个公平、包容和安全的工作未来，为所有人提供充分、生产性和自由选择的就业机会和体面的工作，为此应尽快采取行动，抓住机遇，应对挑战。[1]

（一）以人为中心，强调职业教育和培训主动适应低收入者需求

国际劳工组织注重以人为中心的发展，将贫困劳动力视为反贫困的积极力量和推动因素，始终注重发挥贫困劳动力的自身力量。与此同时，在提供政策倡议和咨询指导时，注重职业教育和培训与当地经济社会发展相适应。具体而言，将贫困劳动力的优势和力量转化为参与体面就业的能力，以此提高生活质量，并在这一过程中实现发展。从根本上将贫困者整合到地方经济发展之中，以为其摆脱贫困提供坚实有力的机会保障。

（二）整合职业教育与创业教育，以实现低收入者的可持续发展

从发展中国家体面就业的实现途径看，创办自己的微型企业是一种重要的方式。而很多就业机会也是由这些创业者创办的企业的持续发展提供的，这一趋势在当今更加明显，尤其在经济快速增长的发展中国家。为此，国际劳工组织将创业教育纳入职业教育和培训项目，倡导发展中国家以创业促体面就业，并提供更多的体面就业机会，着力于提供高质量的就业机会，以实现低收入者的可持续发展。

---

[1]　Five Questions about the ILO Centenary Declaration [EB/OL]. (2019-07-01) [2023-12-21]. https://www.ilo.org/global/about-the-ilo/newsroom/news/WCMS_712047/lang--en/index.htm.

（三）关注非正规就业机会在减轻贫困和促进发展方面的作用

非正规就业是国际劳工组织始终关注的焦点，其在促进弱势群体发展中发挥着关键性作用，更是低收入群体主要的就业去向和就业机会。从就业机会看，非正规就业是劳动力实现就业的主渠道，在低收入群体中更是如此。比如，蒙古国11.5万名残疾人中，4%在非正规经济部门工作，90%失业。[①]从弱势群体发展的路径看，弱势群体中的劳动力更可能通过非正规就业改变不利处境而实现发展。而从各国贫困治理的实践看，鼓励贫困劳动力通过创业增强贫困治理的持续性和提高贫困治理的质量，充分体现出国际劳工组织高标准的贫困治理理念之下的治理路径的优化。

四、国际劳工组织职业教育赋能弱势群体发展的内在机理

为迈向一个公正和可持续的未来，国际劳工组织倡导采取"以人为中心的方式对未来进行投资"[②]，这意味着投资于将来的就业、技能形成和社会保障。这为国际劳工组织赋能弱势群体发展的实践提供了理论基础和实践依据。图4-2显示，国际劳工组织将促进体面就业和提高生活质量作为赋能弱势群体发展的目标，这一目标具有促进弱势群体实现富裕的价值追求。

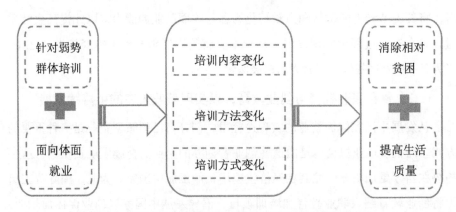

图4-2　国际劳工组织职业教育赋能弱势群体发展的机理

---

① Informal Economy, Poverty and Employment: an Integrated Approach [EB/OL]. [2023-12-21]. https://www.ilo.org/beijing/what-we-do/projects/WCMS_142302/lang--en/index.htm.

② Five Questions about the ILO Centenary Declaration [EB/OL].（2019-07-01）[2023-12-21]. https://www.ilo.org/global/about-the-ilo/newsroom/news/WCMS_712047/lang--en/index.htm.

（一）逻辑起点：针对低收入劳动力开展职业教育和培训以促进体面就业

从现有组织贫困治理的政策工具看，国际劳工组织并非唯一将职业教育和培训视为赋能弱势群体发展政策工具的国际组织。然而，将促进体面就业和提高生活质量作为贫困治理的目标，却是由该组织率先提出并实施的。而在多年的实践中，国际劳工组织正是遵循这一目标前行的，并将针对低收入人口开展教育和培训与促进体面就业有机关联起来。从该组织所实施的相关项目的设计意图来看，职业教育和培训始终是其贫困治理具体行动的逻辑起点，并在其成员中推广实施。值得注意的是，在具体实施中，该组织十分重视职业教育和培训与地方经济发展的适应性，反映出对地方现实的关切。

（二）关键环节：培训内容、方法、方式同步变革以应对工作世界的变化

面对持续变化的劳动世界提出的新要求和新挑战，国际劳工组织坚持教育和培训适应就业市场需求的原则，以实现教育和技能培训与需求的有效匹配。为实现这一原则，国际劳工组织立足体面就业的需要，推动培训内容、培训方法、培训方式同步变革。这一举措为教育和培训适应就业市场需求提供了基本保障，呈现出该组织始终注重劳动力和劳动力市场衔接的历史传统。

（三）根本目标：促进低收入群体体面就业以提高生活质量和持续发展

国际劳工组织将组织使命融入促进弱势群体发展的行动。具体而言，提出促进体面就业和提高生活质量的行动目标，这一目标的实现过程，同时是消除绝对贫困与缓解相对贫困的过程。更为关键的是，低收入者的能力在促进弱势群体体面就业的过程中得到实质性提高，其使得低收入者具备依靠自身力量摆脱不利处境的能力，形成可持续发展的鲜明特征。这在世界范围内堪称典范，极富前瞻性，对于赋能弱势群体发展的实践具有借鉴启示意义。

五、国际劳工组织职业教育赋能弱势群体发展的实现路径

国际劳工组织不仅有职业教育反贫困这一清晰的目标定位，更致力于将其

转化为具体的行动方案。为确保方案得以实现，应明确具体实施路径，以为各国实施职业教育反贫困提供可资借鉴的实践指导原则。

（一）将贫困者自身发展视为促进就业和减轻贫困的中心

其一，贫困者是实现就业进而减轻贫困的关键主体和重要力量。首先，国际劳工组织倡导贫困者是摆脱贫困的重要力量，并通过为贫困劳动力提供教育和培训项目以提升其摆脱贫困的能力。其次，强调贫困者体面就业是摆脱贫困的基本前提，并为实现这一目标提供优质的教育和培训支持。最后，通过政策倡议创造体面就业机会，以此搭建贫困者和就业岗位之间的桥梁，并通过这一桥梁实现摆脱贫困的目标。

其二，贫困者能力发展是实现就业和减轻贫困的支点。首先，贫困者实现就业是基于能力的提升，为此提供教育和培训服务是逻辑起点。其次，贫困者摆脱贫困是其能力发展和运用能力的结果，体面就业是其能力发挥的重要载体。最后，贫困者摆脱贫困后的能力发展是其可持续发展进而防止返贫的重要支点，但需要持续的教育和培训支撑。

（二）将促进贫困者就业和体面就业视为反贫困的基本手段

国际劳工组织从最终的目标出发，展开逆向的推理，为促进就业和体面就业的实现，需要为贫困劳动者提供教育和培训的支持，进而将贫困者与就业连接在一起。其可以描述为：面向贫困者→提供职业教育和培训服务→促进就业和体面就业。事实上，联合国教科文组织则侧重于教育系统，旨在为青年人和成年人在经济和社会生活的各个部门以及终身学习做好准备；与之相比，国际劳工组织重点处理与劳动力市场、就业政策、培训和终身学习有关的方面，以提高贫困者的就业能力和生产力。[1]

（三）向利益相关方提供专业的技术方案及支持服务

国际劳工组织主要采取以下策略实现减贫的目标：一是提高向成员提供高质量服务的能力；二是提高其覆盖那些劳动世界中最脆弱、最弱势群体，包括处于贫困中的人群、受到冲击和脆弱形势影响的人群以及基本权利和自由遭到

---

① ILO and UNESCO Reconfirm Commitment to Joint Work in New Agreement [EB/OL]. （2014-07-15） [2023-12-21]. https://www.ilo.org/moscow/news/WCMS_327543/lang--en/index.htm.

恶劣侵犯的人群的能力以及解决其需求的能力；三是积极推进社会正义的实施，通过一整套强劲有力和密切相关的国际劳工标准体系来维持和强化规范职能；四是加强作为知识领袖的角色，深化对劳动世界转型变革的理解，提高有效应对新出现的主要问题的能力，成为在劳动统计、研究、知识管理以及在相关领域的政策制定方面的全球卓越中心；五是通过支持成员的发展战略，成为实施《2030年可持续发展议程》的行为主体；在相关国家、地区和国际舞台上成为促进体面劳动的有力宣传者、行动者和伙伴；六是提高其作为一个讲实效和重效率组织的履职能力，从而高效地利用所获得的各种资源并向其成员提供有价值的服务。

第二节　联合国教科文组织职业教育赋能弱势群体发展的经验

联合国教科文组织倡导教育和培训是实现《2030年可持续发展议程》的核心[①]，致力于开发和提升青年和成年人面向就业、工作和创业所需的技能，以此促进公平、包容和经济的可持续增长；发挥职业技术教育和培训在经济、社会、环境等多方面的功能，支持经济向绿色、环境向可持续发展过渡，以在其中实现反贫困的功能。

一、联合国教科文组织属性与弱势群体发展

组织目标是其存在的基本前提，组织行动的终极价值追求始终与组织的目标保持高度统一和内在一致。为此，考察联合国教科文组织职业教育赋能弱势群体发展，应以组织属性为基本的切入点。

（一）组织属性[②]

联合国教科文组织是各国政府间商讨教育、科学和文化问题的国际组织，也是向联合国经济及社会理事会报告工作的专门机构之一。该组织致力于通过

① UNESCO. Strategy for Technical and Vocational Education and Training (TVET) (2016—2021) [EB/OL]. （2016-07-08）[2023-12-21]. https://en.unesco.org/sites/default/files/tvet.pdf.

② UNESCO in brief [EB/OL].[2023-12-21]. https://en.unesco.org/about-us/introducing-unesco.

教育、科学及文化促进各国之间的合作，增进各国人民的相互了解，维护世界和平。该组织主要发挥以下五个方面的职能：（1）展开前瞻性的研究，重点关注于明天的世界需要什么样的教育、科学、文化和传播；（2）通过研究、培训和教学促进知识发展、传播与交流；（3）起草、通过国际文件和法律建议以发挥制订准则的功能；（4）以技术合作的形式提供知识和技术服务，为会员国的发展政策和发展计划的制定提供服务；（5）旨在促进知识和经验分享的专门化的信息交流。联合国教科文组织专注于文化、教育、自然科学、社会科学与人文科学、通信与信息领域，以发挥专业性引领作用[①]。教育领域的计划致力于实现各个阶段（包括学前教育、初等教育、青年和成人教育阶段等）均能衔接终身的全民教育目标。具体而言，主张加强幼儿阶段的教育和关注，面向全体公民普及初级教育，面向年轻人和成年人增加其受教育的机会，力争成年文盲的比例减少一半并实现性别平等，全面改善教育质量，最终使每个儿童和公民都能接受高质量的教育。

（二）职业教育贫困治理的认识论基础

在技术和职业教育与培训方面，联合国教科文组织致力于确保所有人都能获得高质量的技能培训和发展。该组织内设的职业技术教育和培训国际中心（UNEVOC），是该组织在职业技术教育和培训领域的专门研究机构，以促进所有人平等地获得高质量的技术和职业教育与培训为目标[②]，是通过职业技术教育和培训促进实现联合国目标的唯一组织，服务于联合国促进和平、减贫和可持续发展的总体战略。作为该组织指定的机构，职业技术教育和培训国际中心支持联合国教科文组织成员加强和更新其各自的TVET系统。确定职业技术培训的重点在于，为获取工作领域的知识和技能提供支撑，促进青年和成年人发展面向就业、体面工作和创业的技能，支持经济持续增长。[③]

由上述可知，联合国教科文组织对贫困治理的认识是广义的，即面向所有

① What We Do [EB/OL].[2023-12-21].https://www.worldbank.org/en/about/what-we-do.

② Access to Quality TVET for All [EB/OL].[2023-12-21]. https://unevoc.unesco.org/home/Equity+and+gender+equality.

③ Quality TVET for All : Contributing to Sustainable Development, Globally [EB/OL].[2023-12-21]. https://unevoc.unesco.org/home/UNESCO-UNEVOC+-+Who+we+are.

个体，服务于实现就业、体面工作和创业，设计和提供职业技术教育和培训。换言之，其采用的是基于职业技术教育和培训的贫困治理。比如，职业技术教育和培训国际中心将青年就业、绿色的TVET、机会、公平和质量、数字世界中的TVET作为专题领域，以发挥减贫功能；与此同时，重点举措是面向重点对象实施的，即将青年、女性及处境弱势群体视为优先服务对象。

1.职业技术教育和培训在应对青年就业挑战中的作用

（1）密切关注青年就业面临的挑战[①]。联合国教科文组织关注未来青年就业可能面对的挑战，认为2030年全球人口预计将达到86亿，青年人口将增至13亿以上。普遍存在的失业、就业不足和较长的从学校到工作的过渡期，是不断增长的青年人口所面临的一些重大的挑战。这些挑战的存在是由于年轻人缺乏足够的就业机会，以及日益严重的技能失衡，即所获得的技能与工作领域所需技能相比的短缺、过剩和不匹配。反应迅速的技能发展方案不仅需要确保功能上与工作领域的需求保持一致，而且需要发展青年的可迁移技能和能力，使其能够应对不断变化的行业需求。现实是，2.67亿年轻人（15～24岁）没有就业、接受教育或培训（NEET），更多的人忍受着不达标的工作条件。[②]更令人担忧的是，伴随着技术、经济和人口发展态势的快速转变，创造工作和生计机会的挑战巨大。

（2）积极推动职业技术教育和培训的创新并深刻认识其在应对青年就业中的作用。全世界的TVET系统目前正处于变革和创新的状态，以更好地应对当前和即将出现的挑战。尽管不同的地区在发展水平上有所不同，但这一转变的核心是：职业技术教育和培训从一种促进就业能力的功能性技能发展的工具，转变为发展基础广泛的横向技能，使其毕业生能够在他们的一生中获得更多的学习和提高技能的机会。随着横向技能需求的不断发展，职业技术教育和培训为年轻人提供了一条发展能力和向工作领域过渡的途径。创业学习提供了一种现实可行的方法，以发展社会和劳动力市场期望当今公民具有的可迁移技能。联

---

① Youth Employment and Entrepreneurship [EB/OL].[2023-12-21]. https://unevoc.unesco.org/home/Youth+employment+and+entrepreneurship.

② World Employment and Social Outlook：Trends 2020 [EB/OL].（2020-01-18）[2023-12-21]. https://www.ilo.org/wcmsp5/groups/public/---dgreports/---dcomm/---publ/documents/publication/wcms_734455.pdf .

合国教科文组织职业技术教育和培训中心认识到创业精神在应对青年就业挑战方面的重要作用，已做出一致的努力，在技术和职业教育部门促进创业学习。

2.综合审视职业技术教育和培训的功能和价值

2014年10月14日至16日，来自联合国教科文组织的65个成员的200多名代表，包括来自62个国际技术和职业教育与培训中心的67名与会者，在德国波恩召开工作和生活技能全球论坛，重点讨论技术和职业技能在2015年后的发展议程中应对全球性挑战的两大作用：使青年人能够就业并能实现可持续发展[①]。青年就业能力和绿色技能成为这次全球论坛的核心内容。

论坛倡议，需要从工作领域、职业和个人发展以及解决可持续发展问题的角度综合看待职业技术培训。TVET有潜力改变世界各地的个人和社区的生活。为实现这一潜力，与会者强调，避免工作和生活之间的错误的二分法，将生活和工作技能很好地结合在一起，相关政策必须反映TVET的这一共同愿景，已达成广泛的共识。与会者分享的技能不仅是就业能力、生产力和竞争力所必需的，也是社区发展、增强社会凝聚力和解决环境问题所必需的。在这方面，与会者一致认为，一方面是青年就业能力和技能的挑战，另一方面是绿色职业技术教育与培训的挑战，这两个挑战必须作为一个问题综合处理，而不是像过去那样分头处理。其既是适应技术和经济发展的内在需要，更是应对青年就业挑战的超前行动，对于预防青年失业进而陷入贫困具有重大现实意义。

3.确立职业技术教育和培训在可持续人力资源开发中的独特地位

联合国教科文组织始终关注青年就业能力和职业教育的绿色发展，倡导将两者结合起来，以应对职业技术教育和培训面临的挑战。探讨可持续范畴内的人力资源开发问题是最具代表的积极行动之一，意在通过职业技术教育和培训以及青年实现就业，应对气候变化、生物多样性受损和荒漠化的挑战。

作为关键性举措，绿色的职业技术教育和培训被确定为组织的优先事项。其主要是通过机构间工作小组支持绿色职业技术教育和培训、技能发展的倡议和政策措施，具体如下：（1）阐明职业技术教育和培训的目的，展示其实现某一国家可持续发展目标的潜力，可以加强职业技术教育和培训在国家发展议程

---

① Global Forum Skills for Work and Life Post-2015 [EB/OL].[2023-12-21]. https://unevoc.unesco.org/home/Global+Forum+2014+Roundup.

中的地位，以从顶层方面给予改进性支持。（2）记录职业技术教育和培训实践中富有远见的经验教训，可以为更好地发挥职业技术教育和培训在实现可持续发展目标方面可能的作用提供现实的参考，强调这些经验教训的有用性，以为具体实施提供实践经验和借鉴。（3）开展职业技术教育和培训对经济发展影响的实证研究，密切关注可持续发展应对全球挑战的成果在职业教育领域的运用，强调重点考虑的问题包括：职业技术培训在遏制青年失业方面的作用，或职业培训在扩大低碳经济部门的规模方面的影响。

二、联合国教科文组织职业教育赋能弱势群体发展的主要行动

结合《2030可持续发展议程》的教育期待和发展定位，联合国教科文组织将促进青年就业和创业、促进公平和性别平等、促进向绿色经济和可持续发展社会过渡确定为组织优先考虑的事项[①]；倡导促进从事生产性工作、可持续生计、个人赋权和社会经济发展机会的增加，尤其是为青年、妇女和处境不利者提供机会。通过提供创新项目、能力建设方案和参与联合国教科文组织中心的250多个合作活动，减少社会不公平和促进社会可持续发展。

（一）将促进青年就业和创业作为可持续发展和减贫的核心任务

从现实看，无论是发达国家还是发展中国家，均面临着青年失业率上升的重大问题[②]，这也是贫困治理领域的最大挑战。经合组织实施的调查发现，雇主和青年均认为，许多毕业生对工作环境的准备不足，实现体面就业是一项重大挑战，青年从学校到社会顺利过渡以及获得稳定体面的工作和收入依然是一大难题。此外，在许多国家，非正规经济部门和传统农村部门仍然是就业机会的主要来源。比如，全世界处于弱势地位的工人人数为14.4亿，撒哈拉以南的非洲和南亚的工人就占一半以上，这些地区四分之三的工人均面临脆弱的就业条

---

① UNESCO. Strategy for Technical and Vocational Education and Training (TVET) (2016—2021) [EB/OL].（2016-07-08）[2023-12-21]. https://en.unesco.org/sites/default/files/tvet.pdf.

② UNESCO. Strategy for Technical and Vocational Education and Training (TVET) (2016—2021) [EB/OL].（2016-07-08）[2023-12-21]. https://en.unesco.org/sites/default/files/tvet.pdf.

件。^①这些部门收入相对较低,就业不稳定性明显,工人容易陷入不利处境。

应对青年失业率上升问题,寻找教育自身的力量无疑是关键和可行的思路。基于此,联合国教科文组织将促进青年就业和创业视为解决问题的关键方法,依此寻求职业教育和培训的力量。主要原因在于职业技术教育和培训使得青年掌握进入工作领域所需的技能,包括自营职业的技能,提高对公司和社区不断变化的技能需求的适应能力,从而提高生产力和工资水平,减少进入工作领域时的障碍,确保获得的技能得到认可和认证。职业技术教育和培训还可以为未成年或失业的低技能人员、失学青年及未接受教育、就业和培训的个人(NEETs)提供发展技能的机会。

为此,联合国教科文组织通过职业技术教育和培训的政策审查、政策提出、专项研究分析、资金支持等举措,全面支持成员职业教育的发展。在国家/地区层面,该组织支持成员面向其国家/地区层面的决策者、师资管理者、工作人员、管理人员开展能力建设;在区域层面,支持并推进职业技术教育和培训议程、同辈学习和知识共享;在全球层面,支持多边倡议和合作活动,促进全球范围的TVET改革以提升吸引力,为青年就业、体面工作和创业做出贡献。

值得进一步深思的是,若将技术变革和工作世界变化对工作技能的新挑战这一更为复杂的因素考虑在内,可以发现联合国教科文组织倡导的这一应对思路更加具有前瞻性,与经济和社会发展趋势、反贫困环境变化的实际情况更加接近。

(二)将促进教育公平和性别平等作为可持续发展和减贫的重要领域

将减贫置于国家和地区可持续发展的视野下谋划和推进,既可以提升对贫困问题的关注度,又有利于形成立足于长远发展的反贫困政策。就可获得数据的国家来看,最富有的10%的人掌握着整个国家30%—40%的财富,与之相反,最贫穷的10%的人仅掌握着整个国家2%的财富。^②更多的人尤其是女性,缺少技能发展的支持和获得体面工作的机会。因此,女性总体上依然遭遇更高的失

---

① UNESCO. Strategy for Technical and Vocational Education and Training (TVET) (2016—2021) [EB/OL].(2016-07-08)[2023-12-21]. https://en.unesco.org/sites/default/files/tvet.pdf.

② UNESCO. Strategy for Technical and Vocational Education and Training (TVET) (2016—2021) [EB/OL].(2016-07-08)[2023-12-21]. https://en.unesco.org/sites/default/files/tvet.pdf.

业率，更少地参与劳动力市场，面临更高的就业脆弱性。考虑到这一现实问题，联合国教科文组织将性别和教育公平视为促进可持续发展和减贫的优先事项。

在职业技术教育和培训领域，为女性提供更多的职业技术培训的机会，并在就业领域确保机会平等，是促进女性发展和减少女性贫困的首要举措。联合国教科文组织特别关注宏观层面战略的制定，促进女性进入更有前景的领域就业；改进职业技术和职业教育中针对性别平等的监测和评价办法；促进政策对话和能力建设；加大面向劳动力市场利益相关者的宣传。除此之外，联合国教科文组织还支持成员将性别平等纳入各国主要考虑事项，在审查和制定职业教育的相关政策、战略和活动时体现性别平等，使关于性别平等的考虑对政策优先事项和支出模式产生积极影响。由此，可构建起涵盖职业教育和培训的政策设计、项目实施、就业机会保障等关键环节的性别平等促进机制。

（三）将培养绿色技能促进绿色经济发展作为可持续发展和减贫的发展方向

在可持续发展目标引领下，促进资源集约、节约和环境友好型社会发展已然是必然选择。绿色经济发展需要具备绿色技能的人才支撑。培养绿色技能可以将人力发展纳入可持续轨道，以更好地促进经济可持续发展。同时，在职业技术教育和培训中强调绿色技能培养既可提升对经济社会可持续发展的贡献率，又可通过培养可持续发展的劳动者降低其面临的与技术进步脱节的风险，降低就业脆弱性。

联合国教科文组织指出，几乎所有的部门中都存在着新出现的技能需求。每个国家/地区需要为此制定应对的方法、优先考虑的事项和具体的举措，以为本国/地区可持续发展道路提供保障。事实上，对于所有国家/地区来说，气候变化都是普遍面临的、十分紧迫的、潜在的不可逆转的威胁。为此，各成员需要转向绿色经济以为适应气候变化做好充分的准备。据测算，转向绿色经济可以在未来20年内为全球带来多达1500万到6000万的就业岗位，并使数千万工人摆脱贫困[1]。尽管如此，全球60%的人口仍然处于游离状态，无法充分参与数字

---

[1]　World Development Report 2016: Digital Dividends [EB/OL].（2016-01-18）[2023-12-21]. http://www.worldbank.org/en/publication/wdr2016.

经济。① 而联合国教科文组织培养绿色技能促进绿色经济发展的举措无疑为职业教育反贫困指明了前进的方向。

（四）通过创新职业技术教育和培训提升服务特殊群体的能力②

国际职业技术教育和培训界对创新越来越多地从理论转向行动。职业技术教育和培训的创新是前瞻性的，因此更强调预测未来需求，不仅仅关注职业技术教育和培训供应，还必须考虑到众多的社会、经济和环境需求。虽然它们在倡议中的作用有所不同，但在制定、实施和评估活动时，这些需求都是必须加以考虑的。

基于此，联合国教科文组织提出，对职业技术教育和培训的组织、计划和实践方式进行重大改变，使其更具响应性。与当前的社会、经济和环境问题更加相关③是该领域创新的重点，包括：①以权利为基础的教育和培训方法，旨在增强所有学习者对其社区的可持续发展的积极贡献；②开放、包容、整体的发展，以确保没有人落后；③促进各国和机构间相互交流经验的伙伴关系和网络；④多方利益相关者分工合作，教师和培训者积极参与工业活动，学生致力于解决当前问题的项目，社会合作伙伴在整个生态系统中合作培养未来技能；⑤以学习者为中心，以培养新的能力、获取新的资格和证书为导向的课程，包括使年轻人能够形成自己的创新理念；⑥一切利益相关者积极参与，共同构建面向未来的发展共同体。

从具体策略看，吸取和借鉴职业技术教育和培训创新的成功经验以解决面临的挑战，具体为：①制定所有级别的针对学生和教师的国际交流的支持项目。②确保学生选择个性化的学习途径，并且有机会进行移动学习和获得职业指导。③让学习者参与寻找应对现实生活挑战的方法，增强其学习兴趣和问题解决能力。④让学习者参与学习空间的共同设计，让青少年和成年人进入开放和灵活

---

① World Development Report 2016: Digital Dividends [EB/OL].（2016-01-18）[2023-12-21]. http://www.worldbank.org/en/publication/wdr2016.

② UNEVOC Global Forum on Advancing Learning and Innovation in TVET [EB/OL].（2019-12-02）[2023-12-21]. https://unevoc.unesco.org/home/ALIT+2019.

③ UNEVOC Global Forum on Advancing Learning and Innovation in TVET [EB/OL].（2019-12-02）[2023-12-21]. https://unevoc.unesco.org/home/ALIT+2019.

的学习空间。⑤确保毕业生具备适应第四次工业革命的STEM能力和其他基础技能与情感技能。⑥利用数据和技术改进TVET的治理和教学过程，利用"云技术"促进知识共享，利用人工智能改进课程。⑦开发创新加速器和新的指导框架。⑧激发职业技术教育学校和培训中心在研究、教育和创新的互动中发挥主导作用的能力。以上几点为职业技术和教育的创新明确了具体的内容。

三、联合国教科文组织职业教育赋能弱势群体发展的基本特征

联合国教科文组织作为全球性、专业化的国际机构，在职业教育反贫困领域同样凸显其前瞻性、专业性和引领性的魅力和品质，对于各国尤其是发展中国家推动反贫困事业发挥着不可或缺的作用。

（一）倡导国际同行间的合作是加强职业技术教育和培训以应对贫困的关键

联合国教科文组织强调，世界各地的贫困状况各不相同，对职业技术教育和培训的需求也各有侧重，这便意味着旨在减贫的职业技术教育和培训，应立足当地的经济发展实际而展开。然而，从贫困者的特征看，又具有许多共同的元素，因此有许多共同经验和做法是可以交流和分享的。为此，组织应积极创造条件，搭建各国间、部门间政策互动和交流的渠道和平台，吸引教育、培训、就业、商业和地方社区等不同利益相关者和参与者的共同参与，并为此积极行动，比如，通过定期举办职业技术教育和培训世界论坛，并将减贫视为讨论的关键领域，共同讨论应对新挑战的策略。

（二）将终身职业技术教育和培训视为对社会弱势群体支持的关键应对措施

职业技术教育和培训在使世界可持续发展、具有包容性和促进重点群体（青年、残疾人）持续发展方面发挥着重要作用，但关键在于提供终身学习和培训的服务和支持。联合国教科文组织非常注重职业技术教育和培训不仅要培养学生为社会和经济发展服务的这一迫切需要的能力，而且要确保个人能够终身学习和发掘他们的才能和潜力。从职业技术教育和培训的供给来看，这需要灵活

和方便的途径，以及对未来技能需求的预期。TVET还需要促进多种技能的培养，包括基础技能（阅读、书写、运算）、横向技能（面向职业领域而非某一岗位）、软技能（沟通、合作、信息素养）和特定工作技能（运用工具、运用材料、操作环节）。

（三）对教师和培训师赋权是提供公平优质的职业技术教育和培训的保障

教师和培训师在教育和培训中的作用早已得到承认，是提供优质服务的关键。然而，更好地满足重点群体的需求需要新的教学方法和知识。为此，联合国教科文组织支持国际、国家和区域层面的职业技术教育和培训师资培训，赋予他们满足重点群体需求所需要的教学方法和知识。此举更为深远的意义在于，基于其组织网络优势，可以汇集全球范围的有效方法并迅速分享和传播，以切实提升服务重点群体的能力。

（四）广泛的利益相关者的共同参与以促进重点群体的可持续发展

面对重点群体的多样需求，应汇聚众多利益相关者的投入和声音，这些利益相关者能够帮助推进多层次的应对，并为制定基于不同层面的现实政策和行动提供信息。这些利益相关者涵盖国家机构、国际政府和非政府组织、私营部门、教师和培训人员、青年。

概言之，倡导国家间的广泛合作、提供终身性服务、强调内部的赋权、注重利益相关者的广泛参与，是联合国教科文组织推动职业教育反贫困的显著特征。这些特征使得该组织在推进职业教育和技术培训反贫困领域独具特色。

四、联合国教科文组织职业教育赋能弱势群体发展的内在机理

联合国教科文组织始终关注青年和成年人、特殊群体的就业和创业，并为其提供有效、可及的职业技术教育和培训服务支持，以此解决这些群体的生计和可持续发展问题，减少就业障碍，促进社会公平和社会可持续发展，最终实现减贫的目标，如图4-3。

图4-3　联合国教科文组织职业教育赋能弱势群体发展的内在机理

（一）以青年、成年人和特殊群体为重点服务对象

反贫困通常情况下直接将贫困人口作为服务对象。与此不同的是，联合国教科文组织并非直接将贫困人口视为服务对象，而是将青年、成年人、残疾人、妇女等群体作为提供职业技术教育和培训服务的重点对象，具有更宽广的服务面向思考。理解这一对象定位的原因至少可以考虑以下两点：第一，从组织属性看，联合国教科文组织是通过职业技术教育和培训促进社会公正的，贫困者是否有开发的潜能对于该组织功能和作用的发挥至关重要，青年、成年人、残疾人、妇女具有更大的技能开发潜力，也更有需求。第二，作为全球教育改革的引领者，联合国教科文组织的政策建议具有明显的前瞻性，而就反贫困而言，其专注于在可持续发展的社会、可持续发展的人力下，提供职业技术教育和培训服务。就此而言，联合国教科文组织的职业教育减贫在理念上是基于广义的减贫和持续性的减贫，已成为当今相对贫困治理的重要价值取向，为职业教育参与贫困治理实践提供了重要启示。

这一减贫的对象定位的另一好处是，更能体现机会均等，因此也更具包容性。从教育作为一种基本权利的视角看，职业技术教育和培训在发达国家已成为公民的基本技能权利；从作为反贫困的基本策略看，职业技术教育和培训是社会弱势群体改变其状况和实现发展的根本保障。为此，从广义上考虑减贫对象，将更具技能开发潜力和需求的社会弱势群体作为服务对象，既可发挥联合国教科文组织自身的优势，更能体现职业教育反贫困的内在属性和特色。这也是职业教育反贫困的逻辑起点。

（二）以提供职业技术教育和培训服务为主要方式

联合国教科文组织在其职业技术教育和培训的系列文件《职业技术教育和培训战略（2010—2015）》《第三届国际职业技术教育大会上海共识》《关于职业

技术教育与培训的建议书（2015）》《成人学习和教育建议（2015）》《职业技术教育和培训战略（2016—2021）》中，均将促进成员自身职业技术教育和培训体系相关性、能力建设和创新作为战略重点，为职业技术教育和培训应对新需求，促进青年和成年人就业、体面工作，以及帮助妇女、残疾人等特殊群体就业和创业提供支持。

值得注意的是，这里的职业教育和培训服务，旨在提供与就业、体面就业和创业相关的技能。这一定位可能与联合国教科文组织早已关注到的一个情况有关：如果考虑到技术进步的速度，许多人在一生中将经历几种不同的职业或经常变换工作地点，职业教育却很少能帮助这些个体适应新的变化。① 显然，联合国教科文组织的这一定位，远远高于很多发展中国家的实际情况，在这些国家，职业教育和培训服务更多提供的是使贫困人口获得工作的技能，以促进贫困人口减轻贫困或摆脱贫困，而且更多是绝对贫困。由此看来，联合国教科文组织早期就提出的要在中学阶段开展普遍的综合基础教育，因为这种教育可以保证职业的流动性并有利于转向终身教育的建议②，对于广大发展中国家提前介入以预防贫困发生具有借鉴意义。因为越来越多的国家已经从应急性反贫困向预防性反贫困转变。

（三）以促进就业、体面就业和创业为根本目标

就职业教育反贫困的内在逻辑而言，从图4-4可以看出，就业、体面工作、创业既是反贫困的目标，也通过这一目标将其与更加宏大的社会可持续发展有机融合起来。更为重要的是，就业意味着有减贫的物质基础，体面工作意味着具有摆脱贫困的条件，创业则意味着高质量就业和贫困者自身的持续发展，其内在有梯次地连接在一起，可以涵盖反贫困不同层次的目标，而且始终将职业教育和培训作为重要途径。

这一目标设计具有极强的包容性：对于发达的工业化国家而言，通过提供面向体面就业和创业的职业技术教育和培训服务，促进处境不利人口脱离贫困

---

① 联合国教科文组织国际教育发展委员会.学会生存：教育世界的今天和明天[M].北京：教育科学出版社，1996：96.

② 联合国教科文组织国际教育发展委员会.学会生存：教育世界的今天和明天[M].北京：教育科学出版社，1996：97.

状态和持续发展；对于广大的发展中国家而言，重点则在于提供面向就业和体面工作的职业技术教育和培训，以减轻贫困和摆脱贫困。这样一来，可以发挥该组织指导和引领世界职业教育发展的组织功能。更为重要的是，职业技术教育和培训服务将促进就业与经济和社会持续发展在更为宏大的背景下融合起来，为面向2030年的可持续发展目标提供了职业教育的方案。

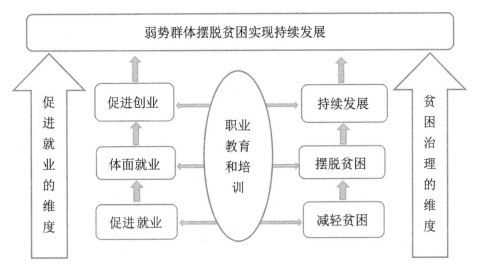

图4-4　联合国教科文组织促进就业与贫困治理的内在联系

五、联合国教科文组织职业教育赋能弱势群体发展的实现路径

发挥组织自身专业优势，以及在全球职业教育政策及实施领域独特的优势，以影响职业教育反贫困是联合国教科文组织主要的实现路径。

（一）通过提出职业教育发展的建议影响贫困国家的职业教育行动

为成员提供发展和改进职业教育和培训体系的建议和方案既是联合国教科文组织的专长，也是其引领国际职业教育发展的重要方式，更是其促进社会公正，进而通过促进就业创业实现减贫的主要渠道。比如，2015年以来，先后制定的《关于职业技术教育与培训的建议书（2015）》《职业技术教育和培训战略（2016—2021）》，为发挥职业技术教育和培训在促进可持续发展和促进重点群体就业创业进而减轻贫困中的作用给出了具体明确且有前瞻性的建议。

（二）通过职业教育专项行动提升贫困人口的可行能力

联合国教科文组织倡导通过"为所有人提供高质量的优质职业技术教育和培训服务"，以提升重点群体的可行能力。为实现这一组织宗旨，设计开发系列项目和专项行动计划，赋能于重点群体。以面向就业、体面工作和创业的技能提升为核心，将重点群体能力提升与工作世界紧密结合起来，以增强实效性。可见，从解决可行能力不足这一关键问题出发，可把职业教育和培训视为解决关键问题的有效方式，进而构建职业教育和培训与贫困人口可行能力的直接关联。

（三）通过提升贫困人口可行能力减轻贫困和增强持续发展能力

一方面，贫困人口通过职业技术教育和培训提升了面向工作世界的能力，在劳动力市场中更有竞争力，有更多选择的空间和自由，获得体面工作的可能性也更大。另一方面，由于获得的能力是面向就业创业的，可以直接转化为现实生产力。由此，能力获得与能力转化具有内在统一性，这也正是自20世纪60年代以来，联合国教科文组织极力倡导的职业技术教育和培训反贫困取得持续成功的关键因素。

第三节　世界银行职业教育赋能弱势群体发展的经验

世界银行将自身定位为在减贫和支持发展方面的独特组织，是向全世界发展中国家提供财政和技术援助的重要组织，注重与合作国家建立伙伴关系。其为世界设定了两个到2030年实现的目标：第一个，将每天生活费低于1.90美元的人口比例降至不超过3%以结束极端贫困；第二个，增加每个国家最贫困的40%的人的收入以促进共同繁荣。为实现这两个目标，世界银行通过向发展中国家提供贷款和捐款，增加后者在教育卫生、公共管理、基础建设、环境和自然资源管理等领域的投资。①

---

① What We Do [EB/OL].[2023-12-21]. https://www.worldbank.org/en/about/what-we-do.

一、世界银行组织使命与弱势群体发展

对于以金融政策和金融项目为主体的国际组织，贷款项目和资金支持是世界银行发挥组织功能的重要工具，也是其影响发展中国家职业教育发展、影响减贫的重要方式。通过组织使命这一考察视角，可以更好地理解世界银行职业教育反贫困政策的认识论基础。

（一）赋能弱势群体发展的使命及其发展

早在1952年，世界银行的工作重点就已从欧洲战后重建转向为发展中国家的民众提供机会。随着经济发展和社会进步，这些国家的需求不断增长而且日趋复杂。为此，世界银行开发了新的途径来利用资本和专业知识，以满足这些需求。1973年，第五任行长罗伯特·麦克纳马拉（Robert McNamara）在世界银行的使命中增加了一个在世界银行成立协议条款中没有的词：贫困。他于当年在肯尼亚举行的年会上向股东发表讲话时表示，世界银行的使命应该是减少绝对贫困，并将绝对贫困描绘为一种极其恶劣、达到侮辱人的尊严程度的生活状况，而这种状况十分普遍，发展中国家40%左右的人口都处于这种境地。

对消除极端贫困的承诺仍是世界银行的核心使命之一。面向未来，世界银行仍然立足于消除极端贫困而继续寻求突破，旨在帮助发展中国家实现以下目标：提高中位收入；创造就业；帮助妇女和年轻人融入经济活动；为所有人建立更强大、更稳定、更有韧性的经济。这些目标以及为实现这些目标而开展合作也是布雷顿森林会议代表当年的初衷。世界银行为此建立了坚实的制度和机构，使各国可以共同努力应对紧迫的全球挑战，改善世界各国人民的生活。

世界银行认为，最贫困国家在借助新技术追赶其他国家的同时，也面临着进一步被新技术落下的风险。比如，未来几十年非洲的人口增长将可能超过就业机会的增长。然而，数字经济提供了一个令人兴奋的机会，通过数字基础设施、数字身份和金融科技等方面的创新，新技术使诸多领域可以实现突破，为民众、政府和企业创造机会。正是出于这个原因，世界银行宣布到2030年将投资250亿美元支持北非和撒哈拉以南非洲的数字化转型，而且将努力从私营部门再动员250亿美元。在这一系列政策的背后，蕴藏着其对职业教育反贫困的认识。

　　首先，在援助中将逐步消除贫困和促进人类发展作为组织的使命和宗旨。世界银行是20世纪以来最为关键的国际组织之一，该组织强调消除贫困、倡导人类整体发展的宗旨和理念。世界银行通过向受援方提供资金支持进而促进组织战略意图和目标的达成。世界银行主要为贷款国家提供以下方面的贷款：①基本卫生和教育投资以服务于人；②保护环境和支持私营企业发展；③加强政府能力的建设以提供高质量的公共服务；④加快改革以创造有利于投资和稳定发展的宏观环境；⑤专注善政和机构建设以促进社会发展。[①]由此可见，世界银行面向广泛的社会领域提供相应的贷款。除此之外，世界银行在许多领域也能提供专业的咨询服务和技术支持。

　　其次，倡导在促进可持续发展中通过对人的投资服务于经济发展进而消除贫困。世界银行认为，教育影响人民健康和预期寿命，有助于人民获得知识和过上更健康的生活，是一项尤为重要的投资。对国家经济的持续发展来说，教育实为至关重要的因素[②]；劳动力对于贫困者而言是主要的财产和收入来源，发展教育有助于提高贫困者使用劳动力的效率，从这个意义上来看，支持教育具有减贫的意义；服务贫困者增收的教育，关键是提供当地经济发展所需的就业知识和能力，应关注技能供给与技能需求的匹配。世界银行自20世纪70年代以来加大对教育领域的投资。由于拥有雄厚的财力、物力、人力及有别于一般金融组织的理念，世界银行在多方面为教育发展做出贡献，在推动教育发展进程中扮演着不可替代的角色。

（二）职业教育赋能弱势群体发展的组织实践及理论依据

　　世界银行在成立之初主要专注于恢复西欧国家因二战受到严重影响的经济。而在1948年后，因欧洲各国转向"马歇尔计划"以恢复战后经济，世界银行的重点也随之转向发展中国家，为发展中国家提供中长期贷款与投资，以促进这些国家的经济和社会发展[③]。在此背景之下，职业教育成为其贷款投资的领域之一

---

① 闫温乐.世界银行教育援助研究：特征、成因与影响[D].上海：华东师范大学，2012：4.

② The World Bank. Priorities and Strategies for Education: A World Bank Review[M]. Washington, DC: World Bank, 1995.

③ PSACHAROPOULOS G. World Bank Policy on Education: A Personal Account[J]. International Journal of Educational Development，2006（3）：329-338.

（表4-2显示了世界银行在职业教育领域的政策演进）。

20世纪60年代初到70年代后期，世界银行重点关注于中等教育与职业培训。比如，1962年世界银行发表的教育政策备忘录明确，该组织准备优先考虑教育贷款项目，旨在从数量和种类上满足经济发展所需要的训练有素的人力资源。为实现这一目标，世界银行认为应集中开展职业技术教育与培训以及普通中等教育。在这一阶段，职业教育和培训成为世界银行教育领域投资的重点。比如，1963—1968年期间实施的25个教育项目几乎全用于建设中等学校、技术学校与师范院校，工业的职业培训与农业职业培训成为这一时期项目的重点。① 另外，1963—1976年投资于普通教育9.364亿美元，占教育领域投资总额的42.5%；投资于职业教育与培训11.501亿美元，占教育领域投资总额的50.8%。② 可见，从经济发展需要出发，通过职业技术教育与培训来训练人力资本，成为世界银行20世纪60年代教育优先政策的重要支点。

罗伯特·麦克纳马拉担任行长期间（1968—1981年），世界银行的发展思路发生重大改变。因为世界银行的认识发生转变，认为应致力于减轻贫困，表现在实践层面则是将投资的重点从基础设施转向全面发展的项目投资。重点是面向人力资本的投资，具体举措是加强对教育、人口和卫生援助，将农村确定为发展的重点，贷款重点也从工业部门随之转向农业部门，力图通过人力资源开发和农村建设摆脱贫困。③

世界银行于1971年发布首份《教育部门工作报告》，将教育领域视为整体，突破原来仅仅关注某一特定领域的局限，同时对发展中国家过多投资于高等教育引发教育财政危机的情况进行批评，明确提出应加大对初等教育和非正式教育的投资。④ 世界银行对教育的关注转向早期基础教育，这一转变与20世纪70年代经济滞胀和发展重心转向公共服务密切相关。

世界银行1974年发布的又一份《教育部门工作报告》再次明确：将贷款优

---

① 赵芳.世界银行高等教育援助活动研究[D].上海：上海师范大学，2017:14-15.

② JONES P W. World Bank Financing of Education: Lending, Learning and Development[M]. London and New York: Routledge, 1992:137.

③ JONES P W. World Bank Financing of Education: Lending, Learning and Development[M]. London and New York: Routledge, 1992:89.

④ World Bank. Education Sector Working Paper[R].Washington, D.C.: World Bank, 1971:6-10.

先投放到有利于促进生产的教育项目，重点是与贷款国家发展计划相关的教育项目，以培训经济发展所需各类人才。[①]教育投资重心再次转向职业技术培训。

20世纪90年代以来，随着知识经济的兴起，世界银行重新调整教育投资战略，从经济转型发展对人力需求不断升级的角度出发，开始关注高等教育的发展。主张发展中国家注重高等教育投资，以为未来发展储备人力资源。

进入21世纪以来，世界银行开始从教育的系统性和整体性出发，思考和指导发展中国家的教育体系建设和人力开发。2012年制定的《世界银行教育部门战略2020》[②]揭示了世界银行相信自己在教育领域会起到什么作用。客户国家可以选择接受、修改或拒绝世界银行《世界银行教育部门战略2020》的建议。世界银行对《世界银行教育部门战略2020》的信念可以用学习和系统两个词来概括。对学习的新的强调基于一个惨痛教训，即进入学校并不意味着学习。因此，《世界银行教育部门战略2020》的发布标志着世界银行的立场从关注"人人可及"的机会向强调"人人学习"的成效的转变。

世界银行教育系统的重点有两个部分。一是承认各级教育系统同样重要，从幼儿教育到高等教育。对世界银行来说，幼儿教育是新的关注点，它借鉴了对工业化国家的研究，该研究提供了证据，证明高质量的学前教育的早期投资有助于认知发展和获得更好的成人劳动力市场回报。《世界银行教育部门战略2020》对高等教育的重视也改变了其在以往战略中相对次要的地位。二是对于任何级别的教育都需要仔细关注：教育的投入、过程和结果。对世界银行来说，对过程阶段的关注反映了工业化国家要求教师、行政人员和家长在可承受的最小限度内适当承担分享教育投入的责任。

《世界银行教育部门战略2020》反映的是世界银行第三阶段的教育政策思考。在第一个阶段（20世纪80年代），受二战后德国和日本通过发展职业教育和高等教育，实现经济快速发展的成功经验的启发，战略建议发展职业教育和高等教育为将来的劳动力做准备。多年对项目实施国家的追踪表明了生产技术的快速

---

① World Bank. Education Sector Working Paper[R].Washington, D.C.: World Bank，1974:49.

② SHAFIQ M N. Six Questions about the World Bank's 2020 Education Sector Strategy[EB/OL].（2012-1-20）[2023-12-21]. http://www.pitt.edu/~mnshafiq/M_Najeeb_Shafiq_%28University_of_Pittsburgh%29/Research_files/Chapter%203%20Six%20Questions%20%28Shafiq%29.pdf.

发展，使得传统的人力规划受到挑战。正如世界银行前任员工、教育经济学家乔治·普萨查拉普洛斯（George Psacharopoulos）所调侃的："试图预测具备一定学历、能满足生产要求的人数是一个徒劳的练习，通常会导致100%的预测误差。"

第二阶段（20世纪80年代末至2005年），世界银行教育战略建议所有儿童都要入学，并在小学和中学教育阶段提供学校投入。该阶段初期，银行雇用了建筑师，由国家设计和建造学校。在聘请了经济学家和社会学家之后取得了进展，他们开始调查学校投入的影响。世界银行与学校投入的相关研究和政策受到了西方学校投入研究的增加以及1966年"科尔曼报告"之后计算能力提高的影响。

在第三阶段和当前阶段，《世界银行教育部门战略2020》关于学习和系统方法的建议涵盖了各级教育（从幼儿教育到高等教育）以及教育投入、过程和产出的各个阶段。鉴于内容的广度前所未有，《世界银行教育部门战略2020》是世界银行迄今为止最雄心勃勃的战略。

表4-2　世界银行职业教育赋能弱势群体发展的政策演进

时间	职业教育领域政策
1946年开始运行至20世纪50年代末	优先投资基础设施，教育尚未进入投资关注的视野
20世纪初到80年代中期	职业技术教育和培训一直是世界银行教育贷款的优先事项
20世纪80年代后期	发展职业教育和高等教育为将来的劳动力做准备
20世纪80年代末至2005年	所有儿童都能入学，并在小学和中学教育阶段提供学校投入
2006年至今	从学前教育到高等教育的学习（而不仅仅是入学机会），其目的是让青年人做好准备，从事有益于自身、经济和社会的工作

二、世界银行职业教育赋能弱势群体发展的主要行动

世界银行职业教育反贫困的实践中始终注重教育投资，从经济发展角度投资于职业教育，依托职业教育开发人力资本，以使得贫困者参与经济发展，发挥人力资本投资的价值。

（一）从促进可持续发展的视角出发，实施面向未来的全民教育

2011年，世界银行发布《世界银行教育部门战略2020》，加强教育系统以提高学习水平，在实施这一战略方面有了一个强劲的开端。在该战略公布后，世

界银行一直努力消除限制女孩和其他弱势儿童受教育机会的障碍；开发和应用新的工具，以帮助各国改善其教育体系和教育成果；支持各国提供让所有人过上健康和富有成效的生活所需的教育和技能。

世界银行的核心目标是帮助各国促进全民学习。学习而不仅是学校教育，对儿童和青年的成长至关重要。全民学习，不仅是给一部分儿童而是给所有儿童一个学习的机会，对一个国家的繁荣至关重要。该战略要求：首先，尽早投资，因为在童年早期获得的基本技能使终身学习成为可能。其次，明智地投资，因为投资优先考虑及衡量学习和技能发展以为改革提供信息，是产生成果的最有效方法。最后，为所有人投资，以女孩和弱势群体为目标，因为只有当所有儿童都享有学习的机会时，一个国家才能繁荣。

2010年9月，世界银行承诺增加对未按计划实现教育千年发展目标的国家的支持，承诺在5年内为基础教育追加7.5亿美元的平均年度国际开发协会资金。到2012财年末，该行接近实现这一承诺的一半。2011—2012财年，世界银行对以下关键领域表现出强大的支持：促进由于性别、收入、残疾和其他因素而处境不利的儿童获得平等机会和提高教育质量；支持幼儿发展；评估学习。随着知识环境的变化，以下领域得到强化：一是改善就业机会。向各国提供知识和政策建议，说明如何解决劳动力市场相关技能短缺的问题，比如改革高等教育系统以扩大这类技能的供给，或者如何改进学前和小学阶段的学习等。二是促进两性平等。《2012年世界发展报告》的配套文章《实现平等：通过人类发展促进两性平等》突出了边缘化人口在教育方面的差距，并详细说明了解决平等问题的行之有效的干预措施。2012年4月的性别讨论会的目的是让思想家、研究人员和实践者聚集在一起，讨论解决教育劣势的多种来源的方法，重点是性别问题。三是注重测量结果。世界银行正在加强对项目的影响评估，以为决策提供信息和提高资源效率。四是完善教育系统。世界银行的"丰富教育成果的新系统方法"是其支持全民学习的基础，并正在世界各地广泛应用，以帮助各国审查和改善他们的教育体系。具体为在丰富教育成果的新系统方法指导下，收集涉及13个关键政策领域的政策和机构数据，包括教师政策、学生评估和幼儿发展。丰富教育成果的新系统方法这一工具开始影响许多国家的行业战略和项目设计。2012年5月，世界银行启动面向教育人员的综合学习计划。该计划支持教育工作人员提升执行新教育战略的能力，发展与技术和业务相关的前沿知识和技能，以便向服务对象提供有质量的建议和服务。

（二）从可持续发展和减贫视角出发，实施人力资本项目

世界银行集团于2018年启动人力资本项目，旨在加快对人的更加有效的投资步伐，促进更公平和更有质量的经济增长。该项目的核心理念在于由人驱动持续发展和实现减贫。在该项目中，世界银行集团对人力资本有了新的认识，主要体现在以下方面：（1）在发展理念上，从"由人驱动的发展"的角度来认识人的价值和人力资本的重要意义。（2）在人力资本理论上，对人力资本具体内涵的认识也有新拓展：一方面，认为人力资本包含一生中积累的知识、技能和健康，以动态的视角认识人力资本，将人力资本置于终身发展的视角；另一方面，提出人力资本是驱动可持续增长和减贫的核心要素，从人力资本视角思考减贫和可持续增长。（3）形成了四个关注点：一是改善学习效果，强化技能，为就业做好准备；二是减少儿童发育迟缓情况，注重人口发展趋势；三是支持国内资源动员，改善系统治理和服务提供；四是增加在脆弱地区的业务，尤以青少年为重点。（4）构建了三个指标：一是人力资本指数，量化分析健康和教育对下一代劳动者生产率的贡献；二是加强衡量与研究，了解哪些措施行之有效以及如何有的放矢地配置资源；三是国别业务，采用"全政府"方法，帮助各国消除培育人力资本面临的最严重障碍。

三、世界银行职业教育赋能弱势群体发展的基本特征

在不同阶段，世界银行凭借其拥有的强大的经济学家团队这一优势，始终在经济学理论指导之下，以特定理论为指导，关注并投资于人力资本的经济价值，并将贫困劳动力作为优先开发对象，使其获得能力的提升。

（一）理念层面：始终关注教育的经济价值

作为一个重要的国际经济组织，世界银行凭借其雄厚的财力和强大的专家资源及全球援助经验，始终关注教育的经济价值。这符合其组织的内在属性和功能定位。然而，随着时间的推移，全球政治经济发展的重点及其对教育的需求呈现出明显的变化。从世界银行投资教育领域开始，其出发点一直在于受援

国家和地区的发展需要什么样的教育，并借助专家优势提供专业指导，依此制定项目加以实施。

图4-5呈现了20世纪60年代以来，世界银行投资教育背后的理论依据和行动逻辑，其为我们更好地理解世界银行投资职业教育提供了背景基础。

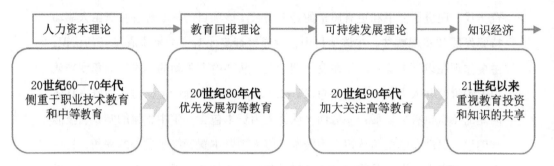

图4-5　20世纪60年代以来世界银行教育贷款政策演变及理论依据①

在20世纪60—70年代，西方经济在实现恢复和快速发展后迎来了滞胀。与此相应，在人力资本理论的影响下，世界银行的教育政策从60年代的侧重职业技术培训以培养经济发展所需的劳动力，到70年代开始反思职业技术培训进而转向中等职业教育，其出发点均在于投资有利于促进经济发展的教育，而非有利于减轻贫困。到了20世纪80年代，世界银行开始关注发展中的不平等尤其是贫困的复杂成因。在教育回报理论的影响下，世界银行从受援国家应减少贫困的现实需求出发，将教育投资重心下沉到初等教育。背后的理论依据在于，初等教育对于发展中国家尤为重要，也更为急迫；优质普及的初等教育，更有利于其经济发展。进入20世纪90年代，可持续发展成为各行各业的主导思想。此时，教育投资的重点上移到高等教育，以培养经济持续发展所需的人力资源，而这一模式一直持续到21世纪初。21世纪以来，在知识经济思想的引领下，立足于人才驱动创新发展这一理念，再次从知识经济对人才的需求、从就业所需知识和技能的角度定位教育的发展，并将技能培养融入教育。由此可见，世界银行始终以有利于经济发展的人力培养为根本出发点，投资于教育的不同阶段和不同领域，在其投资推动下，发展中国家的职业教育和培训在不同程度上获得了发展，为这些国家减轻贫困贡献了力量。

---

① 赵芳.世界银行高等教育援助活动研究[D].上海：上海师范大学，2017：23.

　　诚如世界银行原行长戴维·马尔帕斯（David Malpass）在《2019年世界发展报告》中所指出的：经济增长一直是世界各国实现减贫的关键引擎。然而在许多国家，特别是那些资源型经济体，增长的益处没有向更多人扩散。经济增长提高了平均收入，但并没有提高中位收入或者最贫困的40%的人口的收入。世界银行正在增加对经济和制度改革的资金支持，以加强发展中国家的私人投资，推动私营部门创造更多就业机会，以此带动贫困者就业和减轻贫困。

（二）职业教育赋能弱势群体发展的途径：运用经济手段

　　自成立以来，对服务对象提供贷款始终是世界银行的主要手段。这一手段对于援助对象具有强大的吸引力。对于发展对象而言，资金往往是最紧缺的资源，而且资金通过与教育项目捆绑在一起，受援国家可以获得一体化的支持。但一些教育政策不符合受助国家的实际，往往具有误导性。比如，世界银行提议最好的职业教育是在工场实施，可没有任何工业化国家单纯遵循这一建议，世界银行实际上在提议发展中国家去做他们认为应该去做但没有任何发达国家曾经做过的事情。[①]

　　重视项目监督和评估是世界银行的一大传统，这一传统在教育领域有着充分的体现。2011年发布的《世界银行教育部门战略2020》中，对"评估学习"给予高度重视和大量资金的支持[②]；2018年启动实施人力资本项目，提出构建人力资本指数、加强评估研究和国别任务三个指标，其中有两个指标与评估直接相关。[③]

　　将评估结论运用于教育决策以提升项目效率优势是世界银行的另一大优势。这可能与其始终关注教育的经济价值和经济组织的目标定位密切相关。然而，由于职业技术教育往往具有多方面的功能和价值，而世界银行的职业技术教育项目评估侧重于经济价值的评估，其结果与实际必然会有出入。在对职业教育项目的评估方面，世界银行显然是依据成本收益率这一单一的评估标准，从而

---

① 和震.世界银行职业教育政策的演变[J].清华大学教育研究，2010（1）：66-70，76.

② Annual Report 2019：Ending Poverty, Investing in Opportunity [EB/OL].（2019-12-04）[2023-12-21]. https://www.worldbank.org/en/about/annual-report#anchor-annual.

③ Annual Report 2019：Ending Poverty, Investing in Opportunity [EB/OL].（2019-12-04）[2023-12-21]. https://www.worldbank.org/en/about/annual-report#anchor-annual.

忽略或无法评估有关项目的社会价值和效益。[①]

（三）职业教育赋能弱势群体发展的目标：为了经济增长

直接目标：个体实现就业。关注教育的经济价值是世界银行教育政策和投资的出发点和落脚点。在不同的发展阶段，世界银行对职业教育抗击贫困的功能期待并不一样。然而，职业教育始终是促进就业的重要政策目标。在个体层面，表现为通过促进贫困劳动者实现就业，发挥职业教育减轻贫困的价值。概言之，通过职业教育促进个体实现就业既是世界银行职业教育政策的基本目标，也是其主要出发点。

间接目标：创造就业岗位。世界银行注重教育的经济价值得以实现的外部环境，为此尤其强调就业机会的创造。在其提供的职业教育发展政策或建议中，始终将发展经济发展所需的教育视为教育的重要依据。一方面，以经济发展规模、层次确定教育的类型和层次，职业教育亦如此；另一方面，将投资教育与经济发展联系起来考虑和统筹发展。

长远目标：区域经济发展。就国家层面而言，世界银行通过贷款和技术援助，旨在帮助受援国家持续发展。为实现受援国家持续发展，世界银行将教育视为优先事项，根据受援国家经济发展状况确定教育类型和层次。而从世界银行在不同地区的实践看，始终将对人的投资与区域经济发展有机结合起来。比如，《2019年世界发展报告》中指出，世界银行继续在欧洲和中亚推进旨在投资于医疗保健系统、改善技能、支持向新技术过渡、投资于安全网以保护贫困家庭的项目，以持续提高出生率。[②]

四、世界银行职业教育赋能弱势群体发展的内在机理

面向贫困群体，立足经济发展所需，积极开发贫困人口的人力资本，使其与当地经济发展相结合，促进贫困人口就业，以此将贫困人口转化为具有经济价值、能获得较高回报的资源，实现反贫困的目标。

① 和震.世界银行职业教育政策的演变 [J].清华大学教育研究，2010（1）：66-70，76.

② Annual Report 2019: Ending Poverty, Investing in Opportunity [EB/OL].（2019-12-04）[2023-12-21]. https://www.worldbank.org/en/about/annual-report#anchor-annual.

（一）通过职业教育开发经济发展需要的人力资本

通过教育和培训投资发展技术和职业技能，是世界银行从运营之初就优先考虑的人力资本投资的核心。从世界银行第一个教育项目开始，职业技术教育和培训就是一个非常重要的优先事项，自1963年到20世纪80年代中期，世界银行的这种模式一直保持不变，其在1971年和1974年教育部门的工作文件中再次确认和加强了这种模式。①原因可能与世界银行当时所开展研究的以下发现有关：普通中等教育对于大多数类型的就业以及在发展变化的社会中扮演的其他角色都是不起作用的。这项观察表明，必须重新调整教育内容，将所教授的技能与工作联系起来，从而确保毕业生能够就业。这种对职业技术学校和培训中心的重视，以及对学校学术课程"职业化"改革的尝试，都是实现世界银行这种定位的尝试的例证。从中可以清楚地看出，这些投资与其说是出于减贫的理由，不如说是为了探索什么样的教育课程能最有效地影响经济增长和创造就业机会。毋庸置疑的是，这一从经济发展所需的角度进行的人力资本投资和开发，极大地提高了职业教育和培训与需求的匹配度，从而确保人力投资能有效转变为经济发展的人力，减少人力浪费、避免失业，从而有效避免贫困现象和问题的产生。

（二）重点开发农村人力资本以促进社会贫困群体发展

世界银行开发经济所需的人力资本并不意味着其没有反贫困的导向。例如，世界银行在1974年的教育部门工作文件中提出了一个著名的观点，即过去25年的发展政策是错误的、不公平的——有利于城市居民和相对富裕的人。相比之下，它现在最关心的是如何重塑教育体系，以帮助社会最贫困阶层。在这一时期，世界银行相当简短地将基础教育和非正规教育列为优先事项，其技能政策也遵循了这一总体方向。

要有选择地发展技能，在城市和农村培训合适的人，使其在现代和传统部门从事适合的工作。关于农村地区的技能发展，世界银行的审查尚未意识到"非正规部门"（而非"传统部门"）这一新术语，但还是提出了一些精辟的意

---

① KING K, PALMER R. Skills Development and Poverty Reduction: The State of the Art [EB/OL]. (2006-01-01) [2023-12-21]. https://www.gov.uk/dfid-research-outputs/skills-development-and-poverty-reduction-the-state-of-the-art-post-basic-education-and-training-working-paper-series-n-9.

见，这些意见对今天的技能发展分析仍然具有现实意义。世界银行认为，不协调的计划和项目激增，没有纳入全国系统，其价值是有限的。一个独立的项目，尤其是由外部资金资助的项目，总是有可能取得成功。相比之下，世界银行相信，现在所需要的是跨部门的大规模农村人力培训计划，涉及信贷系统、管理能力建设和许多其他方面，而不是一系列新项目和新机构。

（三）将职业技能培训纳入受援国家整体发展规划

1980年的《教育部门政策文件》在当时被广泛认为是世界银行关于教育的分析中最具说服力的部分之一，更多的是基于现有的研究。文件所说的在农村和城市地区的学校、企业和培训机构中发展技能的多种方式，在很长时期内仍然有效。文件有整整一章专门讨论教育、技能和城乡部门的工作。虽然没有特别的关于减贫的技能的看法，但对目前已知的情况进行了深思熟虑的讨论。没有人试图赞扬或批评任何特定的技能发展模式，而是将它们视为"对整个国家培训方案的补充投入"。因此，关于在城市非正规部门获得技能或在农村发展技能的讨论不是作为与贫困有关的特别倡议提出的，而是作为将培训纳入现有在职培训进程的机会提出的。

在上述"普通学术性中学教育功能失调"观点的影响下，世界银行20多年来一直在资助多样化的中等教育，在农业、金工、木工、家政学等领域都有先例。这一趋势直到20世纪80年代中期才开始扭转。但必须强调的是，这种转变是因为多样化中学的高成本，以及没有证据表明多样化中等教育的就业方向和收入与普通学校有任何不同。重点不是多样化中等学校对贫困者而言的高成本，而是这类学校对政府的成本要求和可持续性。

五、世界银行职业教育赋能弱势群体发展的实现路径

与很多国际组织类似，世界银行通过设计职业教育投资政策、实施制度并重点向发展中国家推广，辅助以评估验收，确保其职业教育反贫困政策得以实施并取得预期效益。

（一）设计和推广职业教育的相关政策：影响贫困的工具

具体而言，世界银行主要采用内部专家团队开展广泛的实证研究，并以此

为基础提出人力开发的建议。此外，通过政策与资金的捆绑与融合，将职业技术教育的相关政策向受援助国家和地区推广，以此实现引领教育发展，进而影响服务对象的目的。从政策设计看，职业技术教育和培训以独立或融入教育项目的形式呈现。而从发展趋势来看，职业教育更多是通过融入教育发展战略或如人力资本计划这样的专门项目得以实现，并从可持续发展的角度，将减贫融入其更为宏观的政策体系。可以确定的是，对于职业技术教育而言，其重点不再是简单的技能培训项目，而是倡导从可持续的人力开发出发，设计政策工具和具体实施方案。由此可见，基于充分的调研提出人力开发的建议，既保障了其适应性和有效性，也提供了可供借鉴的操作模式。

（二）实施和评估职业教育的相关项目：减轻贫困的手段

政策的制定出台并不意味着会自动实现其预期的目标。除非开展政策实施的调查，否则很难掌握政策实施的状况。世界银行始终将实证调查研究与政策评估相结合，将评估视为督促受援方推进政策实施的工具，同时视为调整政策的依据，以此形成完整的政策链条和持续改进的机制。通过分析世界银行教育政策制定出台的逻辑，不难发现，每一份政策文本的背后，均有充分的调查基础和论证，这保证了其政策的有效性和在全球领域的领先和权威。而对于减贫的目标而言，其做法为提升职业教育反贫困的效能提供了制度性保障。

第四节　国际组织职业教育赋能弱势群体发展的经验

作为全球教育、经济、劳工政策等领域的高度专业化和全球性组织，国际劳工组织、联合国教科文组织、世界银行所倡导和推行的职业教育减贫政策，将发展面向弱势群体的就业创业教育和培训视为重点，表现出高度相似性，体现出职业教育赋能弱势群体发展的共性规律和共同特征，蕴含着职业教育赋能脱贫致富的内在机理，对于更好地发挥职业教育赋能脱贫致富的社会功能具有重要启示。

一、注重能力建设：以低收入人口能力建设和发展为出发点和落脚点

收入低下且处于不利处境归根到底是能力不足，致使难以获得生存和发展所需的基本条件。在社会分工高度发达和职业地位日益突出的现代社会中，进入劳动力市场进而获得职业身份，往往是实现生存和发展的重要渠道，职业教育和培训为个体获得工作和社会提供了重要的能力基础。对于低收入劳动者而言，就业收入是主要收入来源，获得体面工作和稳定收入是脱贫致富的主要途径。不过，要想使其获得体面工作，则需要对低收入劳动力进行面向职业的教育和培训，开发面向职业的人力资本，促进其向劳动力市场顺利转换。主要国际组织普遍较为重视对各类低收入劳动力的能力建设与开发，以此提升低收入劳动者持续发展的能力。

（一）以低收入人口能力建设为出发点

长期以来，将低收入人口的能力建设视为切入点，一直是发达国家贫困治理的重要价值追求，折射出对人的主体价值和内源动力的始终追求。然而，在此之前，却经历了漫长的认识论、实践论和方法论等的演进。自工业革命以来，将低收入人口转化为工业发展中的劳动力，一直是一个重要方向。正是在此过程中，职业教育发挥了重要影响，丰富了职业教育赋能弱势群体发展的实现方式。就国际组织的实践而言，将低收入人口的能力建设作为切入点，主要与以下方面密切相关。

1.主要国际组织立足西方发达国家贫困治理的经验

西方发达国家大多工业生产水平较高、社会福利覆盖广泛、教育服务较为有效。正是这些基础条件，为将职业教育和培训纳入国家贫困治理奠定了坚实基础。首先，工业高度发达意味着低收入者应通过参与社会分工实现就业，获得劳动尊严、满足生活所需，而要实现这一目标，既需要有充足的就业机会，更需要劳动者具备相应的职业能力。为此，职业教育的参与既有需求基础，更有发挥作用的环境。其次，西方发达国家在提供较为广泛的福利保障的同时，也面临着过度福利引发的福利危机，国家层面高度关注福利依赖问题，强调公民应主动寻找工作和参与社会劳动，承担相应责任，成为社会财富创造者，而

职业教育和培训是促进劳动者就业的社会制度安排。最后，西方发达国家教育服务和保障体系较为完善，为低收入劳动者获取职业教育和培训提供了便捷和可能。由此可见，国际组织职业教育赋能弱势群体发展的具体实践，立足于发达国家生产发展水平、整体经济实力、社会福利条件、教育服务能力等现实，为发挥职业教育赋能弱势群体发展提供了环境。

2.主要国际组织倡导西方发达国家积极社会政策

在实质上，社会政策是利益、价值观和目标的反映。[①]社会政策是考察社会对弱势群体支持的重要视角，积极社会政策是主要国际组织实施职业教育赋能弱势群体发展的重要理论依据。积极社会政策主张应以社会公共福利最大化为目标，应发挥作为福利享受者的低收入劳动力所具有的潜能、注重他们自身的能力建设与开发，以将他们转化为社会财富和福利的创造者。通过低收入群体的能力发展和社会参与，增加社会福利的创造者，减轻社会福利负担。

3.主要国际组织将能力建设作为促进低收入人口发展的切入点

为将低收入者从福利依赖者转化为社会财富和价值创造者，需要对其展开职业教育和培训，使其获得参与社会劳动应具备的劳动能力。劳动能力实质上是低收入者尤为重要的能力，在工业社会中，应将重点放在适应职业需要的职业能力上。为此，尽管人们对能力的理解和解释各有侧重，但就支持弱势群体摆脱不利处境的政策而言，各个国家不约而同地将重点聚焦到促进就业创业相关的条件上。换言之，能力建设本身是服务于低收入人口通过体面就业而提升收入和实现发展的。

（二）以低收入人口能力发展为落脚点

主要国际组织选择以低收入人口能力发展为落脚点，旨在为其获得持续发展奠定基础，以形成可持续发展的长效机制。而能力发展既是能力建设的目标，更是个体实现持续发展的基础。

低收入人口能力发展是获得参与社会机会的基础。在分工高度发达、就业要求渐趋向高的情况下，低收入人口参与社会竞争所需的能力逐渐偏向于适应现代工业社会的职业能力，这些能力成为低收入人口参与社会竞争的基础。与

---

① 马克·罗伯特·兰克.国富民穷：美国贫困何以影响我们每个人[M].屈腾龙，朱丹，译.重庆：重庆大学出版社，2014：151.

此同时，社会底层失业人员引发的社会福利负担沉重一直是西方发达社会力图加以解决的社会问题。为将底层脆弱全体转化为社会财富的创造者和建设者，人们普遍将目光投向教育和培训，并为其创造就业岗位，变负担为动力。

能力发展离不开赋予低收入人口能力的教育支持。主要国际组织倡导从低收入人口获得适应社会的能力出发，将教育和培训视为有效渠道和路子。强调政府关注全程化的教育投入，以为全体国民提供公平而有质量的教育权利保障。面向低收入人口，通过政策建议和专门研究，提供教育保障和补偿，职业教育和培训成为普遍的选择，可以更有效地开发其面向就业和职业的能力，通过就业获得自立，走向发展。

能力发展以促进低收入人口就业为目标和宗旨。主要国际组织依托职业教育减缓贫困的实践虽各有重点，但从目标导向来看，均将能力发展与经济社会需要、就业和体面就业需要联系起来，经合组织的体面就业、国际劳工组织的面向劳动世界的体面工作、世界银行的开发经济所需的劳动力，无不体现就业的目标导向。就业导向的能力开发，需要职业教育和技能培训的深度参与，提供职业导向的能力支撑，而发达国家已将低收入人口的就业目标设定为体面就业，这与其所面对的主要是相对贫困的现实问题密切相关。

二、突出多元路径：依据不同群体需求提供个性化教育培训支持

主要国际组织凭借优质的专家团队、丰富的实践经验和广泛的推广网络，在职业教育赋能弱势群体发展中有着独特的优势，即精准的目标定位、精细的培训服务、培训与市场的紧密衔接。

（一）细化目标群体

主要国际组织依据一定的收入标准识别社会弱势群体，为提供更加精细有效的教育和培训支持，根据在社会中和劳动力市场中遭遇困境的风险程度，进一步细分脆弱群体的类别。比如，四个主要国际组织均比较关注青年群体的失业问题、高度关注妇女群体的就业困境，强调为各类脆弱群体赋权增能。主要原因在于，不同群体对于教育和培训的需求是不同的，具体表现在培训的内容、方式、时间长短等方面，精确的识别和分类为后期提供精准支持服务奠定了坚实的基础。

（二）分类组织实施

主要国际组织在精确识别低收入群体的基础上，进一步细分这些群体的具体特征，根据各群体所面临的实际困难，提供精细化的资助和支持。例如，针对青年群体，普遍开展就业创业教育，为青年学徒提供学习和工作机会，以促进青年就业和发展；针对妇女群体，优先选择女性就业集中的职业领域和就业岗位，组织专项教育和培训，促进女性就业；面对工作困难，主要是完善国际技能开发体系，建立公民技能账户，确保其获得进一步培训并得到国家支持。在经费分担方面，形成了由国家、企业、个体共同分担培训投入费用的机制，确保技能培训的制度化。

（三）立足市场需求

主要国际组织倡导立足经济和企业需求，依托公共服务机构和企业培训组织，为低收入群体提供面向劳动力市场的教育培训服务，帮助社会处境不利人口在就业市场中找到适合的就业岗位。为使就业困难劳动力成功迈向劳动力市场，一些发达国家还会提供一系列相关支持。比如，美国学者兰克（M. R.Rank）在《国富民穷：美国贫困何以影响我们每个人》一书中明确提出，高质量且承担得起的儿童照料是供不应求的公共产品[①]，并将这一社会公共服务视为政府向低收入母亲提供的旨在实现就业的关键支持，这些支持对促进低收入女性摆脱依赖国家福利，依靠自身能力的提升实现就业，进而促进自身发展发挥着关键性作用。

三、面向就业创业：促进弱势群体体面就业以提升生活质量

主要国际组织认为，低收入人口之所以依赖国家福利救助，是因为其处于失业或收入不足的状态。背后的主要原因之一是缺乏就业所需的职业能力，为此，政府提供的公共服务应以促进这些群体就业和体面就业为目标，以此发挥低收入群体的主体性价值，使其通过能力发展过上体面和有尊严的生活。

---

① 马克·罗伯特·兰克.国富民穷：美国贫困何以影响我们每个人[M].屈腾龙，朱丹，译.重庆：重庆大学出版社，2014：169.

（一）以促进就业和再就业为目标

就业和再就业既是弱势群体摆脱福利依赖、过上更好生活的基本需要，也是政府减少福利支出压力、提升社会福利水平的内在需要。国际劳工组织倡导面向未来的工作和生活，强调对工作变迁过程中出现的就业困难和就业不充分等问题进行救助，而救助应以社会包容性的支持条件为支撑，重点支持低收入群体寻找就业机会和工作岗位，同时支持企业向社会弱势群体提供就业机会和工作岗位。为将弱势群体转变为就业者，除创造就业机会外，政府应更加注重低收入群体就业能力的开发，尤其是开发面向就业岗位的技能。

（二）注重能力培养与运用衔接

由于政府将就业和再就业视为改变低收入群体不利处境的主要途径，而且将其纳入积极社会政策的组成部分，注重就业能力培养也便成为主要国际组织职业教育赋能弱势群体政策和行动的内在要求。只是各组织所强调的内容各不相同，国际劳工组织注重教育与工业世界的衔接性，世界银行注重将教育与经济发展相结合。其背后折射的共同理念是基于就业的目标来定位能力培养的重点，即面向就业的能力。

（三）关注就业质量和体面就业的实现

在对发达国家改变社会弱势群体处境的实践经验进行反思的基础上，积极将这些经验向全球推广，是主要国际组织发挥其专业性优势和引领性发展作用的主要方式。在具体的政策实践中，主要国际组织基于发达经济体而提出的倡议具有前瞻性，通常而言是超前于发展中国家的发展现实的。国际劳工组织的面向未来的绿色技能和绿色工作、经合组织的体面就业、世界银行的知识工作者，无论是对发达国家还是发展中国家而言，都还是没有实现的目标。然而，对低收入者提出这样的目标，对于预防这些群体再度陷入不利处境，无疑有更为长远的影响。

四、强调多元共治：创设能力建设与岗位转化衔接的社会政策环境

基于低收入群体改变不利处境的复杂性考虑，主要国际组织基于教育与就

业、教育与经济、教育与社会的视角来定位职业教育赋能弱势群体的发展。正因如此，职业教育与培训和就业衔接、教育培训与社会福利衔接、就业机会与就业质量衔接是其较为明显的特征。

（一）注重教育培训与就业过渡的连接

虽然只有国际劳工组织直接明确了其宗旨在于建立劳动世界与教育之间的更有效连接，但是其他组织也从不同侧面强调其教育政策与就业之间的连接。这种连接确保了教育投入的经济价值的实现，这对于低收入者而言至关重要。因为能否顺利就业关系到低收入者能否解决生活中急需获得的收入保障问题，也是能否真正改变他们面临的不利处境的关键因素。需要注意的是，衔接的效果在不同国家略有不同。一般而言，职业教育与经济联系紧密的国家在应对这一问题时的挑战相对较小，其低收入群体往往更容易就业。

（二）注重教育培训与福利制度的衔接

受人口老龄化、人口结构变化和社会福利改革等因素影响，各国纷纷将享受社会救助的群体所应承担的责任和义务纳入政府社会政策范围，将其视为享受政府救助时应履行的责任。在这一背景下，低收入人口接受政府提供的教育培训，并积极寻求就业是其获得公共救助的必要条件，而且这一趋势有所强化，这也是各国应对福利制度日益沉重的负担的必然选择。这预示着，在推进贫困治理中，应注重将社会弱势群体转变为社会建设和发展的积极力量，并为实现这一转变提供必要的支撑。

（三）注重就业机会与就业质量的平衡

"阻止劳动力获得完全报酬的原因使得几百万人处于饥饿边缘"[①]是在对从事低收入工作进行批评和反思的基础上，一些学者发出的警告。其言明一个基本的事实：就业不等于摆脱不利处境。原因在于，能否摆脱不利处境与就业能否提供足以维持生活所需的最低收入有关。事实上，很多处于工作状态的人口所面对的现实是，工作所得不足以维持最低生活水平。尽管大多数国家制定实施最低工资标准，但现实中并未得到有效执行。国际组织充分考虑到这一实际，倡导为低收入人口提供的就业机会应能满足其生活的基本需要。这是面向低收

---

① 亨利·乔治.进步与贫困[M].吴良健，王翼龙，译.商务印书馆，2010：116.

入群体帮助其改变不利处境时应特别加以重视的地方，只有就业机会能提供维持正常消费水平的收入，这些弱势群体才能真正通过体面就业实现持续发展。

本章小结

本章以国际劳工组织、联合国教科文组织、世界银行等国际组织为对象，着力从组织使命、促进弱势群体发展的主要实践与基本特征、作用机理的理解与具体实现路径等方面展开分析。分析发现：以促进弱势群体的体面就业和生活质量提升为导向、开展技能开发以提升人力资本、创设公平环境以促进体面就业等是国际组织职业教育赋能弱势群体发展的共同特征。在重点群体、实施方式、具体目标等方面，各组织略有差异。以低收入人口的能力建设和发展为出发点和落脚点，依据不同群体需求提供个性化服务，促进弱势群体体面就业以促进有尊严的生活，创设能力建设与岗位转化相衔接的社会政策环境，对于更好地发挥职业教育赋能弱势群体发展的功能和作用具有重要启示。

第五章

职业教育赋能脱贫致富的实证调查

本章旨在审视职业教育赋能脱贫致富的现实与成效，透过现状剖析深层的内在机理及实现路径。为实现这一目标，选择西部的 Y 省为调研地，具体为 Y 省中部的 YX 市、南部的 HH 州和西部的 CX 州。依据本研究对职业教育内涵的界定，确定研究范围和调查对象，具体围绕学历职业教育和非学历职业技能培训两个方面展开。前者主要借助集体访谈、问卷调查考察学历职业教育赋能脱贫致富的实施状况，并运用个案访谈搜集贫困家庭毕业生毕业后就业及生涯发展的微观证据。后者则基于问卷调查及部门访谈，以阐明非学历职业技能培训赋能脱贫致富的实然成效。

第一节　调查目的与实施过程

明确调查所要了解的关键问题之后，应确立调查所要实现的目标、实现目标需要调查的对象、调查中使用的工具及调查实施的具体步骤，以为调查的顺利展开奠定基础并提供技术支持。

一、调查目的

本章的调查目的有两个：一是呈现职业教育赋能脱贫致富的实然现状；二是在厘清职业教育赋能脱贫致富内在机理的基础上，描述具体的实现路径。

（一）学历职业教育的调查目的

考虑到学历职业教育赋能脱贫致富的成效应包括在校贫困家庭学生和已经毕业的贫困家庭学生，由于调查的对象不同，调查的目的自然各有侧重。主要有以下两个方面：

首先，面向贫困家庭在校学生开展调查的目的。一方面，了解在校贫困家庭学生的群体特征、学习生活、发展状况、主要问题和未来规划，力图多维度呈现职业院校激发贫困家庭学生内源动力的成效。另一方面，阐明学校职业教育赋能脱贫致富的运行特征、实施成效及现实问题。

其次，面向贫困家庭毕业生的个案调查意在从微观层面揭示该群体的就业特征、职业发展、收入水平。在此基础上，试图以贫困者的立场和视角来看待学校职业教育反贫困的优势与不足。

（二）非学历职业技能培训调查的目的

非学历职业技能培训既是中国职业教育面向非学龄人口实施的旨在脱贫致富的基本方式，更是工业化时代国际组织推动教育减贫的重要途径。对其展开调查，一是了解其实施状况和基本成效；二是考察面向新的发展需求所面临的困境和问题。

二、调查对象

调查对象的确定是调查研究能否顺利展开的关键环节，其有着严密的技术逻辑，也面临着具体实施中若干因素的影响。鉴于本研究中涉及的调查对象类别多样、区域跨度大等现实问题，在对象确定方面已经综合考虑了时间、精力和能力有限的因素。具体有以下三类：

（一）贫困及低收入家庭的在校学生

考虑到研究的可操作性，以及前期已对CX州的贫困家庭在校学生开展过调查的实际情况，本研究将贫困家庭在校学生的调查地点确定为YX市。选择YX市还有以下几方面的原因：首先，YX市职教发展的整体水平在Y省处于前列，在西部具有一定代表性。其次，虽然YX市没有国家级贫困县，但贫困人口尚有一定规模且主要集中在彝族、傣族等少数民族中，贫困程度较深并且贫困的成因多样，贫困状况具有典型性。再次，YX市职业教育较为发达而贫困问题又较有代表性，这为考察职业教育在脱贫致富中的功能和价值提供了合理的基础。最后，YX市是Y省率先完成脱贫攻坚、率先建成小康社会的地区，职业教育赋能脱贫致富的经验在西部地区具有参考意义和借鉴价值。

（二）贫困及低收入家庭的毕业生

经过前期的预调查和预访谈发现，西部地区的贫困家庭学生大多转移到东部发达地区的企业顶岗实习和就业（学校可以大批量输送安排就业以便于解决实习岗位不足的问题和降低管理成本，学生可以获得远高于西部的收入）。然而，随着时间的推移，回流西部就业或自主创业的学生逐渐增多。基于这一实际，访谈对象主要包括在东部的上海、浙江和江苏等地就业的毕业学生以及在西部CX州、YX市、HH州等就业和创业的贫困家庭毕业生。

（三）接受过非学历职业技能培训的贫困及低收入成年劳动力

该部分基于笔者前期对CX州Z市所展开的贫困及低收入成年劳动力职业技能培训的调查数据展开分析。在此基础上，为了解职业技能培训赋能脱贫致富的新进展，依据职业技能培训供给主体的类型特征，选择YX市D职业学校（公办职业院校）和C人力资源服务公司（民营培训机构），对两个机构的职业技能培训负责人员及相关教师展开访谈。

三、调查工具

对职业教育赋能脱贫致富实施现状的调查，主要目的在于了解实施现状、主要成效、基本特征、主要困难等基本状况，侧重于基本事实的描述和呈现。基于这一实际，在研究工具的使用上，主要涉及调查问卷（用于贫困家庭在校学生和职业技能培训接受者）和访谈提纲（用于贫困家庭毕业生）。

（一）调查问卷设计

围绕研究问题，考虑到调查对象的文化基础、理解能力、语言习惯等方面的群体特征，以受访者容易理解和接受为导向，展开问卷编制和设计。

1.贫困家庭在校学生调查问卷设计

在梳理已有相关研究中使用过的调查问卷的维度和内容的基础上，围绕本研究的目标,结合研究对象的实际,自编问卷。在问卷设计中,依据学校职业教育的发生逻辑,按照贫困家庭学生如何选择职业教育、校内学习和生活适应、发展变化、未来规划等时间顺序依次展开。具体而言,包括个人情况、家庭情况、入校方式、行为习惯、学习状况、未来规划、辍学风险、个人发展8个维度56项调查内容(见表5-1),以全景式地展现贫困学生在校学习发展情况,力图从招生、培养、就业服务等关键环节分析职业教育赋能脱贫致富的实施情况。

表5-1 贫困及低收入家庭在校学生问卷调查的维度和内容

调查维度	调查内容
个人情况	□性别 □户口 □民族 □所学专业 □学制 □目前的教学阶段
家庭情况	□家庭住址 □家庭子女数 □父亲受教育水平 □母亲受教育水平 □家庭收入来源 □家庭性质 □家庭收入水平
入校方式	□了解所在学校的方式 □确定就读学校的方式 □确定所学专业的方式
行为习惯	□本学期以来的请假状况 □对请假的态度 □本学期以来迟到情况 □对迟到的态度 □本学期以来缺席状况
学习状况	□最喜欢的课程 □上课前预习情况 □上课时对教师所讲内容的理解状况 □上课时主动回答问题状况 □上课时记笔记状况 □对老师布置作业的完成状况 □课后复习已学内容状况 □上课时注意力集中状况 □上课时与课堂无关行为发生状况 □上课时出现的无关行为
未来规划	□对毕业后工作的想法 □毕业后的打算 □升学时的优先考虑事项 □对实习教学的看法 □对对口就业的看法 □选择就业时的考虑 □对毕业后就业去向的考虑
辍学风险	□本学期以来班上退学状况 □对班上退学原因的看法 □班上有人退学的影响 □本学期以来是否有退学想法 □有退学想法时的选择 □有退学想法时希望得到的支持
个人发展	进校以来:□文化知识提升状况 □自信心提升状况 □与人交往能力提升状况 □健康习惯改善状况 □解决问题能力提升状况 □掌握学习方法状况 □更加明确自己的责任 □专业技能提升状况 □对自己所学专业对口工作的了解情况 □对自己将要从事的工作所要具备的能力的了解情况 □自己对掌握将要从事的工作所需要的能力的判断 □对将来所从事工作胜任情况的判断

2.非学历职业技能培训调查问卷设计

基于前期对扶贫、教育、人社、发改、农业等部门的访谈调研,梳理出在国家和省级政府政策框架下,CX州由当地扶贫部门统筹协调、相关部门确定扶贫项目及目标任务,乡镇政府组织贫困劳动力、技工院校实施培训的运作机制。基于这一实际,选取该州Z市(县级市)所有乡镇部分接受过职业技能培训的贫困劳动力作为调查对象，从贫困劳动力基本信息、培训效果及对培训的满意度三个维度（见表5-2）展开问卷调查。

表5-2　非学历职业技能培训调查维度和内容

调查维度	调查项目
贫困劳动力基本信息	□性别　□年龄　□家庭所在地　□家庭类别　□培训类型 □费用承担方式　□已参加的培训次数
技能培训对贫困劳动力的影响	□培训后收入变化情况　　　□培训后掌握新技术/技能情况 □培训后技术技能变化情况　　□培训后对未来生活预期的变化情况 □培训后对自我评价变化情况　□培训后劳动技能变化情况
贫困劳动力对技能培训的满意度	□培训内容满足培训需求　　　□培训时间安排的满意度 □培训地点安排的满意度　　　□培训教师培训方式的满意度 □培训内容掌握的满意度　　　□培训质量的满意度

（二）访谈提纲编制

访谈研究法意指通过研究者与被研究者直接接触和交谈，以收集资料的研究方法，借助该方法可以直接了解到受访者思想、心理和观念等深层的内容。[①]访谈提纲是对访谈问题的总体设计，是访谈取得成功的关键因素。对运用半结构式访谈的研究者而言，访谈提纲的作用仅仅在于使访谈能够顺利展开，为此，在引导问题之后便会紧随着开放式问题，以询问受访者的感受、认知和内在想法。[②]对贫困家庭毕业生的调查旨在把握其就业特征、职业发展、收入情况，以及从他们的立场和经历来反思学校教育教学的得失。为服务于这一目标，使用半结构式访谈方法，具体而言，第一部分的访谈问题是结构化的，重在呈现贫困及低收入家庭毕业生毕业后就业和发展的基本状况；第二部分的访谈问题相对开放，着力探讨贫困家庭毕业生对职业教育和自身职业的体验以及对未来发展的思考。具体见表5-3。

表5-3　贫困家庭毕业生访谈维度及内容

访谈维度	访谈内容
基本信息 就业状况	□所学专业名称　□学制　　□已毕业年数　□目前职业 □担任职务　　□就业/创业　□近三个月平均月收入

---

① 文军，蒋逸民.质性研究概论[M].北京：北京大学出版社，2010：144.

② 潘淑满.质性研究：理论与应用[M].台北：心理出版社，2003：144.

续表

访谈维度	访谈内容
学校生活回顾 个人职业体验 当前职业发展	请以职业院校学习、生活及毕业以来的经历为例，谈谈你对以下问题的看法： □在校学习时哪些活动对你影响比较大？这些活动对你的哪些方面有影响？为什么这些活动对你比较重要？ □在校学习时什么人对你的学习和生活帮助大？他/她帮你解决了什么困难和问题？ □你认为在学校学到的最重要的是什么？ □要帮助家庭困难学生渡过难关，你认为职业院校中哪些人最重要？他们需要做些什么？ □在职业院校学习生活中遭遇困难时你是如何解决的？ □以你的经历为例，要想实现自力更生以摆脱不利处境，关键在于什么？ □对未来的工作和生活你有何考虑？

四、实施步骤

在明确调查目标、确定调查对象、开发调查工具的基础上，结合本文研究的总体进度安排，制定调查计划和步骤，以确保调查目标的实现。

（一）贫困及低收入家庭在校学生问卷调查实施步骤

面向贫困家庭在校学生的调查按以下三个步骤进行：第一步，问卷设计及修改。在借鉴现有相关研究问卷的基础上，确定调查的维度和题项。随后在YX市某校召开6次座谈会，分别征求班主任、学生、学校管理部门人员的意见建议，形成问卷初稿。第二步，选择该市三所学校162名学生开展试测，对结果展开分析，并进一步修改完善问卷。第三步，于2019年12月对该市所有职业院校在籍学生发放问卷展开调查。

（二）贫困及低收入家庭毕业生个案访谈实施步骤

对贫困家庭毕业生的访谈主要按以下步骤展开：第一步，依据前期文献梳理情况确立调查研究个案的结构维度，如涵盖就业和创业，包括不同专业、分布于不同的就业区域等，以此明晰访谈对象的内在特征。第二步，展开预访谈，并进一步完善访谈思路以形成访谈提纲。第三步，开展访谈，由于个案就业地分布在西部和东部，调查时间跨度较大，而随着访谈的深入，有部分受访对象退出，致使重新追加访谈对象，访谈时间主要集中在2020年3—5月和7—10月。

（三）贫困及低收入家庭成年劳动力非学历职业技能培训问卷调查实施步骤

本研究中对于贫困成年劳动力职业技能培训的调查是2018年8月在CX州Z市（县级市）实施的。具体步骤是在对当地扶贫、教育、人社、发改、农业等部门访谈的过程中形成调查的主要内容，随后自编调查问卷并完善。在此基础上抽取调查样本展开调查。

五、数据来源

调查围绕学历职业教育和非学历职业技能培训两个方面展开，具体包括贫困及低收入家庭在校学生、贫困及低收入家庭毕业生和接受过非学历职业技能培训的贫困及低收入家庭成年劳动力三类群体，具体样本和数据信息如下。

（一）贫困及低收入家庭在校学生数据来源

调查于2019年11月26—30日面向YX市所有在籍学生展开[①]，共发放问卷9252份，其中普通家庭学生7734份，回收及有效问卷均为7734份；建档立卡、农村低保、城市低保、残疾贫困等四类家庭共计1518份，回收1518份，有效问卷1514份。受访学生的基本情况如表5-4所示。

表5-4　受访在校学生基本情况

项目	类别	频次（N）	占比（%）
性别	男	1046	69.1
	女	468	30.9
户口	城市户口	138	9.1
	农村户口	1376	90.9
民族	汉族	740	48.9
	少数民族	774	51.1
家庭所在地	县或区的城区及附近	265	17.5
	乡镇政府所在地及附近	278	18.4
	村委会所在地	800	52.8
	自然村	171	11.3

---

① 需要说明的是，在开展问卷调查前，部分院校提出如果仅对贫困家庭学生进行调查可能会引起学生的敏感反应，难以了解学生真实的想法，不利于获取真实数据。在认真分析这一建议后，调整原有思路，对YX市所有在籍学生均进行调查。

续表

项目	类别	频次（N）	占比（%）
学制	三年制	747	49.3
	四年制	446	29.5
	五年制	321	21.2
受访时学习阶段	校内学习	1245	82.2
	阶段性教学实习	44	2.9
	顶岗实习	225	14.9
家庭类别	城市低保家庭	113	7.5
	农村低保家庭	610	40.3
	建档立卡户	584	38.6
	残疾贫困家庭	207	13.7

（二）贫困及低收入家庭毕业生数据来源

由于毕业生频繁更换联系方式，很难依靠原有的联系方式与他们取得联系；即便联系上了部分毕业生，也很少有愿意谈论关于自己工作的事情的，寻找符合要求的个案并非易事。考虑到以上因素的影响，基于笔者所能调用的职业院校教师和班主任等资源，在相关人员的帮助支持下，通过现场访谈、电话访谈的方式，联系并顺利完成16个个案的访谈。从个案特征看：毕业年限从1到19年不等；专业包括现代加工制造、现代服务业和农业等；毕业生以中职学历为主，就业居多，创业较少；就业地域主要集中在西部的县、区、市，在东部就业的有2人；多为一线员工；目前所从事工作与专业多无直接联系。个案基本信息见表5-5。

表5-5 受访个案基本信息

编号	性别	毕业年份	所学专业	学制	职业	职务	就业/创业	近半年平均月收入	毕业年限
BY-01	男	2012	建筑施工技术	五年	装饰设计	无	就业	5500	8
BY-02	女	2014	建筑施工技术	三年	美容	无	就业	6000	6
BY-03	男	2011	工程造价	三年	汽车维修	前台主管	就业	5000	9
BY-04	男	2002	高等级公路经营与养护	二年	零售管理	店长助理	就业	5000	18
BY-05	男	2007	数控技术应用	三年	生产管理	班组长	就业	5900	13

编号	性别	毕业年份	所学专业	学制	职业	职务	就业/创业	近半年平均月收入	毕业年限
BY-06	男	2007	数控技术应用	三年	建筑施工	无	就业	4000	13
BY-07	女	2001	计算机技术	三年	幼儿教育	副园长	就业	2700	19
BY-08	男	2001	焊接技术	三年	电信公司技术人员	无	就业	3300	19
BY-09	男	2014	汽车维修与应用	三年	家庭农产	负责人	创业	/	6
BY-10	女	2001	护理技术	三年	美发店经营管理	负责人	创业	/	19
BY-11	女	2014	国际金融	五年	辅警	无	就业	4280	6
BY-12	女	2016	表演	五年	销售	客户经理	就业	7400	4
BY-13	男	2015	食品工艺	三年	高速公路收费员	无	就业	3500	5
BY-14	男	2016	建筑工程施工	三年	美发店理发师	无	就业	7000	4
BY-15	男	2017	会计	三年	服务员	无	就业	6200	3
BY-16	女	2019	数字媒体艺术	四年	人力资源管理	人力资源部部长助理	就业	3500	1

（三）接受过非学历职业技能培训的贫困及低收入家庭成年劳动力数据来源

非学历职业技能培训调查对象覆盖CX州Z市（县级市）的全部14个乡镇，从每个乡镇随机选取22名接受过职业技能培训的贫困及低收入家庭成年劳动力作为调查对象，共计308人。调查中发放问卷308份，收回问卷296份，问卷回收率96.1%；有效问卷285份，有效问卷率92.5%。样本基本信息见表5-6。

表5-6　受访成年劳动力基本信息

项目	类别	频次	百分比	有效百分比	累计百分比
性别	男	201	70.5%	70.5%	70.5%
	女	84	29.5%	29.5%	100.0%
年龄	20岁以下	16	5.6%	5.6%	5.6%
	20～30岁	76	26.7%	26.7%	32.3%
	31～40岁	100	35.1%	35.1%	67.4%
	40岁以上	93	32.6%	32.6%	100.0%

续表

项目	类别	频次	百分比	有效百分比	累计百分比
家庭所在地	农村	282	98.9%	98.9%	98.9%
	乡镇	3	1.1%	1.1%	100.0%
家庭类别	建档立卡户	252	88.4%	88.4%	88.4%
	非建档立卡户	33	11.6%	11.6%	100.0%
参与培训次数	1次	93	32.6%	32.6%	32.6%
	2次	80	28.1%	28.1%	60.7%
	3次	71	24.9%	24.9%	85.6%
	4次及以上	41	14.4%	14.4%	100.0%

第二节　学历职业教育赋能脱贫致富的实证调查

学历职业教育赋能脱贫致富是指面向贫困及低收入家庭的学龄人口，实施系统的学校职业教育，旨在将这些潜在劳动力培养成为经济发展所需的技术技能人才，提升这些群体的人力资本存量和发展能力，以使其有效参与市场竞争进而脱贫致富的系统性赋能。本节将着重从贫困及低收入家庭在校生和毕业生两个方面加以分析和说明。

一、学历职业教育赋能脱贫致富的实施成效

接下来，分别从贫困及低收入家庭在校生的学习和发展、毕业生的就业和发展情况加以分析和说明。

（一）贫困及低收入家庭在校生脱贫致富实施成效

在经济全球化和普遍存在失业问题特别是青年失业问题的压力下，政府与行业、社会伙伴对职业教育的经济作用和社会作用都充满企盼。[①]面向贫困及低收入家庭学生开展职业教育和培训，则是针对这些潜在劳动力所开展的有针对性的制度化干预的有效渠道，对于预防贫困发生进而促进他们脱贫致富具有多层面的影响。

---

① 杰克·基廷，艾略特·梅德奇，维罗妮卡·沃尔科夫，等.变革的影响：九国职业教育和培训体系比较研究[M].杨蕊竹，译.北京：首都经济贸易大学出版社，2016：8.

1.对象聚焦：面向多维贫困和脱贫难度较大的脆弱群体

首先，学历职业教育的赋能对象以农村户口为主，父辈人力资本存量偏低。超过九成的受访学生（90.9%）为农村户口，城市户口不足一成（9.1%），说明贫困及低收入家庭和人口主要分布在农村地区。同时，如表5-7所示，贫困及低收入家庭的父亲和母亲受教育程度偏低，即接受高中及以上层次教育的最少（分别为12.4%和9.3%）、接受小学层次教育的最多（分别为42.9%和43.9%），还有部分没有接受过教育（分别为6.4%和14.2%）。

表5-7　贫困及低收入家庭父辈受教育水平

单位：人数

父辈受教育水平	本科及以上	专科	高中/中专/技校/职高	初中	小学	没有上过学
父亲	13	12	162	580	650	97
母亲	10	6	125	494	664	215

其次，学历职业教育赋能对象收入来源单一、经济资本薄弱。如图5-1所示，受访贫困及低收入家庭的收入主要依靠务农的占70.9%，主要依靠外出务工的占16.8%，主要依靠固定工资的占6.4%，主要依靠经商做生意的占3.3%，主要依靠政府补助的占2.6%。样本数据说明，职业院校贫困及低收入家庭的收入来源单一，主要依靠农业和外出务工，职业相对单一，社会资本极为有限。

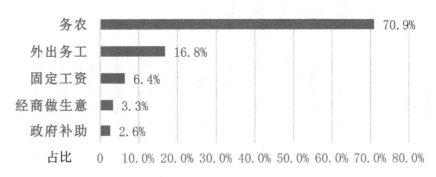

图5-1　贫困及低收入家庭主要收入来源

最后，学历职业教育赋能对象面临多重困境、脱贫难度较大。受访贫困及低收入家庭学生多居住于农村，位置偏远；家庭收入以农业收入为主，在当地属于低收入群体，经济资本薄弱；父辈受教育程度以小学和初中为主，人力资本储备较少；社会网络狭小且同质性高，难以获得高质量的社会支持。三者叠加使得他们的发展基础非常薄弱，脱贫致富难度较大。职业院校瞄准这些弱势群体，开展能力开发与能力实用相衔接的职业教育和技能培训，有利于突破这些学生面临的多重困境，促使其增强发展能力、摆脱不利处境和实现发展。

2.资源聚合：为贫困及低收入家庭学生提供学习机会和资源支持

面对多维贫困的现实，需要为贫困家庭学生提供符合自身实际的教育机会和优质的教育资源支持。

首先，学历职业教育为贫困及低收入家庭学生提供面向现代产业就业的支持。受访男性学生在专业上以汽车应用与维修、数控技术应用、机电技术应用等现代加工制造领域的专业为主，受访女性学生则以会计电算化、酒店服务与管理、食品加工等现代服务业为主。这些专业面向现代新兴产业、需求稳定、容易就业、收入相对较高，有利于学生摆脱贫困进而实现富裕。受访学生的专业集中于现代加工制造和现代服务业，这与调查地YX市的中等职业教育的专业布局和招生规模相吻合（图5-2所示）。

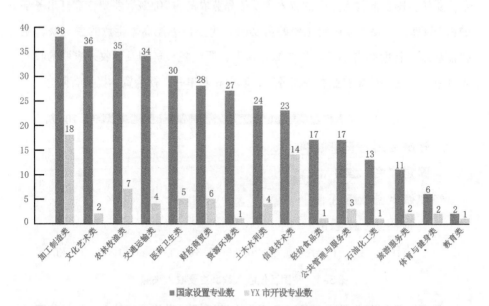

图5-2　受访学生所在YX市的中等职业教育专业设置

其次，学历职业教育为贫困及低收入家庭学生提升脱贫致富能力提供保障。越来越多的贫困及低收入家庭学生通过职业学校进入高职院校学习，既提升了这些群体的学历层次，也提高了他们的技术技能水平。受访学生就读三年制的不到二分之一（49.3%），而报读四年制和五年制的超过五成（50.7%），表明他们中有接近半数已经在接受高等职业教育，由于他们具备了更高水平的理论知识和技术技能，增收致富的能力更加突出。而从家庭发展的角度看，通过高等职业教育可以提升家庭潜在劳动力的人力资本，工作的选择空间和范围更大，获取的收入也更高。总之，通过职业学校让贫困及低收入家庭获得接受高等职业教育的机会，既保障其就业的优势，又发掘其发展的潜力和空间，增强了这些家庭发展的后劲，为贫困及低收入家庭摆脱贫困和实现富裕提供了人力资本基础。

3.信息支撑：为贫困及低收入家庭学生提供职业教育信息的多种渠道

充分和准确的信息往往是个体进行科学决策的基本条件，只是贫困者通常缺少信息来源因而也更容易相信那些错误的事情[1]。为学生及家长提供关于职业教育的准确信息，是学生和家长选择适合的教育的重要前提。职业教育赋能脱贫致富中，贫困家庭在了解职业教育相关信息上具有内容准确和方式多样的特征。

首先，贫困及低收入家庭学生获取职业教育信息的渠道多样化。样本数据显示：近七成的受访学生（66.9%）通过他人获取信息，超过两成的受访学生通过现场宣传（24.7%）和网络宣传（24.3%）获取信息，尚有少量受访学生通过报纸宣传（7.7%）、电视宣传（4.7%）和广播宣传（3.6%）获取信息（图5-3）。另一项针对1074名正在接受职业教育的贫困家庭学生的调查发现：有57.91%的学生进入职业院校前由相关部门办理了贫困家庭子女登记，31.19%的学生接受过职业学校的宣传动员，24.86%的学生接受过就读职业教育试点项目的引导[2]，说明针对贫困家庭学生的职业教育信息支撑更为精准。

---

① 阿比吉特·班纳吉，埃斯特·迪弗洛.贫穷的本质：我们为什么摆脱不了贫穷[M].景芳，译.北京：中信出版集团，2018：294.
② 瞿连贵，石伟平.职业教育精准扶贫的政策设计、实施成效及优化策略[J].教育与职业，2020（24）：30.

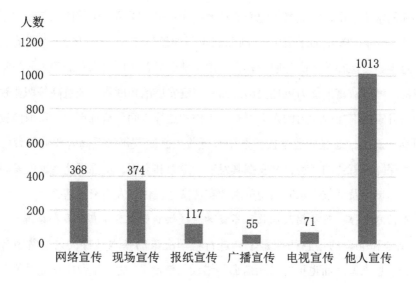

图5-3　贫困及低收入家庭学生了解所在学校的方式

其次，贫困及低收入家庭学生选择职业院校和专业的方式多样化。大部分贫困家庭学生自己决定学校（69.16%）和专业（73.19%），由父母决定的分别占11.05%和10.75%。值得注意的是，无论是在选择学校还是专业时，班主任推荐的仅占1.06%和0.91%（见表5-8）。作为学生关键影响者的班主任为何在重要教育决定上较少发挥作用？访谈发现，原因至少有以下两方面：其一，报读职业院校的学生在初中阶段尤其是后期（通常从初二结束或初三开始时），与班主任的互动已经很少，班主任大多停留于人头管理，很少再有精力投入，学生也很少会采纳其提供的建议；其二，班主任对职业教育的了解也极为有限而且多有偏差，其更为关注普通高中的升学率和考入重点高中的学生。比如，近年来职业院校利用职业教育活动周进入初高中生源学校宣讲时，很少有学校会让即将毕业的学生都参加。通常情况下，学校只让成绩排名靠后的学生参与，更少有班主任参与，因为班主任已将全部精力投注在那些能进入优质高中的学生身上。

表5-8　贫困及低收入家庭学生选择学校和专业的方式

进入所在学校的方式	占比	决定所读专业的方式	占比
自己决定的	69.16%	自己决定的	73.91%
父母决定的	11.05%	父母决定的	10.75%
兄弟姐妹推荐的	1.89%	兄弟姐妹推荐的	1.84%
同学推荐的	2.08%	同学推荐的	1.43%

续表

进入所在学校的方式	占比	决定所读专业的方式	占比
初中班主任或老师推荐的	1.06%	初中班主任或老师推荐的	0.91%
亲戚推荐的	4.22%	亲戚推荐的	3.30%
朋友推荐的	4.38%	朋友推荐的	2.51%
其他	6.16%	其他	5.36%

4.习惯养成：多层面塑造贫困家庭学生的行为

首先，受访贫困及低收入家庭学生遵守基本行为要求情况总体较好。受访学生在受访学期几乎没有请假行为（3.46）和缺席行为（3.71），很少有迟到行为（2.87）（见图5-4）。其反映出，贫困及低收入家庭的学生请假、迟到和缺席行为较少，遵守基本行为要求情况整体较好。对YX市部分职业院校学生管理的进一步调查发现，考虑到学生的生源状况、将来的就业需要、上级绩效考核及内部安全管理等诸多现实，职业院校普遍采取严格管理的策略。这种策略可以较大程度上减少不稳定因素，被研究者称为职业教育办学中"管住学生的管理定位"[①]，受该管理定位的影响，严格一日的常规管理是最常见且极为有效的方式，与之相伴的通常是对违规者严厉的惩罚措施。从学生毕业后适应用人单位的管理和提高自身职业适应性而言，这一整套的管理理念和方法并无不妥之处，因为良好的行为习惯尤其是对劳动纪律和管理制度的遵守无疑是目前企业较为看重的，就此而言，职业院校较为严格的管理取向对于学生的就业是有益的。然而，这一取向对于学生长远发展的影响则有待进一步研究。

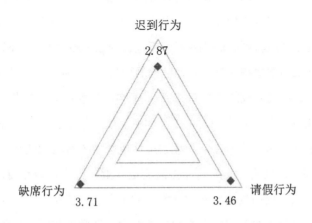

图5-4　受访贫困及低收入家庭学生受访学期行为表现（赋分）

① 周潇.从学校到工厂：中等职业教育与农二代的社会流动[J].青年研究，2015（5）：22-30，94.

其次，普遍认可学校管理要求。样本数据显示，无论对"请假是否会影响学习效果"的理解和认识如何，超过八成的受访者（81.4%）会尽量避免请假，超过九成的受访者（95.8%）会尽量避免迟到（见表5-9）。可见，贫困及低收入家庭学生对学校日常要求表现出较高的认可。基于多方的访谈发现，主要原因可以归结为：第一，企业有用人需求时，向职业院校传递的第一个要求是学生应具备服从管理、吃苦耐劳的精神和团队意识等。职业院校会将其视为学生培养的重要内容，并在日常管理中加以强化。第二，学生相信这一要求与企业的要求是一致的，而且寄希望于从遵守纪律这一"小事"做起，以此提高获得就业机会和工作岗位的概率，而且这一要求对学生没有太多压力。这从职业院校的领导、学生管理部门负责人、班主任等的访谈中再次得到验证。

表5-9　受访贫困及低收入家庭学生对请假和迟到行为的认识

对迟到的态度	占比	对请假的态度	占比
认为会影响学习也会尽量避免迟到	85.6%	认为会影响学习也会尽量避免请假	66.8%
认为会影响学习但不在乎是否迟到	2.4%	认为会影响学习但有事就会请假	12.8%
认为不会影响学习但也会尽量避免迟到	10.2%	认为不会影响学习但尽量避免请假	14.6%
认为不会影响学习也不在乎是否迟到	1.8%	认为不会影响学习，有事就会请假	5.7%

5. 理性选择：贫困家庭在校学生较多参与和自身密切相关的项目

图5-5表明，受访贫困家庭在校学生的课程学习参与度总体良好，但内部差异较大。参与程度从高到低依次为：课后作业（4.51）、课堂笔记（3.91）、课后复习（3.56）和课前预习（2.73）。从积极方面看，超过三分之二的学生（67.1%）能够完全或基本理解教师所讲的内容，超过二分之一的学生（58.3%）会主动回答问题，近九成的学生在课堂上有记笔记的行为（89.9%）和在课堂上能集中注意力（87.6%），超过九成的学生（90.7%）每次或多数时候会按要求完成作业。

透过学生的这些外在表现，可以从职业院校的教学管理和学业评价中找到这些行动背后的逻辑。作业在学生课程最终成绩中占有较大比重，是课程成绩的重要组成部分，只要学生平时能按时完成作业，大多可以获得较好的成绩，学生往往将其视为提高成绩以防"挂科"的重点；学校较为重视课堂管理，往往采取严格的监管手段，课堂上学生的注意力、课堂参与情况也整体较好。与之相反的是，超过四成的学生（41.2%）很少或从来不预习，近四成的学生

（39.7%）很少或从来不复习，这与学生在某些方面的积极参与形成巨大的反差。造成这一情况的主要原因在于，课前预习和课后复习通常没有纳入学业成绩评价，其对学生的实际学习效果有影响但较少受到学生的关注，学生参与的自觉性和主动性自然受到影响。由此，我们不难看出，学生在参与何种活动或项目上，也有着基于自身利益的理性计算，即更愿意参与那些会影响其成绩评定的项目、更容易完成的项目和那些对自身更有利的项目。这对于职业院校的教育教学也具有启示意义，即进一步改进学业评价方式，引导学生关注学习参与，尤其是关注那些对自身长远发展具有重要作用和意义的活动的参与。

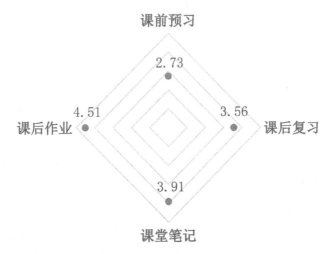

图5-5　受访贫困及低收入家庭学生课程参与情况（赋分）

6.设计生涯：贫困家庭学生有明确的生涯规划意识

首先，贫困及低收入家庭学生有明确的未来规划意识。图5-6表明，近六成的受访学生（56.6%）对自己毕业后的发展有设想而且知道自己想要什么工作，说明这些学生积极思考未来的发展；近四成的受访学生（38.0%）虽然考虑过毕业后的工作却不知道自己想要什么，说明其缺乏明确的职业目标。实现脱贫致富的根本目标，亟待培养和提高贫困及低收入家庭学生对未来发展规划的意识和能力，尤其是应立足其所学专业开展职业规划教育，促进其明确职业发展目标。这不仅能够促进其向就业市场顺利过渡，还可以帮助其树立长远的生涯发展目标，支撑其从摆脱贫困向实现富裕的成功转变。

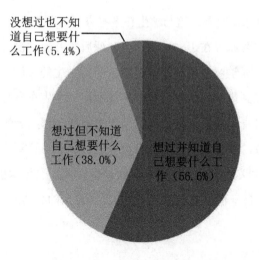

图5-6 贫困及低收入家庭学生对毕业后就业的思考

其次，贫困及低收入家庭学生有明确的就业地点预期。如图5-7所示，超过三分之二的受访学生（71.0%）将大城市视为最理想的就业目标地，而将乡镇所在地视为就业理想目标地的不到十分之一（8.0%），从增收致富的需求看，转移到大城市后就业机会和增收空间相对更大。受访学生的选择与当前农村人口流动的总体趋势相吻合。对于多数家长和学生，通过职业院校学习技术技能而后到发达地区务工就业，以此获得更好的发展、更高的收入和更加开阔的视野是他们的主要目标。由于区域间经济发展差距仍然较大，贫困及低收入家庭学生到大城市尤其是东部地区的大城市就业，往往可以获得较高的收入，这对于其脱贫致富往往有着更强大的支撑力。

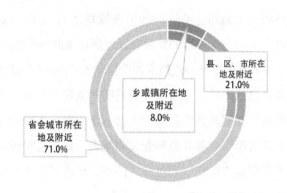

图5-7 贫困及低收入家庭学生的理想就业地点

最后，日渐升高且更加理性的升学追求。超过二分之一的受访学生（50.7%）已经报读四年制（即中等职业学校与开放大学联合办学）或五年制职业教育学校。如表5-10所示，在毕业后的发展方向上，近五分之一的学生（19.9%）选择升学，可见贫困及低收入家庭学生追求升学的趋向有所显现。而在选择升学的学生中，升学原因占比从高到低依次为专业就业前景（45.9%）、自己兴趣爱好（41.0%）、家人是否支持（9.0%）及学校名气大小（4.0%）。由此可见，受访学生在升学时注重现实因素和自身兴趣，前者有利于实现就业，后者有利于发挥自身特长，两者均有利于支撑脱贫致富这一目标的实现。

表5-10　贫困及低收入家庭学生升学意愿及优先考虑事项

对毕业后发展方向的设想	占比	选择升学学生的关注点	占比
找工作就业	58.4%	学校名气大小	4.0%
升学提升学历	19.9%	专业就业前景	45.9%
自己创业	14.9%	自己兴趣爱好	41.0%
没有想过	6.8%	家人是否支持	9.0%

7.综合赋能：贫困及低收入家庭学生获得多维度发展

如图5-8所示，在能力发展的多个方面，贫困及低收入家庭学生自我评价的得分由高到低依次为：明确自身责任（3.94）、与人交往能力（3.84）和健康习惯（3.84）、解决问题能力（3.80）和专业技能（3.80）、自信心（3.73）、文化基础知识（3.70）和学习方法（3.70）。这说明职业院校对于贫困及低收入家庭学生的赋能是综合性的，其中，学生在"明确自身责任"方面的自我评价是最高的，比与人交往能力、解决问题能力等通用能力得分高；而通用能力的发展又比文化基础知识和专业技能及学习方法得分要高，这一结果与对已毕业学生的访谈发现相一致。值得注意的是，由于学生毕业后所面对的职业环境处于快速变化之中，对于学生适应职业变化所需的通用能力而言，学历职业教育发挥了对学生综合赋能的优势，使得学生具备学习新的职业知识和技术的能力，以较快适应职业变革的需要。这样能够更好地促进学生脱贫致富目标的实现。

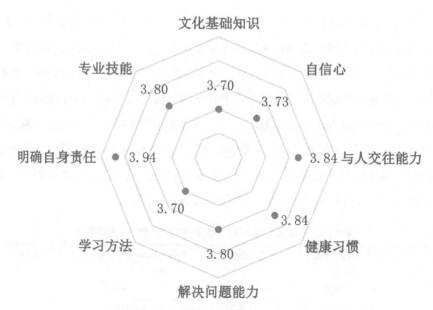

图5-8　贫困及低收入家庭学生综合发展状况（赋分）

此外，贫困家庭在校学生对未来有积极预期。受访学生在能胜任将来所从事的工作（3.83）、知道自己所学专业将要从事的工作（3.81）、知道自己要做的工作所要具备的能力（3.81）等三个方面的综合得分均较高，说明学生对自己所学专业的就业方向、能力要求以及自己对所要求能力的掌握比较满意。换言之，学生对未来就业有积极预期，有利于其顺利过渡到就业岗位并克服职业适应中的问题。

综上所述，在面向贫困家庭学生所展开的学历教育中，职业教育在改善学生自我认知、赋予学生职业能力、塑造学生行为习惯、增强学生发展能力、促进学生生涯发展方面均有积极影响，发挥了职业教育多维度的功能和作用，为学生脱贫致富奠定了能力基础。

（二）贫困及低收入家庭毕业生脱贫致富的实施成效

考察学历职业教育赋能脱贫致富的实施成效，还需要对其毕业后的情况进行持续跟进。贫困家庭毕业生的就业和发展虽然不能完全反映脱贫致富的成效，但是可以折射出这些学生的生存状态和发展前景，以此展现这些群体是否已经脱离贫困状态、职业发展和收入状况如何，从而展现脱贫致富的功效。为此，接下来基于个案访谈，力图呈现该类群体中的部分贫困及低收入家庭毕业生就业创业的实然之境，进而以这些有限的个案推测更多人的发展境况。

1.流动的工作与不变的技能：贫困及低收入家庭毕业生脱贫致富的能量积聚

受访毕业生就业集中于现代加工制造业和现代服务业，与前面贫困及低收入家庭在校学生的专业选择有相似之处。受访者在忆及入学前的专业选择缘由时，认为"好就业"依然是多数学生当时选择的主要依据。前后时间虽然相隔十余年，可在专业选择上的偏好仍旧十分相似，背后的原因是否可以归结为贫困者的"生存优先"逻辑？受访者中除3人分别在上海浦东、浙江杭州、江苏苏州等东部地区就业外，其余13人已回流到西部。就收入而言，所有受访者显然已经远远高于贫困线，他们中的部分已经在职业上实现了发展，有的已经成为企业的管理者，还有2位受访者走上了创业之路，从各方面情况看已经属于富裕水平了。

一个原本学医如今却拥有两家美发店的受访者，显然已经扎根城市（在县城购买住房，两个女儿在县实验小学和实验中学上学，举家在城市生活）。在谈及职业学校的学习经历对她的影响时，她说道："**无论是刚毕业时当乡村医生，还是后来开理发店创业，我都非常注重实用和勤学苦练，而这些想法都深受在职中学习专业和实习时形成的习惯的影响。**"（BY-10）这或许可以归结为职业教育对她的影响，这种影响具有一定代表性。虽然多数受访者目前所从事的工作与在职业院校学习的专业没有直接联系，然而犹如一名工程造价专业毕业却从事汽车修理工作的受访者所谈到的："**市场需要什么，我就学什么；能找到什么，我先做什么；什么能赚钱，我就学什么。**"（BY-03）这是大多数毕业生提及和认可的，这一务实态度与他们之前的职业院校学习经历不无关系。正如另外一名受访者所说的："**职业学校的学习经历让我明白了学习有用技术的重要性，这也是我现在决定学什么技术时的判断依据。**"（BY-05）由于接受过职业院校较为系统的职业教育和技能训练，加上有在发达地区实习和就业的经历，贫困家庭毕业生的思想观念、讲求实效、参与竞争等方面都受到明显影响，其持续发展的能力增强，有利于摆脱贫困和实现富裕。

2.观念的塑造和参与中成长：贫困及低收入家庭毕业生自立和发展的动力源泉

对于已经离开学校多年的毕业生而言，在校时学到了什么、哪些活动是有意义的、对教学有何想法等，可以反映出学生对职业院校教育教学的理解和认识，尤其是学生眼中好的地方和不足之处。一方面，在毕业生眼中，在职业院校学会的最有意义的是做人做事和遵守规则，学校开设的课程门类较多，但能理解和学会的并不多，工作后能用得上的就更少。另一方面，贫困家庭学生对体育竞赛、文艺活动、讲座和报告的印象较深，这些活动丰富了他们在校的生活，激发了他们参与的勇气和战胜困难的信心；参加学生会的贫困家庭学生认为自己在人际交往、勇气胆识、解决问题等方面得到较好锻炼。值得一提的是，对于学校实施的严格管理，受访者多持认可态度，在他们看来，严格管理促进良好习惯的形成，有利于毕业后适应工作。但教学与工作实际差距较大，一名受访学生坦言："在校四年，就学习而言感觉没学到什么，当然混了个文凭，但学会了很多为人处世的道理，到了社会后发现这些道理很实用，让人能理解社会和工作。"（BY-01）学生对于自身的发展也有着更清晰的定位，一名受访者谈到："与初中毕业就出去打工相比，上完职业学校更有优势，只是我很清楚不管做什么，只有从一线做起，踏踏实实干，才会有发展空间，日子才会越过越好。"（BY-12）这种看法代表着绝大多数受访者对自身发展路径的思考。

3. 关键者的理解和信任：激活贫困及低收入家庭毕业生的内源发展动力

对于职业院校贫困及低收入家庭的毕业生而言，班主任是访谈中他们提及最多的学校人物，在学生眼中，班主任是他们成长中的关键支持者。对于贫困及低收入家庭毕业生来说，大多有班主任帮助其渡过难关的切实体验。有学生动情地回忆道："是老班与学校交涉，在我交不起最后一年学费的情况下让我取得了毕业证。"（BY-04）还有学生激动地说道："在我犯错时（与其他班级的同学打架），班主任向系主任和学校领导求情，并为我担保，给了我继续留在学校读书的机会，现在想想非常感激老班，要不是他我早就离开学校了。"（BY-01）在学习方面，大多学生坦承自己的学习效果并不好，学校所学内容与自己工作后用到的相差非常大。或许这与他们在前一阶段的学习中不受重视的体验有很大关系。值得注意的是，一些参与过学生会的毕业生谈到学生会的干部对他们的进步有很大帮助，因为"他们要求严格，鼓励我们大胆做事、想办法把事情做好，逼出了我的胆量，也不怕与人交流了，而这些对于我适应社会非常重要"（BY-03）。只是参与学生会活动的多少，与班主任的理解和支持有很大关系，尤其是贫困家庭学生，他们往往需要班主任的鼓励和支持。受访者反映，一些班主任对学生会的了解不多，认为其耽误上课又不能使学生学到什么东西，不太愿意本班学生参与，担心影响学习。但在学生看来，在学生会中学会的知识和技能要远远多于从课程中学到的，前者对于实际工作中处理社会关系和人际关系更有效用。

4.同伴求助或自己解决：贫困及低收入家庭毕业生战胜困难的主要选项

值得注意的是，除一名受访者遭遇家庭经济困难（因母亲生病住院突然增加开支致使其在毕业时也未交最后一年的学费）外，大多数受访者认为自己在校学习期间几乎没有遇到什么困难。即便遇到困难也很不愿意找班主任和老师，而是倾向于向自己的同学寻求支持，或"自己解决"。在国家建立健全对贫困家庭学生予以资助和支持的情况下，他们之前所面临的并且自己难以解决的经济困难不再是问题了。一些受到过帮助的受访者也坦言，是班主任主动发现他们的困难，也是班主任主动帮忙解决的。换言之，学生是从自己身上和同伴群体中寻求力量和支持的。问及具体原因时，一名受访者说道："**我们遇到问题时一般不会跟老师说，对老师有敬畏之心。**"（BY-12）这种解释或许反映出师生之间的信任度和距离感，毕竟在严格管理的制度取向下，师生之间交流和理解的深度是有限度的。受访者普遍重视学校提供的实习和就业机会，虽然很多情况下学校提供的岗位与所学的专业并无太大关系，但因这些就业岗位多在发达地区，收入较高，只要自己能坚持，挣钱是没有问题的。他们认为能挣到钱可以证明自身的价值，又可以减轻家庭的经济负担，有利于自己脱贫致富。

5.坚守老本行或学习新技术：贫困及低收入家庭毕业生的主要生涯发展路径

就收入而言，受访者已经明显脱离贫困状态。其中3位受访者在城里购买了住房，1位受访者在农村的老家也盖了新房，家庭经济条件有了明显改善，所有受访者近三个月的平均收入均超过国家贫困线标准。就职业发展看，多数受访者目前就业与自己所学专业没有明显关系，其中一名受访者始终坚持在自己的专业领域有所发展，并对此有着自己的认识："**很喜欢自己的专业，虽然有更高收入的工作，但不愿意换来换去的。装饰设计所涉及的知识非常多也很细，学校所学的就是皮毛，想在这行干下去，就只有边干边学。**"（BY-01）这反映出受访者执着于自身专业的职业价值取向。更多的受访者面对社会现实，会选择与原来所学无关的工作。比如一名受访者回忆了如下的经历："毕业时去建筑公司找工作，发现很难找到对口的，好不容易找到了，上班后发现很难适应。当时发现汽修工容易找到工作，收入也更高。后来就到现在所在的修理厂当学徒边干边学，直到现在仍然需要不断学习。不过这样挺好，收入增长还有空间，自己觉得还有奔头。"（BY-03）有类似经历的受访者大多由于工作机会、工资收入、就业环境、劳动强度等各种因素，选择了与原来所学专业没有多少关系的工作。

二、学历职业教育赋能脱贫致富的运行特征

面向贫困及低入家庭学龄人口，实施学历职业教育以促进其脱贫致富，既是职业教育自身面向人人、面向职业、面向实践的优势，也是职业教育被各国视为贫困治理主要方式的最为关键的因素。有研究者认为，职业教育的一大亮点便是在服务脱贫攻坚中所发挥的重要作用；相较于其他教育，职业教育因门槛更低、成本更小、就业通道更直接，不仅点亮了贫困家庭子女的人生梦想，而且阻断了贫困的代际传递，改变了贫困家庭的命运。[①] 不仅如此，实践中的职业教育赋能脱贫致富具有自身特有的运行特征。

（一）职业院校是学历职业教育赋能脱贫致富的重要主体

从运行模式看，职业教育主要可分为学校本位、企业本位、社会本位和混合型等四种模式。中国职业教育以学校本位职业教育为主导，这是理解学校职业教育赋能脱贫致富运行特征的基本前提。从供给侧看，职业院校是学校职业教育赋能脱贫致富的核心主体。现实中，职业院校由不同的行政部门管理。职业院校多由教育行政部门管理，技工类院校多由人力资源社会保障部门管理。两类院校均是职业教育赋能脱贫致富的主导力量。随着职业教育的高移化和职业对劳动者要求的日益提高，未来在职业教育赋能共同富裕的实践中，职业院校的主体作用将更加凸显，而在实现形式上也会有所变化：首先，学校职业教育与企业岗位培训融合的趋势将更加突出。原因在于，基于职业的流动和基于能力的发展是职业教育促进社会流动的本质特征，这也意味着职业教育需要面

---

① 张凡.以职业教育赋能脱贫攻坚[N].人民日报，2020-12-29（5）.

向工作世界和职业领域，积极开发受教育者的人力资本。[①]从最终目标看，学校职业教育赋能脱贫致富功能能否实现，关键在于学生能否获得适合的和高质量的就业岗位，获得企业就业岗位成为贫困和低收入人口摆脱贫困进而迈向富裕阶梯的第一步，而要实现稳定持续的发展，则离不开职后培训的支持，以为处于岗位层级底部的员工提供晋升所需的职业能力。其次，职业能力形成与职业能力积累相互衔接的趋势将更加突显。当前职业教育更多是通过赋予贫困人口面向就业的知识和技能，促进其就业进而摆脱贫困。随着绝对贫困问题得到解决，面对后脱贫时代共同富裕社会的要求，职业教育将更多是为低收入人口改善就业和提升就业质量提供支持，而这种支持集中体现为提升能力水平，以适应不断变化的职业要求，保持对职业的良好适应性。

（二）国家贫困标准是学历职业教育赋能脱贫致富对象确认的基本依据

职业教育具有类型属性、职能限度和功能向度，意味着职业教育赋能脱贫致富的具体对象是有限度的。具体而言，职业教育赋能脱贫致富只适合于具有某些特征的群体。比如，具有就业信息缺乏、职业技能不足、就业适应困难等特征的群体。这些群体在寻找就业机会和适应职业要求上面临着相似的问题，通过学历职业教育可以较为有效地帮助他们克服所面临的问题。现实中，职业教育赋能脱贫致富的对象通常以国家贫困标准为识别依据，受访贫困家庭在校学生超过四成为"低保家庭"（40.3%），近四成为"建档立卡家庭"（38.6%），"残疾贫困家庭"（13.7%）和"城市低保家庭"（7.5%）的总和超过两成。从收入看，近七成（68.3%）的学生认为自己的家庭收入在当地属于低收入。这反映出职业教育赋能脱贫致富的对象识别至少有以下标准：第一类，以国家贫困线为识别标准，即将处于贫困线以下的人口确定为"建档立卡"户，进而将家庭中的贫困劳动力及其子女视为职业教育赋能脱贫致富的对象，前者通过开展职业技能培训而赋能，后者通过学历职业教育而赋能。第二类，以身体状况为标准，即将残疾人口视为对象，进而开展职业教育和培训以进行赋能。第三类，

---

① 瞿连贵，李耀莲.职业教育如何促进社会流动——机理、向度、限度及其进路[J].职教通讯，2021（1）：17.

以区域为标准，比如将深度贫困地区、"三区三州"、连片特困地区的学龄人口和农村劳动力视为职业教育赋能脱贫致富的对象。这种多维度的识别标准，有利于将不同的群体纳入职业教育赋能脱贫致富的范围之内，防止贫困对象的漏出。然而，在实际运行中，这种多维识别方式交叉重合也给一线实践者带来不少困惑。更为重要的是，这些识别标准难以反映职业教育赋能脱贫致富对象识别时应体现的选择性，这种选择性刚好说明职业教育赋能脱贫致富的职能和对象是有边界的，即主要面向有就业潜力和意愿但就业有困难的劳动力。就此而论，英国通过赋予工作贫困人口技能发展权利并将其纳入"国民技能权利"[①]的做法，则有着明确的对象边界。

（三）能力培养与就业服务相衔接是学历职业教育赋能脱贫致富的重要途径

学校职业教育之所以能促进贫困及低收入家庭学生脱贫致富，关键在于职业院校作为专业化的社会组织，从入口上看，连着贫困及低收入家庭的学龄人口；从过程上看，赋予他们职业知识和专门技能；从出口上看，衔接着用人单位和就业岗位，为将这些群体导向就业岗位提供了能力培养和提升的支持。从脱贫致富的基本条件看，职业院校一方面是赋予贫困及低收入家庭学生面向职业的能力培养的专业化机构，具有多方面的资源优势；另一方面，职业院校因与企业有着天然的联系，在就业信息、就业服务、就业岗位等方面具有独特优势。正因如此，职业院校能将所培养出来的学生较为顺利地转化为企业的员工，为他们摆脱贫困和走向富裕奠定基础。不难看出，职业院校的能力培养是脱贫致富的基础，而就业服务则是脱贫致富的重要保证，两者有机衔接起来则是职业教育实现脱贫致富功能和目标的重要途径。

（四）促进就业创业是学历职业教育赋能脱贫致富的根本目标

相较而言，救济式贫困治理着力于解决物质贫困，开发式贫困治理着力于解决收入贫困，职业教育赋能脱贫致富则致力于解决能力贫困这一根本问题，

---

① Learning and Work Institute. Skills and Poverty: Building an Anti-poverty Learning and Skills System[EB/OL].（2016-09-08）[2023-12-21]. https://learningandwork.org.uk/resources/research-and-reports/skills-and-poverty-building-an-anti-poverty-learning-and-skills-system/.

这是拔除穷根，实现持续发展和迈向富裕的根本保障。为此，职业教育助力脱贫致富瞄准能力开发、转化和积累，通过系统化培养和综合性赋能，为贫困及低收入人口获得职业能力和就业机会提供专门支持。由于直面能力贫困这一根本问题，职业教育赋能脱贫致富是最根本的贫困治理举措；由于面向职业和就业，贫困人口可以在较短时间内将自身知识和能力转化为现实生产力。更为重要的是，职业教育通过赋予受教育者综合能力、培养专门职业能力、转变思想观念等多方面功能和优势，为其阻断贫困代际传递提供教育和能力基础。在此基础上，职前教育与职后培训相衔接，是面向贫困和低收入人口脱贫致富的有力教育保障，已成为当今各国贫困治理和优化社会阶层结构的共同选择。

（五）各参与方协同行动是学历职业教育赋能脱贫致富有效推进的重要保障

由于我国的职业教育是以政府为主导的公办学校职业教育，加之脱贫攻坚、共同富裕是党和政府举全国之力实施的国家重大战略，意味着政府主导是职业教育赋能脱贫致富的根本保障和主要特征。具体而言，国家利用政治制度优势，全面动员职业教育系统的资源力量，为贫困及低收入人口接受职业教育提供就业机会和资源支撑。在职业教育赋能脱贫致富的具体运行中，由于涉及多方利益相关者，这是多主体之间互相配合、多方互动的协同行动。从发展趋向看，政府主导不仅体现在制度设计、资源投入和绩效考评上，还表现为联合企业行业以为贫困学生提供就业岗位，从而将经济政策、社会政策、教育政策统筹考虑，为有效汇聚各方力量、积聚职业教育赋能脱贫致富合力创设有利的环境和条件。为此，基于现实国情，以国家力量为主导、统筹协调各方力量，共同为低收入群体增收致富提供支持，进而促进社会各群体融合发展，最终形成职业教育赋能共同富裕的中国模式。

三、学历职业教育赋能脱贫致富的实践困境

事实上，贫困及低收入家庭学生只是职业院校所面对的为数不多的学生群体之一。在实际运行中，职业院校的教育教学活动和人才培养过程更多从绝大多数学生的实际出发，较少有面对贫困及低收入家庭学生的专门设计和制度安

排，对于这些学生面临的特殊问题，也较少有相应的组织保障。这便意味着，贫困及低收入家庭学生的特殊性需求难以通过职业院校常规性的制度供给得到满足，其集中体现在学历职业教育赋能脱贫致富的实践困境上。

（一）激活贫困及低收入家庭学生内源发展动力的投入难以保障

对于贫困及低收入家庭学生而言，激发其学习和成长的动力是对其赋能的前提，关键在于找到切入点并展开持续的关注和投入。现实中，贫困及低收入家庭学生通常分散在班级这一基本教学和管理单位中，班主任则是日常学习生活中这些学生的关键支持者。对贫困家庭毕业生的访谈发现，那些在职业院校改变较大、在企业中成长较快的贫困家庭学生，往往在班级中得到了班主任持续的关注和支持，对于贫困及低收入家庭学生的成长作用较大。对班主任的进一步访谈验证了这一看法，即真正改变贫困学生的自我认知的并非专业学习和技能训练，而是班主任或科任教师的持续关注、鼓励和支持。

然而，在职业院校中能获得班主任或教师持续关注和支持的学生为数甚少，具体原因至少有：第一，班主任多由新入职教师担任，这些教师一方面缺乏学生管理的经验，另一方面缺乏对贫困的必要理解，难以为学生解决自身面临的贫困问题提出有价值的支持和指导；第二，班主任对贫困家庭学生在精力和时间方面的投入难以有效测量，也难以纳入班主任考核和评价范围，与普通学生相比，引导和支持贫困学生所付出的艰辛和努力通常远远高于普通学生，一些教师难以长期坚持对贫困学生的关注和引导，学生在生活适应、人际适应、实习适应方面往往面临更多困难，也更需要关注和支持，为此贫困家庭学生退学率明显高于普通学生；第三，职业院校的班主任事实上承担着多重角色，工作任务异常繁重，班级管理遵循"不出事"逻辑，注意力更多集中于易出事的少数个体，确保不出事，对于家庭贫困学生难以投入更多精力。

（二）赋予贫困及低收入家庭学生内源发展动力的方法较为单一

贫困及低收入家庭学生通常面临多重困境，帮助这些学生形成内源发展动力，往往需要多种方法和举措的长期实施。访谈中发现，少数职业院校探索形成了多元化的方式。学生和教师认为比较有效的方式主要有：学校层面是为贫困及低收入家庭学生设立勤工俭学系列体验岗位、结合贫困及低收入家庭学生所学专业向企业推荐假期短期实习服务岗位，班主任层面是鼓励贫困及低收入家庭学生担任班干部，以锻炼和提升贫困及低收入家庭学生改善自我认知、与人交往、学会做事的能力等等。以上方式对于学生克服自身存在的问题具有积极意义，成为对学生赋能的有效方式。

这些有利于提升贫困家庭学生内源发展动力的方式，组织实施起来较为复杂，往往需要职业院校的精细化管理、班主任在时间和精力上的较多投入。通过调查和访谈发现，能够对贫困及低收入家庭学生进行精细而有效指导的学校为数不多，主要原因在于，个体层面的班主任对于贫困及低收入家庭学生的投入较少纳入考核任务，院校层面该项工作较少纳入上级对职业院校办学评估，缺乏制度保障和外部刚性约束，实践中弹性较大，难以持续。更为关键的是，即便在一些有利于贫困家庭学生能力发展的活动上，不同人所持的看法也不尽相同。比如，部分受访学生认为，担任学生干部不用整天去学习那些自己并不感兴趣的知识，还可以扩大人际交往范围，锻炼自己的沟通协调能力；而部分受访班主任则认为参加学生会影响学习，不支持甚至反对自己班上的学生参与。对于职业院校的学生来说，成长的方式是多样的，不同取向的学生，其成长的方式也不一样，为此应提供多样化的学习和成长方式。

（三）开发贫困及低收入家庭学生人力资本的针对性不强

从已毕业学生的经历看，从事的岗位不同，能力的结构及其各种能力的优先次序也就各不相同。事实上，不同类型的岗位对于从业者的能力要求有很大差别（表5-11）。访谈发现，从事管理类岗位的毕业学生认为，沟通协调的能力最为重要，而这些能力与在学校时担任班委、学生会干部的经历密切相关，对他们而言自然也是最重要的；从事具体技术工作的毕业生则认为，熟练的技术技能操作能力最为重要，这些技能的形成与在校时的专业学习和参加技能大赛的经历密切相关，对他们而言是最重要的；对于非对口就业的学生而言，即既不在管理岗位上也未从事具体技术工作的毕业生（营销类、保险类），则认为语言表达、与人交流的能力最重要，这些能力的形成与他们在校时参加的演讲比赛、讲座和报告密切相关，对他们而言是最为重要的。

问题在于，职业院校难以将学生的未来发展走向加以精确识别，更难以为不同走向的学生提供精准的培养方案，致使用统一的人才培养方案、考核标准去培养具有不同能力需求的学生，而且将关注的重点定位在课程学习这一狭小的范围内。更为关键的是，对于贫困及低收入家庭学生而言，学习行为要真正发生，关键是改变他们的自我认知，找到切入点，激发内在学习动机，而这一点却非常艰难也更为复杂，在很多学生身上并未发生。从现实看，学生毕业后的职业发展路径差异较大，需要不同的能力结构来加以支撑。其对职业院校的启示在于，面对学生多样化的学习基础和发展需求，应注重开展丰富多样的活动，引导学生向多元化方向发展，以提高能力培养的针对性和实效性。如此，才更有可能有效满足贫困及低收入家庭学生的需求，从而更好地促进他们迈向脱贫致富。

表5-11　岗位、能力与培养活动之间的内在关联

所从事的岗位	对自己最重要的能力	在学校时自己认为最有意义的活动
管理岗位	沟通协调能力	担任学生干部或社团负责人
生产技术岗位	技术技能操控能力	专业学习、技能训练和参加技能大赛
普通非对口岗位	语言表达和与人交流能力	参加演讲比赛、听专家的讲座和报告

（四）促进贫困及低收入家庭学生从外部支持转向自力更生的力度不足

国家制定实施资助贫困及低收入家庭学生政策的意图在于，避免学生因经济贫困而失学，从而引发贫困。在现代国家的教育治理中，该政策不仅体现国家对社会特殊群体的发展性扶持，而且是为这些特殊群体提供基本的受教育权的途径。对于贫困治理而言，这是从摆脱贫困到共同富裕的教育行动。职业院校理应在国家现行资助政策下，发挥"教书育人"主阵地的作用，结合贫困及低收入家庭学生的实际，发挥职业教育的优势，打出政策组合拳，积极引导这些学生在国家资助下迈向自力更生。现实中一些院校的做法值得借鉴。如部分贫困及低收入家庭学生积极参与学校提供的勤工俭学、假期企业服务等，既可以增加对职业和专业的理解和认知，又可以减轻家庭经济压力，还可以解决自身生活费不足的难题。现实中，少数贫困及低收入家庭学生不珍惜国家提供的资助，没有将精力投入学习。极少数学生甚至在学习和实习中遇到困难就退学、离职，缺乏独立自主和自力更生的责任意识和行动自觉。这些问题与学校日常教育中重视支持不足有一定关系。实地调研发现，部分院校对贫困及低收入家

庭学生的资助工作，主要停留在落实国家资助政策、上交相关资料、检查执行情况等具体事务上，以确保相关工作不出纰漏和问题。但缺乏对贫困及低收入家庭学生内心需求的关注和回应，较少提供促进这些学生独立、自立意识和能力形成的教育服务。现实中，往往仅要求撰写简单的心得体会，甚至要求学生在公开场合发表感言，这样的举措不仅没有起到教育引导的作用，还会对学生心理造成不必要的伤害。可见，对贫困及低收入家庭学生持续发展能力的培养和关注亟须加强，以为他们形成内源性发展动力提供更加有力的支持。

（五）转化贫困及低收入家庭学生思想观念和发展意识缺乏活力

个体观念的形成与其生活经历密切相关。贫困及低收入家庭的学生持有的思想观念，是其长期生活的体验，具有较强的实践经验支撑。这便决定了对贫困及低收入家庭的学生展开思想教育和引导以改变其思想观念是极其复杂和艰难的，难以在短期内产生效果。而且，其对于思想教育工作者的要求也往往比较高。

首先，面向贫困及低收入家庭学生的思想工作往往缺乏针对性，表现为以面向普通学生的方式方法来引导贫困及低收入家庭学生，由于缺乏针对性，往往难以真正走进贫困及低收入家庭学生的内心世界。事实上，贫困及低收入家庭的学生与普通学生所面临的问题是不一样的。比如，家庭是引发贫困及低收入家庭学生辍学的主要因素，但普通家庭学生更多是由家庭以外的其他原因引发辍学，意味着对于贫困及低收入家庭学生的思想教育，需要基于其面临的特殊问题来具体展开。

其次，面向贫困及低收入家庭学生的励志教育往往缺乏亲和性。现实中励志教育所选的人物和题材大多与学生距离较远，借鉴学习的可能和空间有限；感恩教育活动缺乏亲和性，过于强调要求学生如何做而不是鼓励学生结合自身实际，做些既可以做到又很有价值的尝试；励志教育缺乏人文关怀，尤其没有考虑到学生实际，一些教师对于贫困缺少应有的理解，存在污名化和贴标签现象，使得学生有防备心理；对学生的思想教育更多是从管理思维出发的，缺乏心理发展的思考和视角。

最后，面向贫困及低收入家庭学生的思想工作的专业化程度不高。从队伍上看，贫困及低收入家庭学生的思想工作实施者以班主任为主，缺乏学校层面和外部力量的支撑；从方式上看，开展贫困及低收入家庭学生的思想工作载体以班会为主，并未为这些学生提供专门的有针对性的支持；从内容上看，以日常的常规事务管理工作为主，很少进行专业性指导；从监督上看，学校及教育主管部门侧重于活动的数量和形式，很少考虑实施的成效。

（六）促进贫困及低收入家庭学生从学习向工作过渡缺乏制度保障

贫困及低收入家庭学生从学校向企业顺利过渡，既是实现脱贫致富目标的关键所在，也是提升脱贫致富质量的重要保障。从学校学习到企业就业的实现，涉及多方的紧密协作，而且需要制度保障。现实中仍然面临不少挑战。

首先，学校和企业难以形成共同促进贫困及低收入家庭学生成功过渡的规范化机制。学校和企业更多是从道义的层面理解这一工作的，对学生的帮助更多停留在自发行为这一层面，以此推动贫困及低收入家庭的学生就业，尚未形成规范化和有针对性的制度和机制保障，从这些群体持续发展的内在需要看，亟待加强相关制度建设。

其次，学校和企业很少从贫困及低收入家庭学生实际出发制定促进过渡的有效办法。具体实施中，最为突出的问题为：阶段性教学实习和顶岗实习阶段，贫困及低收入家庭学生流失和离职率高，其不仅阻碍了这些学生将所学知识和技能运用到现实工作中进而生成职业能力，从长远看或将因前期职业适应挫败而对职业发展产生不利影响。虽然学校和企业双方均进行了干预，然而这些干预更多是简单的行政手段，而对于学生流失的原因及应对的举措缺乏深入细致的思考。比如，在学生刚刚进入实习企业、面对工作岗位挑战较多时，缺乏及时有效的疏导和支持。

最后，贫困及低收入家庭学生就业稳定性和脱贫持续性尚未得到应有的重视。通过职业教育帮助贫困及低收入家庭学生实现脱贫致富目标，表现之一就是学生毕业后的稳定就业和增收。为提升学生实习和就业的稳定性，职业院校安排专职人员进入企业，驻厂管理实习学生，对学生展开相关管理和思想教育活动，对入职初期情绪不稳定的学生有较大作用，有利于稳定学生在企业的实习。然而，调研也发现，班主任仅仅关注学生在学校确定的实习期内的帮助引导工作，而对学生实习期满后的后续发展及相关问题的解决，则缺乏引导和支持，难以形成促进贫困及低收入家庭学生稳定发展的态势。

（七）支持贫困及低收入家庭学生稳定就业及促进其生涯发展面临诸多挑战

首先，贫困及低收入家庭学生实习就业时更多考虑短期收入。针对汽车类专业的贫困家庭学生的调查发现，学生刚毕业进入企业后，由于收入相对较低，绝大多数学生便放弃了与其所学专业对口的岗位，而选择工资较高但与所学专业毫无关系的企业和岗位就业。短期看，其收入确实更高一些，但从长远看，难以实现专业经验和技术技能的积累，职业发展空间受到限制，影响职业发展和脱贫致富的质量。

其次，贫困及低收入家庭学生往往缺乏对长远发展利益的考量。比如，报读专业时，大多选择比较热门的但就业时可能已经饱和的专业；就业时大多着眼于眼下的工作舒适度、工资高低而较少考虑未来的发展空间和专业对口情况。对于其持续发展带来不少挑战，解决这些挑战需要多方面的干预。

最后，贫困及低收入家庭学生生涯发展方面的挑战更多。突出表现为遇到困难时更容易放弃，遇到矛盾时更容易逃避。比如，无论在校内学习、阶段性教学实习还是顶岗实习中，更容易提前离开学校，更容易放弃实习，更容易陷入"低技能、低收入、不稳定"的就业和发展陷阱。

第三节　非学历职业技能培训赋能脱贫致富的实证调查

非学历职业技能培训面向特定就业岗位，以具体岗位所需的技能培训为重点，能为具有明确就业去向的劳动力在较短时间内掌握岗位技能提供支持。为此，职业技能培训被各国视为帮助社会成年劳动力尤其是处境不利者摆脱不利处境、改善生活的基本公共服务制度。面向贫困及低收入成年劳动力实施非学历短期职业技能培训，以提供面向具体岗位的职业技能培训，可以在较短时期内促进他们向就业岗位过渡、实现就业、获得稳定收入乃至实现收入增长，进而迈向脱贫致富。接下来，着重从运行特征、实施成效及现实问题三个方面展开分析。

一、非学历职业技能培训赋能脱贫致富的运行特征

面向贫困及低收入成年劳动力的旨在促进其脱贫致富的职业技能培训，既是中国贫困治理的重要实践路径，又是职业院校长期以来发挥自身资源、经验和平台优势以服务社会的重要途径，还是职业院校履行法定职责与创收的重要渠道。考察非学历职业技能培训赋能脱贫致富的运行特征，需要综合考虑政治、教育和民生等方面的背景和因素。

（一）培训资源市场化配置与培训供给优化协同推进

作为资源的掌控者和统筹者，政府能否形成科学有效的资源配置机制，对于其治理效能至关重要，更直接关涉政府服务对象的切身利益。基于政策分析和访谈发现，在面向贫困及低收入成年劳动力的技能培训中，政府依托项目设计和招投标制度，实现资源控制与分配的目标；职业教育和培训机构是项目投标的参与者与培训服务的提供者，同时也是竞争者；贫困及低收入成年劳动力既是职业技能培训服务的对象，更是就业市场的参与者和竞争者。三者之间联系紧密、互相影响。

一是政府对培训资源的行政动员和优化配置。在脱贫攻坚国家战略框架下，面向贫困及低收入成年劳动力的教育培训可以发挥政治、体制和资源优势，在宣传动员网络体系、培训组织实施体系、促进就业工作体系等方面均可实现从国家到村的纵向到底的网络，形成了强有力的组织保障和人力支撑。通过项目设计和公开招标，力图改变竞争缺失、培训供给主体单一、质量不高的状况，以提高政府公共服务的质量和效率。

二是引入市场机制为职业培训机构提供公平竞争机会。由于有强有力的国家信用保障，以及规模化培训带来的相对较高的回报预期，职业培训新机构快速扩张。已有培训机构也纷纷转向贫困及低收入成年劳动力培训市场。对于培训机构而言，要想参与该类竞争以获得机会，需要提高服务质量和品质，尤其是对于民办培训机构，其获得了公平竞争的机会。在此背景之下，原来在该领域颇有优势的公办院校也面临新的竞争环境。这样的环境整体上有助于职业技能培训供给侧的优化。

（二）培训与生产衔接以扩充贫困及低收入成年劳动力的发展权能

就业是居民收入来源和生存发展的基础，也是宏观经济增长的主要动力。[①]就贫困人口摆脱贫困而言，就业是最直接、最有效和最可持续的办法，劳务输出是贫困人口解决就业问题和摆脱贫困最为重要的手段。[②]就业既是贫困劳动力脱贫致富的基本途径，也是政府实现稳定脱贫目标、促进贫困人口向创造社会财富力量转变的根本保障，更是多方利益整合的关键载体。政府通过经济政策创造就业机会的同时，要求培训机构在贫困及低收入成年劳动力和就业机会之间搭建桥梁。为有效衔接贫困及低收入成年劳动力和就业机会，教育和培训机构从自身基础和优势出发，呈现出多样化的实现路径。

一是技能培训+劳务输出和就业服务一体化。该模式在贫困地区新兴人力资源服务机构中较为常见。由于该类组织的主要业务集中在人力资源开发与咨询、劳务派遣和人事代理等服务，与用人单位保持密切联系，掌握劳动力市场的资源，就具备了开展业务的资源和条件。不仅如此，该类组织看到面向贫困及低收入成年劳动力实施职业技能培训的市场空间和可观利润，并为此积极调整业务，重点开拓职业技能培训市场。这正好弥补了公办职业院校实施绩效工资改革后引发职业技能培训供给大幅缩减所带来的市场供给不足，该类组织借机快速抢占职业技能培训市场份额。该类组织拥有丰富的企业人力需求信息，能够较为灵活地整合公办职业院校的培训师资，从而在贫困及低收入成年劳动力和企业之间建立起密切联系，形成了"参加招投标→获得项目→面向贫困及低收入成年劳动力组织招生→实施培训→推荐就业→提供就业及劳务服务"一体化服务模式。

二是岗位确认+岗位招聘+定岗培训+定岗就业。该模式多由用工量较大的企业提出用工需求，再由贫困地区劳务输出协会（多设在村委会）配合用人单位展开招生宣传，培训机构提供培训，最后实现定岗就业。该模式从确定岗位需求出发，逆向寻找符合条件的劳动力，再由培训机构对符合条件的劳动者提供培训，由于有明确的就业去向、岗位要求和收入标准，只要符合贫困及低收入成年劳动力的就业预期，大多能吸引他们的参与，并能促进其向就业岗位顺利过渡。

---

① 万海远. 走向共同富裕之路[M]. 北京：人民出版社，2022：206.
② 莫荣. 巩固脱贫成果 促进贫困人口稳定就业[N]. 人民日报，2020-09-11（9）.

（三）政府与市场和受训者之间基于共同目标的多维互动

透过复杂多样的具体实施方式，可以发现面向贫困及低收入成年劳动力的职业技能培训呈现出政府、职业培训机构以及受训者之间微妙而有趣的互动关系，其背后充分体现出国家对弱势群体能力建设和开发的重视，并通过市场机制为其提供基本的公共服务支持。首先，作为面向贫困及低收入成年劳动力提供教育和培训服务的责任人，政府改变原来直接将培训任务交由公办职业院校展开的管理方式，依托项目管理向社会招投标，创设公平竞争的环境以实现项目治理。其次，公办职业院校不再是理所当然的项目承接人，而是需要与符合条件的投标人竞争，而且需要在公开招投标中获胜才可获得项目，才可获得与之相关的资金支持。面对新的政策环境，对于公办职业院校而言显然是一个新的挑战。这一新的政策也催生了社会培训机构的快速增长。再次，政府与培训对象之间也形成了从直接服务向间接提供服务的转变，而培训对象向就业岗位的过渡也不再是理所当然，而是通过专业机构的中介服务促进彼此之间建立联系。访谈中，某民办培训机构负责人指出："这一制度创新既可以节省政府的时间和精力，又可以发挥专业组织的优势，还可以激活培训市场的供给活力。"（YX-C）实质上，其反映出治理机制创新下政府间接管理与公共服务产品供给优化的新局面，而最直接的受益者则是贫困及低收入成年劳动力。

二、非学历职业技能培训赋能脱贫致富的实施成效

非学历职业技能培训是就业导向脱贫致富的重要载体和制度安排。通过多年的探索实践，中国构建起一套就业脱贫致富的政策体系，旨在脱贫的制度安排以各类职业技能培训为主，旨在致富的制度安排以创业培训为主。该体系坚持服务外出务工和就地就近就业两个发展方向，强化服务、培训、维权三项手段，贫困劳动力务工规模从2016年的1527万人增长至2020年的3243万人，93.8%的建档立卡贫困户享受到了就业帮扶政策。[①]调查发现，面向贫困及低收入成年劳动力的职业技能培训服务，服务对象在年龄上偏大、居住地集中于农

---

① 人社部：93.8%的建档立卡贫困户享受到了就业帮扶政策[EB/OL].（2021-01-26）[2023-12-21].
http://www.chinanews.com/gn/2021/01-26/9396665.shtml.

村；培训费用多由政府统一筹措，受训者培训期间还可获得生活补助；受训者培训后在技术技能、劳动技能、工资收入、自我认知等方面均有明显变化；对培训质量和整体效果满意度较高。

（一）职业技能培训精准聚焦和服务贫困及低收入成年劳动力脱贫致富

从受访贫困及低收入成年劳动力的基本信息看，群体特征明显。首先，在年龄上以成年且30岁以上劳动力为主。受访成年劳动力31～40岁所占比例最高（35.1%），40岁以上次之（32.6%），21～30岁更少（26.7%），20岁以下最少（5.6%）。受访成年劳动力30岁以上的超过三分之二，年龄整体较大，通过进一步的访谈发现，主要原因有两个方面：一是已经培训过且有外出务工经验的劳动力在调查期间（8月份）已经外出务工，留下的多为年龄大也无法外出的大龄劳动力；二是20岁以下青年大多有机会接受学历职业教育，因此很少会参加短期的职业技能培训。其次，在居住地上以农村为主。有98.9%的受访成年劳动力居住于农村，仅有1.1%的居住在乡镇。最后，培训对象以"建档立卡"家庭为主。88.4%的贫困劳动力属于建档立卡家庭，表明职业技能培训精准辐射服务对象的国家政策要求。与此同时，尚有一些属于非建档立卡户、缺乏劳动技能且有培训意愿的劳动力参与其中。从地方出台的相关政策看，贫困地区的农村劳动力在职业技能培训上可以享受与建档立卡户同等待遇。职业技能培训已成为面向贫困及低收入成年劳动力精准发力、形成职业技能培训与促进就业一体化的关键举措。

（二）职业技能培训赋予贫困及低收入成年劳动力多维度发展权能

从国家贫困治理政策的设计意图看，借助职业技能培训以开发贫困及低收入成年劳动力的就业技能、促进他们稳定就业和体面工作进而实现脱贫致富，是职业教育和培训机构发挥优势以助力脱贫致富的重要途径。人力资源和社会保障部与国务院扶贫办联合发布的《关于开展深度贫困地区技能扶贫行动的通知》再次强调，以培养贫困劳动力发展生产和务工经商所需的基本技能为重点，统筹优质职业培训资源，开展精准务实有效的培训服务，促进贫困劳动力实现技能就业，以技能增收摆脱贫困。[①]调查表明，职业技能培训对受访的贫困及低

[①]　人力资源社会保障部 国务院扶贫办关于开展深度贫困地区技能扶贫行动的通知（人社部发〔2018〕63号）[EB/OL].（2018-09-26）[2023-12-21]. http://www.mohrss.gov.cn/SYrlzyhshbzb/ztzl/rsfp/fpzc/201903/t20190307_311568.html.

收入成年劳动力具有多维度影响：一是在收入方面，超过八成的受访者（85.6%）在培训后收入有增加；二是在技术技能或劳动技能方面，超过九成的受访者经过培训掌握新的技术技能（93.3%）、技术技能水平有提高（94.4%）、劳动技能有改进（93.3%）；三是在激活内源发展动力方面，近八成的受访者（79.7%）参加培训后对自己的感觉更好，超过九成的受访者脱贫致富的信心更强（99.3%）、未来生活预期有改进（94.7%）。以上数据表明：贫困及低收入成年劳动力对于职业技能培训有积极体验，多方面受益，职业技能培训赋予了他们发展的权能，增强了他们摆脱贫困和实现富裕的内在动力。

（三）职业技能培训增强了贫困及低收入成年劳动力获得感和幸福感

调查发现，受访贫困及低收入成年劳动力对职业技能培训的满意度较高。具体而言，对培训地点的安排满意度最高（4.46），其他方面从高到低依次为对培训时间安排的满意度（4.37）、对培训教师培训方式的满意度（4.36）、对培训实施质量的满意度（4.33）、对培训内容满足需要的满意度（4.31）、对培训内容能够理解的满意度（4.30）。受访者对职业技能培训各个方面的满意度均较为接近于理想状态（5.0）（见图5-9）。进一步访谈发现，培训对象对职业技能培训有着较高的满意度的主要原因可以归结为面向贫困及低收入成年劳动力的技能培训具有以下特点：一是培训理念上以培训对象为中心，多在培训对象相对容易集中的村委会或村组展开；时间安排上注意错开农忙季节，方便农民利用空闲时间学习技能。二是培训内容以培训对象实际需要为导向，尤其是一些人力资源企业实施的职业技能培训，在组织培训前通常会开展培训需求调查，掌握培训者学习时间、培训方式、内容等方面的需求。三是考虑培训对象的学习基础，特别是对于已参加过培训的贫困及低收入成年劳动力，允许其根据自身实际选择培训内容，从而更具灵活性。四是培训整体质量较高，引入竞争机制后，培训机构优先选择业务能力突出、培训经验丰富、认真负责和责任心强的教师参与培训。事实上，积极的体验和多方面的获得感产生极高的满意度，二者之间是相互支撑和内在统一的。深层的原因则在于，国家将优质资源汇聚并服务于贫困及低收入成年劳动力脱贫致富，为国家如期打赢脱贫攻坚战提供优质资源支撑和必要的条件保障。

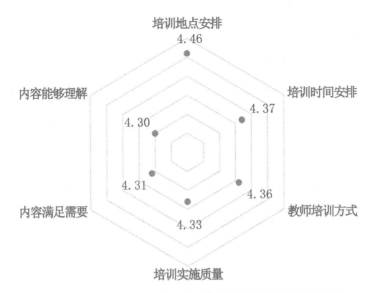

图5-9 受访贫困及低收入成年劳动力职业技能培训满意度

三、非学历职业技能培训赋能脱贫致富的现实问题

基于对培训机构（公办职业院校和民营人力资源服务机构）的访谈发现，非学历职业技能培训所面临的现实问题可以归纳为两个方面：一是国家职业技能培训管理进行改革后带来的新挑战，这些挑战具有普遍性，公办职业院校和民办社会培训机构均面临同样的挑战；二是职业技能培训实施中所面临的问题，面临的具体问题则存在较大差异。

（一）运行机制方面：引入市场机制后的新挑战

随着国家将市场机制引入贫困治理领域，职业教育和培训的市场化改革进程逐步加速。就面向贫困及低收入成年劳动力的职业技能培训服务而言，最明显的变化在于，无论是公立院校还是民营组织，均有平等参与竞争的机会。在此背景下，政府为贫困及低收入成年劳动力提供基本公共服务的方式，从直接依赖行政资源分配转向面向社会公开竞争的资源配置，获得机会意味着拥有相应的资源。为适应这一新的外部环境，职业教育和培训机构以参与政府面向贫困劳动力培训的招标为起点，以成功中标为目标，以邀标内容和标准为遵循，设计培训方案、组织开展培训，培训质量和效果接受招标方验收和评估，验收评估通过后方可获得相应收入，其完整路径如图5-10所示。

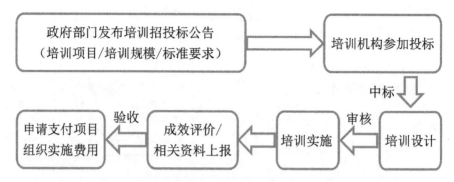

图5-10 培训机构参与贫困及低收入成年劳动力职业技能培训的流程

为有效参与职业技能培训的投标并在竞争中取胜，培训机构需要为此展开细致而复杂的工作，即招标材料的准备制作和全程参与招投标。对于公办职业院校而言，这一新的制度安排带来很大的挑战，主要原因在于，公办职业院校的人员编制通常是以学历教育规模核定的，这便意味着，职业院校以正常学历教育的教职员工，承担起学历教育和社会技能培训任务。招投标工作就使得职业院校本就繁忙的工作人员的工作任务更加繁重。调研中发现，部分院校除了上级分配下来的培训任务之外，拓展和承担社会培训任务的主动性并不高。其中的根由，或许可以从受访的某校职业能力建设负责人陈主任的话中可以看出：

> 农村贫困劳动力培训原来直接由上级部门将任务下达到我们学校，这一点上各地都一样，然后由我们职业能力建设部门组织教师实施培训。政府将培训任务安排给自己办的学校，比较放心，可以得到很好的落实。自从实施招投标后，面对准备招投标材料、参加招投标会议、上报材料及报销费用等许许多多新增的事务，原本就人手紧张的情况更加突出。而我们的编制是按在校生规模核定的，培训又没有纳入学校核定编制的范围，资源和任务很难匹配。（GBYX-01）

然而，在民办培训机构看来，招投标制度的实施，为其带来更多公平参与的机会，虽然所增加的工作确实不少，但可以通过调整业务方向和人员配置得到解决。由于涉及核心业务和新的利润增长空间，民办培训机构通常较为重视。为此，社会培训机构可以发挥灵活性强的优势，会挑选业务能力较为突出的人负责该项工作。

（二）培训实施层面：学员来源和需求多样化与成本约束的内在张力

面向来源复杂的成年劳动力提供技能培训，需要有效权衡学员来源多元化而且基础差异较大的现实情况，以及需求日益个性化与培训组织成本受限之间的内在矛盾。一是学员来源多元且居住分散，难以集中培训，实施成本较高。就学员构成看，有大学毕业生、高中初中生、小学生、文盲等，基础不一；居住分散，学员住在不同的村寨，难以集中，而分散培训的成本又过高。二是学员需求多样，教学过程难以协调。比如，有经验的学员和初学者选择同样的培训项目，在培训内容及技能层次上差异较大；有知识基础的大学生和受教育程度较低的学员学习进度上有较大差异等。三是培训实施上，集中成规模培训（通常60人开班培训）可以降低培训成本，但难以兼顾不同学员的个性化需求，培训质量也难以保障；而分散培训又面临师资的不足以及成本过高的问题，尤其对于民办培训机构来说，若不能获得相应的利润保障，则很可能会退出培训。四是培训的整体质量和效率有待进一步提高。现实中，为争取完成培训指标而重复培训的现象时有发生，调查发现，受访贫困劳动力中，有28.1%的受访者参加过2次，24.9%参加过3次，14.4%参加过4次，说明重复培训的现象不容忽视，需要关注和重视培训效能的提升。

（三）资源整合层面：跨机构合作面临制度阻隔难以形成供给合力

人力资源和社会保障部办公厅于2018年8月发布的《关于深入开展人力资源服务机构助力脱贫攻坚行动的通知》早已明确提出：组织人力资源服务机构联合技工院校、职业培训机构和企业，面向贫困劳动力展开职业技能培训[①]。公办职业院校和人力资源服务机构在组织特征、制度环境和资源基础方面各有优势，若两者能整合各自优势，将可以优化职业技能培训市场的供给力量从而实现更好发展。从调研中的具体情况看，实现人力资源服务机构与公办职业院校之间的整合，至少还面临以下问题：一是激励方面，即公办职业院校参与社会培训获得的收入难以转化为参与培训教师的劳动报酬。比如，教师参与社会培训通常需要深入乡镇和农村，外出时间较长（多为一周），但其工作量是按照课

---

① 人力资源社会保障部办公厅关于深入开展人力资源服务机构助力脱贫攻坚行动的通知（人社厅函〔2018〕198号）[EB/OL].（2018-08-03）[2023-12-21]. http://www.mohrss.gov.cn/rlzyscs/RLZYSCSgonggaotongzhi/201808/t20180824_299819.html.

时计算并按课时计发,难以激发教师参与培训的积极性。为完成培训工作量,大多通过学校强制安排展开。再比如,由于激励不顺畅,公办职业院校参与动力不足,教师参与民办培训机构缺少制度保障,民办培训机构与公办职业院校间的合作难以落实,其动员公办院校教师资源方面的空间也较为有限。二是资源整合方面,公办职业院校职工编制依据在校学生核拨,工作任务较为饱和,难以满足面向贫困及低收入成年劳动力的技能培训对教师的需求。三是不同培训主体间难以真正合作。公开招投标机制促成了公办院校与不同培训机构之间的直接竞争,实际上一些培训机构是缺乏技能培训的师资和设备保障的,不过这并不影响该类培训机构参与招投标。这一矛盾难以调和,引发了三个直接后果:其一,培训资源与培训需求不匹配;其二,培训资源不足之下的培训质量参差不齐;其三,竞争之下难以实现跨机构的资源整合。

(四)培训成效层面:外在激励薄弱与内源动力不足的双重制约

面向贫困及低收入成年劳动力的职业技能培训,培训供给的质量和能否转化为现实生产力,直接决定着脱贫致富的成效。一方面,政府提供了培训资源、经费、补贴、就业机会的系列支持,客观上吸引了贫困及低收入成年劳动力的积极参与。这表现为外部力量推动下贫困及低收入成年劳动力具有较高参与度,职业技能培训覆盖所有该类群体,对贫困及低收入成年劳动力学习技术技能、提高务农和劳动技能的强有力支撑,为其就业和增加收入提供了支持。另一方面,接受培训的贫困劳动力尤其是年龄相对偏大的劳动力,由于受到外出务工不想去(信心和勇气不足、适应新环境困难)、去不了(照顾老人和小孩)、去不远(兼顾农业)等影响,存在培训内容与实际工作和生活不相关的情况。比如,超过一成的受访者参加培训后收入并没有变化(13%),原因就在于接受技能培训后没有真正转化为现实的劳动生产力,说明在培训与转移就业衔接方面仍有不足。此外,随着共同富裕的推进,亟须树立新的理念,增强服务能力,以促进返乡就业创业者在当地务农经商和灵活就业,实现返乡后能稳定就业和发展,成为乡村发展和低收入人口增收致富的引领者,最终增收致富,为乡村振兴和共同富裕提供能力支撑和人才保障。

本章小结

学历职业教育赋能脱贫致富的实施成效主要为面向多维贫困和脱贫难度较大的贫困家庭学生，提供合适的学习机会和优质的资源支撑，实施长周期和系统化培养，实现综合性赋能，为贫困及低收入家庭学生摆脱贫困和迈向发展奠定了坚实基础。具体实现路径为以职业院校为主体，以国家贫困标准为识别依据，以能力开发与就业服务衔接为途径，以促进就业创业为载体，以摆脱贫困和实现富裕为目标，以学校学习实训和企业实习锻炼共同赋予贫困及低收入家庭学生能力为保障。在激活贫困及低收入家庭学生内源发展的意识和能力、激活动力的方法、开发的质量和针对性、促进向工作过渡的制度支撑、支持生涯发展等方面尚有较大改进空间。

非学历职业技能培训赋能脱贫致富的实施成效集中体现为聚焦并服务农村贫困及低收入成年劳动力，开展实用技术或职业技能培训，多维度激活这些群体的内源发展动力，以较高的满意度提高这些群体的获得感和幸福感。具体实现路径表现为政府统筹配置培训资源与引入市场竞争相结合以优化培训供给，技能培训与劳动生产有效衔接以扩充贫困及低收入成年劳动力发展权能，基于共同目标的政府与市场组织和贫困及低收入成年劳动力多向互动等。面对国家治理改革的新形势和低收入群体增收致富的新诉求，职业技能培训面临培训供给主体需要适应市场化改革、权衡学员和需求多元与培训成本约束之间的内在张力、跨机构合作面临制度阻隔难以形成合力、外在激励薄弱与内源动力不足双重制约等现实挑战。

第六章

职业教育赋能脱贫致富的内在机理与影响因素

进一步追问职业教育何以赋能脱贫致富，需要归纳和提炼职业教育赋能脱贫致富的内在机理与影响因素。具体而言，从作用机理和影响因素出发，综合理论梳理、历史考察、现状调查和比较分析的成果，结合中国脱贫致富的历史实践，借助对学校职业教育和非学历职业技能培训的分析，阐明职业教育赋能脱贫致富的内在机理与影响因素。

第一节　职业教育赋能脱贫致富内在机理与影响因素的内涵

内在机理旨在阐明职业教育促进脱贫致富的基本原理，反映职业教育赋能脱贫致富的内在和深层原因。影响因素旨在阐明影响职业教育赋能脱贫致富功能的具体因素。这些因素或表现为有利于赋能脱贫致富功能发挥的支持性环境和条件，或表现为制约职业教育赋能脱贫致富的不利环境和条件。

一、职业教育赋能脱贫致富的内在机理

基于低收入人口的群体基础特征、经济发展水平、脱贫致富理念等的区域间差异，职业教育赋能脱贫致富在实践层面表现出丰富多样的实践形态。这些不同形态既反映出各地资源禀赋、教育保障、经济发展等方面各不相同的现实，更体现着职业教育赋能脱贫致富的表现形式。就实质而言，这些不同的实践形态背后隐藏着共同的原理，即职业教育赋能脱贫致富的内在机理、职业教育赋

能脱贫致富何以可能的理论解释。

（一）内在机理

机理是对隐藏在现象背后的本质性和关键性问题的思索和追问，旨在揭示事物之间相互联系和作用的方式。机理与机制之间有着显著的区别，机理更多指理念，具体由相应的数据和事实组成，只是机制的部分内容；机制的关注点在"制"，即规则、条件或约束。两者在具体运用时也有明显区别，侧重于系统内部各要素的运行、强调理论解释时，应优先使用机理；强调系统各要素对其他要素或者系统的整体影响、突出限制和规则时，则应优先使用机制。由此可知，内在机理是指事物各要素对事物的影响方式和各要素间相互作用、相互联系的规则和原理。内在机理可以解释事物发展变化的原因，呈现事物之间的内在关系，反映事物特定功能的生成及原理；内在机理揭示的是事物的本质和规律。探讨内在机理，可以更准确地把握事物发展的方向和趋势。

（二）职业教育赋能脱贫致富的内在机理

已有研究对职业教育赋能摆脱贫困的机理展开了深入细致的探讨，只是这些讨论更多聚焦于宏观的制度和规则层面，对内在机理这一更为微观的问题则缺乏应有的关注，较少从低收入者的视角加以考察。职业教育赋能脱贫致富的内在机理需要阐释的是，职业教育赋能脱贫致富的组成要素、各要素间如何相互作用、内含的基本原理是什么等关键问题。

1.职业教育赋能脱贫致富内在机理的内涵实质

职业教育赋能脱贫致富的机理所要揭示的是，职业教育为何能促进社会处境不利者改善生存状况，包括减轻贫困、摆脱贫困、预防返贫、持续发展乃至实现富裕。换言之，关注的问题是职业教育对何种低收入者产生作用、产生何种作用及如何发挥作用，彼此之间是如何发生关联的。职业教育赋能脱贫致富的机理呈现的是，纷繁复杂的职业教育赋能脱贫致富的实践形态背后所隐藏的共同的原理，是透过脱贫致富现象对职业教育赋能脱贫致富实质的反映和呈现。从内涵实质看，职业教育赋能脱贫致富的机理可以简要地表述为：面向有劳动能力和劳动意愿的低收入者，借助多种方式的教育和培训，开发面向职业领域优质就业岗位的能力，促进高质量就业以实现能力转化和积累发展，进而摆脱贫困、迈向发展和实现富裕的过程。图6-1直观地呈现了职业教育赋能脱贫致富的内在机理。

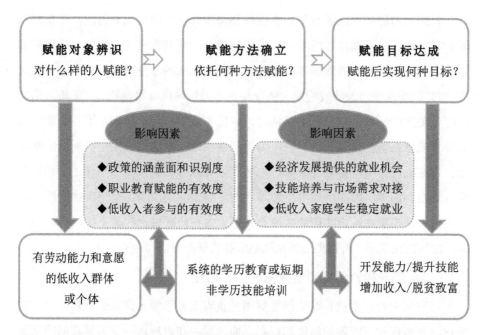

图6-1　职业教育赋能脱贫致富的内在机理

2.职业教育赋能脱贫致富内在机理的主要特征

职业教育赋能脱贫致富的内在机理侧重于本质性和规律性，阐明了职业教育之所以能赋能脱贫致富的学理依据。相较于其他脱贫致富的方式方法，职业教育赋能脱贫致富内在机理表现出以下特征：

（1）职业教育赋能脱贫致富专注于个体的能力建设开发。以特定群体或个体为对象，以职业教育和培训为主要手段，赋予低收入者参与社会劳动进而实现发展的权能，促进低收入者优质就业和能力发展，从而摆脱不利处境、持续发展进而迈向富裕。相较于其他方式方法，职业教育赋能脱贫致富直指低收入者能力尤其是职业能力不足这一深层原因，通过能力开发和建设，为从根本上解决能力不足问题提供基础和保障。通过面向低收入者的职业能力开发，提升他们参与社会活动尤其是就业竞争的能力，从而实现增收致富的根本目标。

（2）职业教育赋能脱贫致富专注于促进个体就业创业。职业教育是面向就业的教育类型，从广义上理解，任何教育最终都服务于受教育者获得某种职业、收入来源和社会身份。需要强调的是，职业教育不仅仅要考虑低收入群体的就业需求，更要考虑低收入人口在接受职业教育过程中的各种风险和挑战，并采取有效干预措施以确保预期目标的实现。在职业教育赋能低收入群体发展的行动中，针对低收入群体对职业教育的认知不足所实施的精准宣传、针对低收入家庭学生自信心薄弱容易辍学的励志教育等"扶志"行动、针对低收入家庭学生在就业时可能遭遇的困境而实施的精准就业帮扶，均充分体现出职业教育赋能脱贫致富的就业导向，以及为此所展开的有针对性的系列支持行动。

（3）职业教育赋能脱贫致富专注于个体的可持续发展。基于各国在经济发展水平上和职业教育制度安排上的差异，面向脱贫致富的职业教育制度设计也不尽相同。比如，在实施方式方面，发达国家更多以技能培训为主，其与低收入者大多具有扎实的文化知识和理论基础密切相关；发展中国家尤其是实施分轨制的国家，更多将学历职业教育和非学历技能培训有机结合，其与这些国家的学生较早分流、文化知识和理论基础薄弱密切相关。然而，共同的趋势是，各国高度重视为低收入群体提供终身的教育和培训，以适应职业世界的变化，防止其在生命历程的各个阶段陷入不利处境。换言之，职业教育不仅应赋予个体摆脱不利处境的能力，更要赋予他们持续发展的能力。总而言之，面向脱贫致富的职业教育，应将服务对象适应当前工作的就业能力培养和支撑长远发展的能力培养有机结合起来。

（三）职业教育赋能脱贫致富内在机理的运行实施

内在机理还反映着职业教育赋能脱贫致富的实施主体、实施路径和实施目标三者之间联系紧密、彼此互动的基本面貌。图6-2呈现出职业教育赋能脱贫致富内在机理的运行实施情况，实施主体表示由谁来实施，实施方式表示如何来实施，实施目标表示为何而实施。

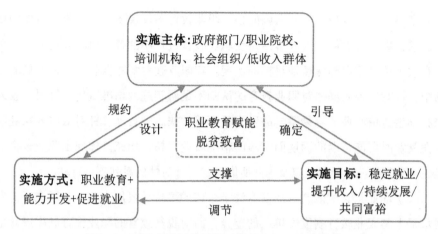

图6-2 职业教育赋能脱贫致富内在机理的运行实施

1.实施主体：利益相关者共同参与和协同行动

实施主体是指负责组织和实施的人，即职业教育赋能脱贫致富的实施者。随着现代治理理论的兴起和推广应用，政府在公共事务治理尤其是促进社会公平中负有主要责任已渐成社会共识，已是各国职业教育赋能脱贫致富实践中普遍遵循的原则。需要注意的是，单凭政府自身力量并不能促进弱势群体的发展，也不能达成脱贫致富的目标。就职业教育赋能脱贫致富而言，政府部门、市场机构、社会力量和低收入群体等利益相关方的共同参与和有效互动是必不可少的，不过在各自所承担的责任上却有着明确的边界，依据就是各自的职责职能。

对于参与者之间的关系，通常有两种主张：一种是主张政府有责任并且应承担主要责任，为低收入者改变不利处境和状态提供服务和支持，以欧洲为代表；与此相反，另一种则主张低收入者应对自己的不利处境负责，国家只承担有限责任、提供有限支持，以美国为代表。近年来，这两种主张已出现不同程度的调和，在具体实践层面更多表现为政府主导下社会力量和个体力量的相互结合。就中国职业教育赋能脱贫致富的现实而言，政府部门、职业院校或培训机构、企业行业、社会机构、低收入者的共同参与既是根本保障，又是基本特征。

其一，政府部门提供职业教育赋能脱贫致富的组织保障。主要职责是统筹协调各方力量、提供政策和制度供给、资金筹措和供给保障、动态监控和效果评估。近年来，政府部门更加明确自身的职责和权限边界，主要集中于政策制度设计、公共服务供给和项目监督检查，构建了"中央统筹、省负总责、市县抓落实的工作体制"①，将精力集中于关键环节，提供了如期打赢脱贫攻坚战的制度保障和迈向共同富裕的治理方案。

其二，教育机构提供职业教育赋能脱贫致富的能力保障。教育机构主要指职业院校和培训机构，主要职责和功能在于发挥自身的组织和职能优势，为低收入者能力发展、技能训练及向就业岗位过渡提供专业化支持，进而搭建起连接低收入者和就业岗位的桥梁。与此同时，部分职业院校还直接参与所在地政府组织实施的乡村振兴、各类社会人员职业技能培训等工作，利用自身优势，动员和招收低收入家庭子女接受职业教育或为低技能劳动力开展实用技术培训，直接服务于脱贫致富和共同富裕社会建设。

其三，企业提供职业教育赋能脱贫致富的岗位保障。企业是就业岗位的最大提供者，企业的重要功能在于为具备岗位所需的知识和技能的低收入劳动力提供就业机会和工作岗位，并为这些劳动力提供必要的支持，使其稳定就业以获得技能训练、职业经验积累和收入保障。还有一些企业（比如碧桂园集团）通过直接面向低收入家庭子女招生办学和提供就业岗位，探索出从人口到出口、从脱贫到致富的企业主导模式。

其四，社会组织提供职业教育赋能脱贫致富的环境保障。作为积极而关键的社会力量，社会组织通过提供资金支持、策划公益项目、开展行动研究等方式，积极参与针对低收入者的能力开发、性别意识提升、公益性岗位创设行动，以此提供职业教育赋能脱贫致富的新思路和新方案。比如，英国儿童救助会在中国实施的"寻英儿童"项目，上海佰特公益基金会实施的"儿童财商教育"等，通过早期的教育和培训干预，面向低收入家庭学龄人口提供专项能力和职业能力开发的支持。

其五，低收入群体提供职业教育赋能脱贫致富的动力保障。职业教育赋能脱贫致富目标的实现，与作为实施者和亲历者的低收入群体的积极主动参与密切相关。低收入群体的识别是否科学合理，关系到职业教育赋能脱贫致富的效益。职业教育赋能脱贫致富的对象界定，主要有两种思路：一种思路是通过明

---

① 习近平.习近平谈治国理政（第四卷）[M].北京：外文出版社，2022：132.

确的标准和依据加以确定。比如，中国政府将收入低于国家贫困线的家庭及其成员纳入免费职业教育和技能培训的服务对象。这种思路在资源供给不足、低收入群体数量庞大的情况下具有合理性，而且实施成本相对较低。另一种思路是以群体特征为标准和依据加以确定。例如，经合组织成员普遍将青年、妇女、工作贫困工人等群体纳入职业教育和培训救助对象，美国将救助对象接受教育和培训并积极寻找工作视为服务对象获得国家救助时应履行的义务。由此可见，要将低收入群体转变为促进发展的力量，既需要一系列的政策保障，更需要相应的制度环境的支持。

2.实施方式：围绕个体能力建设多举措相互融合

尽管各国对职业教育的理解和实践不尽相同，然而，由于职业教育赋能脱贫致富指向就业创业，以促进就业创业为目标，在实施方式上，各国普遍强调发展符合本国经济发展实际、面向就业和创业的教育和培训，并将其与就业市场和工作岗位具体要求紧密衔接。从现实来看，由于区域经济社会、产业发展、现实状况及国家治理政策的差异，职业教育赋能脱贫致富的理念和模式也不尽相同，在实施方式上也有着很强的区域特色，具体而言，主要有以下几种：

第一种，学历职业技术教育+促进就业服务。该方式主要体现在针对低收入家庭的学龄人口的脱贫致富中，基于学校本位的职业教育，通过正规学历教育，为低收入人口和弱势群体提供教育保障，提升面向发展的通用能力和面向某一领域职业的专用能力。同时，利用职业教育机构与用人单位合作的平台和资源优势，为低收入者提供实习和就业支持，帮助低收入者顺利过渡到就业岗位，进而依靠就业收入实现脱贫致富的目标。中国已从脱贫攻坚转向共同富裕，并且高中阶段教育已经普及，在此情况下，学历职业教育将成为职业教育赋能共同富裕的基本实现方式，将为低收入者和处境不利者改善处境和实现发展奠定基础，是职业教育赋能脱贫致富的基本实现路径。

第二种，非学历职业技能培训+就业岗位支持。该方式主要面向非学龄低收入成年人，通常以短期的非学历职业技能培训为载体，通过提供特定职业的技能及技能等级证书服务，促进低收入者向特定就业岗位转移就业。具体而言，该路径通过两种方式发挥作用：一是将西部地区、少数民族地区等农村劳动力转移到城市、东部地区就业，通常是在就业岗位确定之后，以引导性培训、常识类培训为重点，培训时间较短（多为2天至2周），培训结束后即转移就业。二是面向城乡低收入劳动力、失业者、留守老人所实施的"促增收技能培训"专项行动，由于这类培训主要面向较为简单的生产加工项目，就业技能培训多由企业提供。针对有意向的劳动者，组织1～2天（比如藤编加工）或1—2周（比如劳保手套缝制）的培训，形成"就业技能培训＋上岗操作"这样一种模式，其是经济发展滞后地区面向农村成年劳动力，提升其务农和外出务工或居家就业能力的基本方式。

第三种，创业教育培训＋创业支持。从促进低收入者就业增收致富的现实需要看，开办个体工商经营实体以实现自我雇佣是重要方式之一，是谋求生计和实现发展的重要途径。然而，该种路径普遍面临相关知识、技能和经验不足的挑战。近年来，部分国际组织将创业教育和培训项目引入低收入者可持续发展领域，并逐渐与职业教育相结合，探索基于专业的创业教育，成为促进低收入群体增收致富的重要方式。在具体实施中，一种是将创业与学校职业教育相融合，在学校职业教育过程中，通过课程或专题讲座等形式加以实施；另一种是单独开展创业教育和培训。在中国职业教育赋能脱贫致富的实践中，由于创业本身就是低收入者摆脱不利处境和实现发展的重要途径，是脱贫致富得以实现的根本保障，这种方式逐渐得到政府的重视和推行。为促进从教育培训向实践行动的转化，政府出台系列政策，为创业的低收入者提供启动资金、税费减免等系列支持，旨在形成以创业促增收致富的新模式。

第四种，在岗技能提升专项行动。该项目主要面向在岗职工，开展工作本位的学习，以面向岗位的知识更新和技能提升为目标，以在岗职工尤其是由生产技术或生产工艺更新导致原有岗位技能难以适应和胜任新要求的职工为重点，旨在增强员工适应新的岗位技能和岗位胜任能力。事实上，一些发达国家（比如日本）具有面向企业在岗人员开展技能培训的模式，具有促进企业技术升级和员工收入增长的双重效益。随着技术进步和产业转型升级，中国政府制定和实施终身职业教育和技能培训制度，以应对新的需要。国务院制定的《关于推行终身职业技能培训制度的意见》（国发〔2018〕11号）明确提出：面向城乡全体劳动者，完善从劳动预备开始，到劳动者实现就业创业并贯穿学习与职业生涯全过程的终身职业技能培训政策①。该政策的基本出发点在于，帮助劳动者适应不断发展变化的就业环境和职业要求，以预防工作适应困难的发生为逻辑起点，以岗位专业技能和职业通用技能为重点，确保劳动者与社会技术进步保持良好适应性。

第五种，稳步推行学徒制培训模式。学徒培训与就业联系更加紧密，与就业衔接更加畅通，是发达国家促进青年就业的重要举措。中国政府也将学徒计划视为促进就业的重要渠道，人力资源和社会保障部等2020年制定的《百万青年技能培训行动方案》将青年学徒培养计划纳入六个行动计划，明确学徒培训主要采用职业教育院校和企业共同参与的双师带徒和工学交替培养模式进行，对组织企业新型学徒制培训的单位按每人每年5000元以上的标准给予补贴。②值得注意的是，良好的基础教育是发展优质职业教育的必要前提，在其已成为普遍共识的背景下，为适应技术快速变化、职业环境加速变化的需要，一些国家加快发展学徒培训项目，以高等教育毕业生为重点，通过以企业为本位的培训行动，为受培训者提供基于职业、面向就业的技术技能支持。此举可以有效降低青年大学生的失业风险，有效防止其陷入不利处境。中国政府已将中国特色高质量学徒制纳入议事日程，对于帮助弱势群体迈向中等收入群体将发挥积极作用。从实现共同富裕的社会目标看，高等教育和优质企业共同参与的高级学徒制将发挥更加积极有效的作用。

3.实施目标：能力发展+就业创业+增收致富一脉相承

前已述及，职业教育赋能脱贫致富的根本目标是通过能力建设和发展，赋予低收入者获得面向就业创业的能力，进而迈向增收致富和自主发展之路。实现这一目标，涉及系列环环相扣的重要环节。其中，能力发展是基础，就业创业是关键，稳定就业和可持续发展是目标。

第一，促进低收入者面向职业的能力发展。一方面，提升基本能力有利于低收入者阅读与工作相关的文字材料（比如安全操作指南、工艺流程图）、理解信息（车间管理制度）、进行基本计算（计算产量、领取材料、核算工资）。这

---

① 国务院关于推行终身职业技能培训制度的意见[EB/OL].（2018-05-08）[2023-12-21]. http://www.gov.cn/zhengce/content/2018-05/08/content_5289157.htm.

② 人力资源社会保障部 财政部 共青团中央关于印发百万青年技能培训行动方案的通知[EB/OL].（2020-07-21）[2023-12-21]. http://www.gov.cn/zhengce/zhengceku/2020-07/31/content_5531384.htm.

些基本的能力主要在基础教育阶段通过课程学习和练习而形成。然而，现实中为数较多的职业院校的学生并没有很好地掌握此类基本能力，需要通过模块化的课程加以强化。另一方面，提升职业技能有利于扩充低收入者面向工作岗位的知识和技能，主要是面向工艺流程，掌握完整的生产环节、每一环节的操作要点，这些能力在实训、实习等过程中形成和发展。此外，提升低收入者沟通交流和解决问题的能力，这些能力是可迁移能力，对于其持续发展至关重要，其主要通过社团活动、兴趣小组、实习实训获得。

第二，促进低收入者就业创业的实现。从职业院校的功能、资源、优势等方面看，关键在于通过校内设施设备及实训材料，为低收入者提供技能训练的机会，以促进其养成特定职业和岗位的实践能力；通过阶段性教学实习和顶岗实习，为低收入者提供岗位体验、岗位综合实践的机会，以此促进其对职业的理解和对岗位的认知；通过与企业合作的平台和资源优势，为贫困者提供就业岗位支持，促进其向劳动力市场跨越。这一环节的实现，是上一环节发挥作用的关键所在。

第三，获得稳定收入以此实现持续发展。能否实现增收脱贫致富，进而向自主发展跨越，关键在于贫困者能否获得稳定的就业机会。稳定的就业机会，可以提供稳定的收入来源，而且可以增进对自我的积极认知，形成积极的心理预期和更强的成就动机，以此为低收入者迈向自主发展提供坚强有力的心理力量。更为关键的是，通过长期稳定的工作，有利于形成提高工作效率的经验优势和技能熟练度，而这又是获得高收入的重要保障。

二、职业教育赋能脱贫致富的影响因素

从职业教育与低收入者之间的内在关系看，可将职业教育赋能脱贫致富的影响因素划分为职业教育的因素、参与者的因素、政策的因素及经济的因素。

（一）职业教育能否赋予低收入者内源发展动力

从个体增收致富的持续性看，唯有赋予低收入者面向职业和自主发展的能力，才能帮助他们摆脱贫困，实现稳定增收和迈向发展。职业教育自身的内在品质和质量水平，对于低收入者的能力发展具有至关重要的作用。其在某种程度上决定着职业教育对低收入者能否产生真正影响以及影响的大小。

1.职业教育能否激发低收入者学习兴趣和改变自我认知

由于初中阶段淘汰性的教育选拔机制，进入职业院校的学生就认知方面而言，表现出学业成绩普遍偏低，而深层次则体现为对自我的认知偏差，普遍缺乏学习方面的自信。在对学生的访谈中发现：部分初中阶段成绩在班级靠后的学生，从初三开始便处于边缘状态，回忆初中学习生活时，他们大多有着以下相同的经历：

我们通常被安排在教室的后几排，教师很少会检查我们的作业，上课时只要不讲话和不干扰教师上课就行，很多时候我就选择睡觉（Y-C-02）。

这些学生中绝大多数认为自己属于不学无术之人，不是学习的料，形成消极的自我预期，甚至对学习有恐惧感。而针对低收入家庭学生课堂表现的实地调查发现：学生课堂参与的有效性低，课堂教学中与学习无关的行为发生率较高。而对科任教师的调查发现，对于他们而言，最难的不是教学过程，而是如何调动学生学习的积极性和兴趣。实现这一目标，关键在于通过将活动和项目引入课堂，让学生体验成功，通过不断的成功体验改变自我认知。在此基础上，将学生带进专业，对专业产生兴趣，有了兴趣，学校的教育教学才会对学生产生作用。问题是，这一关键环节在大多数教学中缺失。由此可见，对于低收入家庭学生乃至职业教育的学生而言，学校的教育教学活动应以改变学生的自我认知为基础，让学生找到专业和课程的兴趣点。

2.职业教育能否促进低收入者的综合职业能力发展

从应然看，面向职业需求的能力主要有方法能力、社会能力和岗位能力。方法能力反映个体解决实际问题时的思维方式、资源动员、方案制定；社会能力反映学生的社会网络构建、社会资源动员、社会关系处理；岗位能力反映个体所拥有的面向特定职业的专业知识和技能。而且三者之间是相互联系和影响的：从能力生成的内在规律看，方法能力的提升有利于社会能力和岗位能力的生成；从能力的层次结构看，方法能力应处于能力层级的底部，发挥基础性和支撑性作用。针对在赋予低收入家庭学生综合能力方面的优先顺序究竟如何这一问题，关键在于遵从认知规律和职业能力发展规律。首先，在方法能力上，着力促进学生有效提升学习能力；其次，运用有效的方法获取职业能力和岗位能力；最后，在掌握方法能力和岗位能力的过程中，学生获得交流、合作、分享等适应社会的能力。这些能力是学生成功走向职业生涯和适应社会的能力基础。

从实然看，职业教育在赋予低收入家庭学生能力的内容维度或层次上是有较大差异的。这主要表现有两个层面：其一，在能力观念层面，直接表现为发达地区对不同的能力均有所关注，学生更可能获得综合性发展，而贫困地区可能更关注岗位能力尤其是操作层面的技能培训；其二，在能力发展策略层面，具体体现为有的院校侧重于具体操作技能的训练，注重发展岗位导向的能力，而有的院校注重学生持续发展能力的培养，注重生涯发展的能力。以上两方面的差异会导致职业教育赋予低收入家庭学生能力在层次和方向上的差异。

3.职业教育赋予低收入者的能力能否与市场需求对接

在各类教育中，就职业教育与经济的内在关系看，职业教育与经济发展的关系最为密切也最为直接，职业教育是推动经济发展的决定性力量。[1]职业教育的供给能否满足市场需求，既与职业院校的办学理念密切相关，也与当地产业发展状况紧密相关。从这一角度看，欠发达地区在职业教育发展中，一直存在着与当地产业联系不紧密、支撑当地发展能力不足的情况。在此背景下，欠发达地区职业教育与市场的联系程度及有效性，将直接影响低收入家庭学生能否增收脱贫致富：一方面，职业教育赋予的能力如能转变为就业中的现实生产力，将对贫困产生直接影响；另一方面，基于市场需求设置专业可以更好地将低收入劳动力成功过渡到就业岗位。由此可见，与市场需求的匹配度是职业教育影响脱贫致富的重要因素。

（二）低收入者是否全过程有效参与职业教育

1.低收入家庭学生能否变被动学习者为主动学习者

职业院校学生的学习基础薄弱，学习方法不佳，内在动机不强，参与意愿和有效性相对不高，多处于被动学习、低效学习状态，改变这一状态对职业院

---

① 翟海魂.发达国家职业技术教育历史演进[M].上海：上海教育出版社，2018：223.

校的教育教学理念、方法、课程均提出了较大挑战。现实中,贫困地区的职业院校多疲于招生、困于管理、难于教学,针对贫困家庭学生,在精准招生宣传、精准培养帮扶上难度更大,成为改善贫困家庭学生学习状态的阻力,也是学生参与职业教育的关键影响因素。

2.低收入者能否与职业教育和培训机构形成合力

这种合力突出表现在两个方面:一是当贫困家庭学生有退学想法时,家长的态度和与教师的配合情况对学生能否持续留在学校有重要影响,现实中贫困家庭的家长对孩子很少产生影响,缺乏与孩子交流、沟通的方法和技巧;贫困家庭学生也很少与教师沟通,教师很难发挥相应的作用。二是在实习教学阶段,由于实习地点较远,当学生在实习过程中遇到困难时,家长要么无法了解自己孩子的真实情况,要么即便了解了也毫无办法。以上情况直接影响学生能否完成学业、能否实现顺利就业,进而影响摆脱贫困这一目标的完成。从根本上看,家长能否与教师互动以形成学生成长中的正能量,将成为影响贫困家庭学生参与职业教育有效性的重要因素。

3.低收入者能否顺利完成学业或技能培训

事实上,贫困家庭学生辍学的风险高于普通家庭学生,内在原因十分复杂,退学前毫无征兆,难以监测和控制,贫困家庭学生留在学校是反贫困能够实现的前提和保障。贫困家庭学生在学校能否有效学习,是职业教育反贫困普遍面临的另一个挑战,表现为如何将贫困家庭学生带进专业领域,使其对专业有兴趣,愿意学、主动学。由此可见,留住学生和确保学生有效参与学习,是发挥反贫困功能和作用的重要基础和保障。

(三)参与主体间能否有效互动和相互配合

从参与主体看,职业教育反贫困涉及政府部门、职业教育和培训机构、贫困群体以及企业等多方面的参与者,它们之间的积极互动和有效配合,决定着职业教育反贫困功能和目标的实现。

1.构建互动机制和平台

职业教育反贫困涉及多个参与主体间的互动,不同参与主体间能够进行有效沟通,关键在于机制的保障。为此,形成顺畅的沟通协调机制以解决现实问题尤为重要,其关系到反贫困工作的有序推进。从现实看,学校职业教育反贫困的实施以职业院校为主体，比如从招生到就业均按职业院校的管理制度和流程开展，较少涉及其他部门。关键在于面向成人的职业技能培训，多部门下达扶贫培训计划、分别组织实施的情况仍然存在，缺少组织层面的协调和沟通机制，不利于资源整体效益的发挥。

2.主体责任履行状况考核和问责

职业教育反贫困目标的达成，必须从关键环节、重点工作抓起。从国际成功经验和国内实际进展看，通过开展履职监督可以有效解决质量保障的难题。有效的质量保障通常由第三方机构独立实施，并促进职业教育机构持续改进。为此，加强职业教育质量问责是较为可行之策。在具体的问责中，应关注贫困家庭学生巩固率、毕业率和稳定就业率，职业院校服务脱贫攻坚、促进弱势群体发展、开展面向弱势群体的培训等内容，确保切实履行主体责任。

（四）职业教育赋能脱贫致富政策间是否协调

无论学历职业教育还是非学历技能培训，均瞄准和服务于贫困劳动力，其对象具有共同特征，职业教育反贫困政策需要保持内部的协调性。

1.政策对象的协调性

职业教育反贫困的形式并不唯一，不同的形式其适用对象和优势也各有不同，其意味着，在政策设计和实际实施层面可能出现政策对象交叉重合与遗漏等系列问题。就实践来看，学历职业教育反贫困、职业技能培训反贫困、东西协作反贫困等均为主要的反贫困形式。而在对象上，这些形式对于贫困家庭学生、贫困劳动力都适用。在实地调研中，针对初高中未升学学生，地方扶贫部门会动员其参加免费技能培训，而职业院校则会动员其通过学制教育寻找工作，其背后一定程度上反映出考核管理上的冲突和混乱。事实上，学历职业教育的综合影响通常优于技能培训，但技能培训的时效又优于学历教育。这便带来一个问题，当政策对象出现冲突时该如何处理？

2.资助资源效率的高低

资助资源理应为贫困者减少接受教育和培训的直接成本和间接损失，如此一来，既可增加教育和培训对贫困劳动力的吸引力，也可实际上减轻贫困者的经济负担。实现这一目标，需要对资助政策和方法进行科学设计。现实中，这一政策有所流变和扭曲。比如，在实际执行中，出于管理的便利，一些地方将补助资金直接一次性发给贫困者，而贫困者领到补助资金后参与性大为降低，更有甚者不再参与培训，直接影响到效果。再比如，面对贫困者参与积极性不高的情况，一些培训机构不是想办法从培训的供给侧出发，分析原因以提高服务质量，而是给贫困者发补贴以留住他们，致使部分资助资源没有发挥其应有的功能和作用。这些问题值得关注并应采取有效应对举措，以切实提高资助资源的效益。

3.政策对低收入群体的发展能力支撑

从反贫困的效果看，越有力的政策，越能培养和激发贫困者内生动力和持续发展的能力，这样才能为贫困者稳定脱贫和迈向发展提供能力基础和保障。这也是积极反贫困政策的显著特征。在职业技能培训反贫困实施中，一些贫困者在国家、地方和帮扶者的多方支持下，可获得物质和资金资助，已能解决生存问题，不愿参加培训，更不愿意就业。这一现象在扶贫车间建设中尤为突出，原本为贫困者就地就近就业设计的岗位却很少能吸纳到贫困劳动力；即便有些贫困劳动力进入其中，但其在工作态度、学习主动性、工作责任心上远不如普通劳动者，因为对于他们而言，已经获得生活保障，没有生活压力。归根结底，应支持贫困者发展能力，应明确其应尽的责任，基于这一出发点设计有利于能力发展的反贫困政策。

（五）能力开发能否与市场需求匹配

职业教育与经济发展之间联系密切，主要表现为职业教育为经济发展提供所需人力，经济发展为职业教育提供经济保障。具体而言，可以从两个方面理解两者之间的关系：一方面，技能开发应立足经济发展所需，也就是职业教育专业设置或技能开发的逻辑起点是劳动力市场的需求，表现为职业教育是面向就业的教育；另一方面，技能开发有其自身的独特性，其服务于人的全面发展，以促劳动者在劳动力市场中找到适合的位置，表现为职业教育促进个体发展和促进个体与职业的匹配。前者更多体现为企业导向，后者更多体现以人为本。

1.经济政策与就业机会

从一个国家或地区的经济发展政策看，所采取的政策取向会影响到就业机会的创造。技术密集型的经济发展政策以技术创新或技术优势为主，相较而言所创造的就业机会也较少；与此相反，劳动密集型的经济政策以劳动力的规模化就业为主要目标，提供的就业机会相对较多。从我国当前的经济发展看，发达地区逐步由劳动密集型经济向技术密集型经济转变，贫困地区技术密集型和劳动密集型经济都较少，就业机会主要集中在发达地区。经济发达地区职业教育发展得相对较好，对劳动力的需求也相对较大；反之，贫困地区经济和产业发展相对落后，职业教育规模较小、层次不高和结构较为单一。在此情况下，贫困劳动力也多通过转移到发达地区就业进而实现脱贫。可见，经济发展政策与技能开发之间的匹配度既是职业教育能否发挥作用的关键，也是影响职业教育反贫困的重要因素。

2.技能开发与市场需求

职业教育和培训从本质上看属于技能供给，技能供给能否在市场中变现，关键在于其是否满足企业的技能需求。为此，技能开发与市场需求的匹配度近来受到越来越多的关注，因为其关系到职业教育供给能否转变为就业市场所需的劳动力，从而影响职业教育的效能和劳动者能否实现就业。由于技能需求千变万化，而技能供给短期内相对稳定，两者之间难以完全实现匹配。这便决定了对于贫困劳动力的人力资本开发与变化中的市场需求的吻合度直接影响到反贫困目标的实现。从实践经验看，针对贫困劳动力开展的定向培训和定岗培训，因将技能开发与技能使用紧密联系在一起，确保贫困劳动力能获得就业岗位，在现实中取得良好的效果。这也再次证明，技能开发与市场需求的关系既影响职业教育对经济的适应性，又反映出职业教育反贫困效能发挥的制约因素。

3.技能开发与经济政策

有效发挥技能开发的功用，要求职业教育与经济政策密切互动。其表现为技能开发水平与经济发展水平相互适应、技能开发数量与劳动力市场的就业机会相匹配、技能开发内容与就业岗位要求相匹配。面向贫困劳动力的技能开发，既要考虑贫困劳动力所在地经济发展的状况，又要考虑将这些劳动力转移就业的方向和可能的空间。因此，一方面是立足当地经济发展和就业机会，开发适应当地发展、能够实现就地转化的技能培训，比如扶贫车间中的技能培训和就业；另一方面考虑到当地无法吸纳而需将劳动力转移就业，通过企业冠名班和订单班、现代学徒制等模式，将贫困者技能开发与企业劳动力需求直接连接起来，实现技能开发与经济发展的有效衔接。

第二节 学历职业教育赋能脱贫致富的内在机理 与影响因素分析

作为职业教育赋能脱贫致富的主渠道，学校职业教育直接瞄准低收入家庭的新生劳动力，发挥自身开展学历职业教育的优势，依托长期性和系统性培养，将通用能力培养与特定职业能力培训相结合，促进低收入家庭学生就业创业，以此实现增收脱贫致富。

一、学历职业教育赋能脱贫致富的内在机理

学校是启发智慧、赋权增能、消除愚昧、培养人才的专业化组织。与普通学校相比，职业学校更加鲜明地面向职业世界和工作需要，培养人、塑造人，进而将受教育者导向职业世界。这便意味着，学校职业教育赋能脱贫致富的着力点是，开发低收入者面向职业的知识和能力，实现的路径是教育与就业的密切关联和一体谋划，目标则在于通过就业创业改变生存发展状态，实现增收脱贫和逐步走向富裕。

（一）逻辑起点：专注于低收入家庭学生面向职业的能力开发

阿马蒂亚·森（Amartya Sen）指出，在私有制市场经济体中，人们公认的典型权利关系包括四类[1]，其中包括自己劳动的权利（own-labour entitlement），森将这一权利界定为一个人有权拥有自己的劳动能力、与劳动能力有关的以贸易为基础的权利、以生产为基础的权利[2]，劳动权是生产权和贸易权的基础。需要注意的是，对于低收入者而言，拥有劳动能力是获得生产权利和交易权利的基

---

[1] 这四类权利关系是指以贸易为基础的权利（trade-based entitlement），即一个人有权拥有通过自愿交易所得到的东西；以生产为基础的权利（production-based entitlement），即一个人有权拥有用自己的资源或在自愿的基础上使用雇佣来的资源所生产出来的东西；自己劳动的权利（own-labour entitlement），即一个人有权拥有自己的劳动能力，进而有权拥有与自己的劳动能力有关的以贸易为基础的权利，以及以生产为基础的权利；继承和转移权利（inheritance and transfer entitlement），即一个人有权拥有他人自愿赠予他的东西，但后者对这些东西的所有权必须是合法的，而且，这种赠予可能要等到赠予者去世后才能生效。参见：阿马蒂亚·森.贫困与饥荒[M].王宇，王文玉，译.北京：商务印书馆，2019：2-3。

[2] 阿马蒂亚·森.贫困与饥荒[M].王宇，王文玉，译.北京：商务印书馆，2019：3.

本前提；由于劳动收入是他们的主要收入来源，劳动能力的高低是其获得交易权利多少的决定性因素。提升低收入者的劳动报酬进而提升其收入水平，是改善低收入者生存和发展状况的基本要求。

由上可知，对于以劳动收入为主要收入来源的低收入者来说，较强的劳动能力是这些群体能够脱离贫困进而实现富裕的基本前提。这也意味着，职业院校应以赋予低收入者面向就业和创业、支撑和助力职业发展的能力为逻辑起点和重要目标。实现的关键在于，立足专业、面向职业，实施有组织、有计划、系统性的培养，从基础能力、方法能力和职业定向能力等方面赋予低收入者就业能力，为其顺利进入就业市场、获得稳定就业机会和收入来源夯实基础。

（二）实现路径：学校专业训练和企业能力训练的深度融合

如何赋予低收入群体面向就业创业、可持续发展的职业能力，是职业院校普遍面临的实践难题。从低收入群体获得劳动能力的角度看，关键是构建基于他们的学习需求和学习基础、符合职业能力生成规律的教育教学方式。原因在于，只有教育方能提供学习机会和氛围，使学习者能够真正自由地展开探索和表达，学习者将会把自己有意识的选择和已内化的价值观落实到实际行动中去[①]。对于职业院校而言，应发挥自身优势，推进产教融合校企合作，赋予低收入群体职业实践和体验的支撑，为其向就业岗位过渡进而转化为劳动力提供有力支持。

一方面，职业院校应开展价值观教育，赋予低收入人口改变自身不利处境的信心和能力。联合国教科文组织强调指出，价值观代表人生的理想和目标，价值观可以激发情感以给予人们思想和理解动力，形成个人行为内在的驱动力。[②]从受教育者的实际和未来发展看，对于低收入人口而言，关键是让其认识到职业对于个人发展的重要意义，理解个人获得就业机会需要接受职业教育，进而增强获取面向职业能力的积极主动性。激活了低收入人口内在的学习驱动力，才能进一步赋予他们跨专业的基础能力、专业知识和专业技能，确保其获

---

① 联合国教科文组织国际教育和价值观教育亚太地区网络.学会做事：在全球化中共同学习与工作的价值观[M].余祖光，译.北京：人民教育出版社，2006：19.

② 联合国教科文组织国际教育和价值观教育亚太地区网络.学会做事：在全球化中共同学习与工作的价值观[M].余祖光，译.北京：人民教育出版社，2006：11.

得适应职业岗位、支撑职业发展的能力。

另一方面，职业院校和企业深度融合，强化低收入人口综合职业能力培养。比如，现有的阶段性教学实习、"引企入校"建生产实训车间、校企"双主体"培养的现代学徒制等，便是立足职业教育人才培养规律、结合中国职业教育发展的现实，为低收入人口发展面向职业的劳动能力并向就业顺利过渡提供了制度性保障，在低收入人口劳动能力培养和转化为现实生产力过程中，发挥着积极而重要的作用。

（三）目标定位：促进稳定就业和创业以脱贫致富

虽然贫困表现为经济上的贫困，但是造成贫困的根源性问题很大程度上是人力资本的贫困[①]；就业是脱贫的重要渠道，促进贫困劳动力稳定就业是脱贫攻坚的重大措施[②]。学校职业教育赋能脱贫致富的根本目标在于，通过能力培养和能力转化，为低收入家庭新增劳动力从学校向劳动力市场过渡、从潜在劳动力向现实生产力转变、从依靠资助学习者向依靠自己劳动跨越提供教育服务支持和能力发展保障。

职业教育赋能脱贫致富的实现，一方面离不开低收入人口提升自我发展的能力，职业院校应立足社会所需开设专业，面向职业所需培养人才，为低收入人口成长为技术技能人才提供能力支持；另一方面离不开职业能力向生产力的成功转化，立足低收入人口就业和创业需要，职业院校应突出就业教育创新创业功能，旨在促进低收入人口就业创业的实现，这既符合职业教育的办学定位和有利于实现人才培养目标，又能够促进低收入人口增收脱贫，进而促进其迈入中等收入群体。

综上可知，职业院校作为职业知识和技能培养的专业化社会机构，可以利用自身优势，聚焦于低收入家庭学生的实际需要，着力发展其面向职业和就业的综合能力；通过与企业的深度融合，为这些学生综合职业能力的提高和向就业岗位的过渡搭建渠道和提供平台支持，突出就业和创业教育，促进低收入家庭学生就业和创业的实现，以此增收致富和迈向发展。

[①] 曾天山.教育扶贫的力量[M].北京：教育科学出版社，2018：160.

[②] 曾天山.教育扶贫的力量[M].北京：教育科学出版社，2018：174.

二、学历职业教育赋能脱贫致富的影响因素

学校学历职业教育赋能脱贫致富功能的发挥和目标的实现,受内、外部条件的双重影响。两者之间互相影响、相互促进。从内部因素看,一方面,学校职业教育功能的充分发挥,有利于赋予受教育者持续发展的能力,因而使其也更有能力摆脱不利处境,可视为脱贫致富的必要条件;另一方面,低收入者完成学习和实习、在岗位上稳定工作则是其摆脱不利处境进而迈向发展的重要保障。从外部条件看,学生所学知识和技能转变为工作中的现实生产力,进而促使其实现增收,则是脱贫致富的关键条件。需要注意的是,只有将内外部因素结合起来,才能真正发挥职业教育赋能脱贫致富的功能和价值。

(一)职业院校对低收入家庭学生能力的培养

作为专业化的组织,赋予低收入家庭学生发展能力,是职业院校面向低收入家庭学生最为根本、最为基础和最为核心的职能和任务。履行好这一职能和任务,受到多方面因素的影响,需要得到这些因素的支持和配合。

1.低收入家庭学生完成学业是能力培养目标达成的基本条件

从职业教育办学实际看,低收入家庭学生辍学一直是普遍存在又难以攻克的顽疾。其引发学生过早离开学校而进入社会,加之缺乏对过早离校学生返回学校重新获得学习机会的制度安排,致使这些过早离校的学生,尤其是因违纪或难管理而被学校开除学籍或被劝退的学生,很多既没有继续接受教育,也没有进入劳动力市场,在家长教育管理缺失的情况下,闲游于社会中,成为不稳定的因素。访谈发现,部分学校出于减少班级管理压力、降低学生出事概率的考虑,选择对班级中那些难以管理、遵守规矩意识差的学生予以劝退。据调查,全国中等职业学校学生流失率接近10%,这其中一部分学生是因经常违反校规校纪而被劝退的。

另一个挑战是,低收入家庭学生的辍学率明显高于普通家庭学生。针对班主任的访谈发现,这些学生退学前毫无征兆,多数情况下也不愿与班主任和家长沟通,一旦提出退学申请,班主任和家长很难再将他们留在学校。这便带来一个突出的问题:学生流失后为本就脆弱的家庭增加了再度陷入不利处境的风险,使得对其进行能力培养的目标难以实现。值得反思的是,一些职业院校尤

其是中等职业学校中，学生有辍学想法的比例很高，而且为数不少的学生在初中阶段便有离开学校的想法，迫于义务教育阶段"控辍保学"的管理要求，他们大多被迫留在学校，但不一定有学习行为。进入高中阶段后，他们来到新的环境，要么因为在学校找不到他们想要的乐趣，要么因为所在学校管理严格难以忍受，这时候往往选择离开。为减少退学中可能遇到的劝阻，他们大多选择在周末回家后失联，节假日、寒暑假结束后不再返校。在此情况之下，单凭家长和班主任的力量难以发挥作用，应有新的制度安排，以发挥学校、家长、社工的作用，不仅劝返学生，而且稳住学生。

2.低收入家庭学生有效参与学习是脱贫致富实现的重要保障

有效参与教育教学是低收入家庭学生成长发展的重要保障，也是他们积累知识和技能、提升综合能力的必要条件。不可否认的是，职业院校在激发学生有效参与教育教学活动时面临难以突破的挑战，主要原因在于教学难和管理难是职业院校普遍面临又难以克服的障碍，而对低收入家庭学生进行有效教学和管理的挑战更加突出。

首先，现有课程设置模式难以适应低收入家庭学生的基础。职业院校中的低收入家庭学生大多初中阶段学习成绩不理想且多受冷落与忽视，这在一定程度上对学生的自我认知产生不利影响，甚至部分学生对学习本身有抵触情绪，其表现为一些学生进入职业院校并非出于个人选择而是家长要求。对于这些学生而言，理论学习是他们最难以适应也是效果最不理想的学习。不过，绝大多数学校在课程安排上，一般遵循公共文化课+专业基础课+专业实训课+专业实习课的原则，第一学年主要为公共文化课和专业基础课。学生刚进学校就面临难以适应的理论课，这已成为学生入学第一学期流失率较高的重要原因之一。

其次，现有教育教学难以支撑低收入家庭学生持续发展。从学生理论学习普遍困难但兴趣爱好多元的实际看，课程学习只是职业院校学生学习的形式之一。从学生毕业后的发展方向看，专业理论知识和职业技能也并不是他们职业生涯的决定性因素。比如，对于非对口就业的学生而言，最重要的是其主动学习和积极沟通的能力；对于从事营销和管理的学生而言，最重要的是胆识、沟通和说服能力；对于对口就业且从事具体业务的学生来说，最重要的才是专业知识和操作技能。现实中，课程学习仍然是职业院校学生学习的主导方式，而且通常面临课程设置缺乏科学规划、教材选用偏离学生实际、教师教学有效性不足等问题，对教学质量的监测注重形式，教学有效性难以保障。而有助于学生的团队沟通、表达说服、组织策划等能力的社团活动、比赛竞赛等活动则没有得到应有的重视和发展。与普通家庭学生相比，低收入家庭学生更多游离于课堂之外，既没能掌握在他们看来高深难懂的理论知识，也很少有机会提升对其后续发展更有支持力的跨专业的通用能力。

再次，学业管理难以保障低收入家庭学生获得成长。职业院校学生多为农村和低收入家庭学生，具有理论学习薄弱但动手愿望较强、认知能力不足但兴趣广泛、自我认识欠佳但抗挫折能力较强等特征。这与学生在早期教育阶段的经历和体验相关，也是早期阶段升学导向和淘汰性选拔制度的后果。针对这一特殊情况，职业院校在学业考核方式上并没有相应的调整。其一，公共文化课和专业基础课仍以笔试为主，以学生的弱项评价为主，难以体现学生的专长和优势，且与生活和职业的关联度不大，学生学习兴趣缺乏、对学业考试不关注，考试中多持应付态度，实际上即使科目考试不及格对学生也没有太大影响。其二，实践教学过于简单，缺少科学合理的教学设计，多以简单的操作步骤为考核依据，学生很容易通过考核，没有得到专业技能方面应有的提高。

最后，思想教育难以满足低收入家庭学生的个性化需求。面对职业院校学生多样化性格特征，理应提供多样化、个性化、职业化的管理和服务，如此才能更好地服务于学生向职业人成长发展。现实中，面对低收入家庭学生特殊的心理认知、适应困境和发展障碍，往往缺乏相应的管理和支持性服务。第一，缺少心理学的管理视角和服务支持。比如，面对低收入家庭学生所面临的辍学风险，很少从心理咨询的视角进行预防性干预，针对他们自信心不足、与同学老师沟通不畅、内心孤独等特殊问题，没有应有的支持。第二，多把低收入家庭学生当普通学生对待，缺乏针对性的励志教育，学校层面和班主任层面均很少进行有针对性的引导和帮扶工作。甚至一些地方要求受资助学生写心得体会、发表感言等，实际上这或许是对学生的一种伤害。现实中，一些低收入家庭学生不愿意申报助学金、奖学金，与此不无关系。第三，学生管理中缺乏赏识教育的视角和理念，对违纪学生重处罚轻转化。一些学校对于违纪学生，或要求其回家反省一周，或通知家长到校配合处理，而对于违纪学生违纪的原因和预防及干预缺乏深入的分析。部分学生迫于家长的压力或在全体学生面前检讨的压力而选择离开学校，学生缺少获得感，更缺少本应从学校和教师那儿得到的支持。

（二）低收入家庭学生学业和实习就业的达成率和质量

通过职业教育促进低收入家庭学生脱贫致富目标的实现，离不开两个重要的保障环节：一是低收入家庭学生顺利完成学习并顺利过渡到就业岗位；二是低收入家庭学生就业的质量。两者密切相关，共同决定脱贫致富的成效和质量。

其一，能否顺利完成教学实习和顶岗实习。对于职业教育而言，校内教育教学只是人才培养的一个部分，而且完成这一部分的任务并不困难，困难的是顺利完成实习任务。而从目前普遍采取的做法看，通常有阶段性教学实习和顶岗实习。前者时间较短，通常为2～8周，有明确的实习目标和任务，由于时间短，有班主任或科任教师陪同，学生几乎都能适应，很少会有学生中途退出。而在顶岗实习中，低收入家庭学生大多从西部到东中部地区实习，面临气候、饮食、管理等适应问题，加之学生开始实习后，生产任务较重，普遍需要加班，并且时间较长（通常为6个月），学生流失情况突出。虽然学校一般会派出班主任驻厂指导，但面对学生流失这一问题，学校能发挥的作用非常有限。学生通常在未告知班主任的情况下便离职，导致学生实习的中断。更为严重的是，实习阶段的这一经历，对其后期的就业发展同样会产生不利影响。因为在就业中遇到困难时，那些实习阶段放弃实习的学生更有可能放弃就业。而从职业院校对教学实习的安排来看，仍有较大的改进空间。

其二，能否顺利度过初次就业的适应期。这对低收入家庭学生能否体验到职业成功至关重要。比如，低收入家庭学生尤其是男生报读汽修专业的学生较多，而学生毕业后能在这一职业上发展的少之又少。经过对学校、企业及学生的访谈，发现原因至少有：（1）从学校层面看，为了增强学生学习的信心，无论是在招生宣传还是主题班会或教师上课时，都会反复告诉学生一件事："某某同学原来学的就是这一专业，毕业后到了哪里就业，收入几千元一个月。"这种简化版的宣传至少忽略了两个至关重要的细节：首先，这些同学是经过何种努力、掌握何种能力才拿到如此高的工资的，学生误以为只要能毕业就可以拿高工资；其次，这些同学是经过多长时间才拿到如此高的工资的，学生误以为毕业后就可以拿到。可见，这种过于简单的宣传信息给了学生过高的预期，将关键内容省略了。（2）行业的特殊性。再以西部某地级市的汽修行业为例，学生刚进入企业时，通常以学徒工的身份上岗，收入极低（多为1000～1500元，一些学生甚至不到1000元），对于多数学生来说还不够开支。但只要能坚持半年，一般会升为中工，收入接近2000元，若还能再坚持一年且上升为高工，收入可能就会翻一番，超过4000元。然而，大多数学生并不熟悉行业人才成长的特殊规律，也缺乏长远的眼光，致使在晋升之前就放弃了，错失了依托经验转化和技能积累发展致富的机会。

（三）低收入家庭学生能力生成与能力转化之间有效衔接

从职业教育外部的因素看，低收入家庭学生所学知识和技能能否转变为职场中的现实生产力，决定了学生能否摆脱不利处境进而实现有质量的发展。从现实看，低收入家庭学生及来自家庭方面的两个因素会影响到能力培养向能力转化。

第一个因素，学生对专业的认知及基于此的职业喜好度。部分学生进入职业院校时，对专业没有了解，其专业多为父母所选，即父母认为好但自己不在乎，在校期间虽然学了专业知识，也有了专业技能，但对职业依旧没有了解。毕业就业时对职业较为迷茫，遇到什么就做什么，遇到困难就跳槽，所学专业知识和职业技能很难转化为现实生产力。

第二个因素，家长对职业及其孩子的态度。那些认为孩子还小工作不工作无所谓的家长，在孩子实习和就业遇到困难时，往往和孩子站在同一立场，使得孩子更容易放弃实习或就业，这一情况在低收入家庭中往往更为常见。其背后的思考逻辑通常为，孩子还小不愿上班也没什么。不过更多的家长是因为平常对孩子没有影响也难以改变孩子的决定，又或是担心不同意可能激发孩子的过激行为。家长更多是处于无能为力的境地。尤其需要注意的是，这种情况在低收入家庭多于在普通家庭。可能的原因在于，低收入家庭父母在教育子女的理念和方式方法上多少有些偏差。在此情况下，学生所学也很难转化为现实生产力。

第三节　非学历职业技能培训赋能脱贫致富的内在机理
与影响因素分析

非学历职业技能培训是当今世界各国职业继续教育的重要组成部分，是终身教育理念下面向低收入劳动者的基本公共服务支持。由于职业技能培训的内容实用、方式灵活、周期较短、适应性强、成效产生较快，已成为各国面向成人的重要发展项目。

一、非学历职业技能培训赋能脱贫致富的内在机理

相较于职业院校学历职业教育，非学历职业技能培训的服务面向更为专一（成年人）、内容更为单一（技术或技能培训）、实施更为灵活（周期短、时间和地点灵活多变）。从本质看，职业技能培训赋能脱贫致富就是为低收入劳动力获取新的就业岗位、创造更高价值、获取更高收入进而实现发展提供技术技能支持。这一目标的实现，需要立足低收入成年劳动力的实际、以劳动生产为出发点、以提升劳动能力为核心、以增收脱贫致富为目标。

（一）逻辑起点：面向低收入成年劳动力开发劳动生产技能

客观地看，低收入家庭和人口无论在受教育程度还是在劳动生产技能方面均有明显的不足。对职业院校低收入家庭在校学生的调查发现，在受教育方面，父亲没有上过学和仅上过小学的有近二分之一（49.3%），母亲的这一比例则超过二分之一（58.1%）。在家庭收入来源方面，超过七成的收入来自农业（70.9%），外出务工的收入则不到两成（16.8%）。对于这些家庭而言，既需要对其子女进行教育帮扶以提升新增劳动力的发展能力，更需要对成年劳动力展开技能培训以提升其获取更高收入的就业能力。为此，赋予低收入成年劳动力更高水平的技术技能是职业技能培训赋能脱贫致富的逻辑起点。

面向低收入成年劳动力提供服务和支持。一方面，从国家职业教育赋能脱贫致富的政策设计看，早已将低收入成年劳动力接受免费职业技能培训纳入政策重点，并且通过密集的政策治理确保对象全覆盖和培训全覆盖。具备劳动能力的低收入人口既是脱贫攻坚阶段职业技能培训的重要对象，更是今后共同富

裕社会建设中的重点群体。有效可行的办法便是对其展开职业技能培训，提升其劳动生产技能，使其有效参与社会劳动，进而实现增收致富。另一方面，从地方实践看，一些西部地区已将技能培训的服务对象拓展到低收入人口和留守劳动力，为低收入群体在当地通过灵活就业实现增收提供技能支持。可以看到，职业技能培训赋能脱贫致富始终面向成人劳动力展开和实施，具有相对专一的功能定位。实际调查中，参与技能培训的低收入成年劳动力中年龄占比最大的为31～40岁（35.1%），其次为40岁以上（32.6%），21～30岁的更少（26.7%），20岁及以下的最少（5.6%）。

面向劳动生产所需提供实用技术或职业技能培训。由于紧贴劳动生产实际，服务低收入成年劳动力实际需求，职业技能培训与低收入劳动力的日常生活联系紧密而且内容针对性和实用性突出。就本研究相关调查发现，近八成的受访者（75.4%）接受的是劳动力转移技能培训，这些培训多为权益维护、法律常识、劳动管理等通用性知识培训，与工具相关的劳动技能多由用工单位以岗前培训的形式具体实施；两成多的受访者接受农村实用技术培训（24.2%），内容多集中于种养殖技术、水管工、焊工、抹灰工等常用技能，这些技能通常能够帮助低收入劳动力灵活利用就业机会实现就近就业（多为利用农闲时间在当地参加建筑施工、道路建设等），从而增加其收入。值得注意的是，一些西部地区面向农村留守劳动力在县城或乡镇提供灵活就业的技能培训，这些培训内容较为简单，培训完就可以居家加工就业以实现增收（每月根据加工量可获得500～1500元的收入）。随着乡村振兴的实施及返乡创业人员的增多，这种职业技能培训模式既可以增加不离农、不离乡、居家劳动的灵活就业机会，还可以促进低收入人口增收，具有较大的发展前景和空间。

（二）实施路径：提供实用技术或职业技能培训并促进其转化

就低收入劳动力的现实需求看，由于所要解决的是紧迫的生存和发展问题，培训内容具有市场导向和需求导向的鲜明特征。坚持市场导向是低收入劳动力顺利找到就业岗位的内在要求，需求导向则是低收入劳动力将所学技能转化为现实劳动生产力的关键。

首先，确立劳动生产所需是职业技能培训的起点。对人力资源和社会保障部门、扶贫开发部门及低收入劳动力的访谈发现：与以往的职业技能培训相比，面向增收致富的培训项目的设计以低收入劳动力的需求调查为起点，基于需求调查分析制定职业技能培训的项目类别、培训内容和培训规模。不仅如此，培训机构在制定培训方案前，同样需要展开培训需求分析，内容上也更为细致翔实，往往涉及培训的地点、培训的时间、培训的方式等具体细节。培训机构所形成的培训方案，不仅将低收入群体的需求予以充分考虑，而且在培训方式上往往会顾及低收入群体的学习基础。由于培训机构实施培训时的成本约束，在实施具体培训方案时，也会出现一些变通的情况，培训质量难以得到保障。

其次，提供低收入成年劳动力愿意学、方便学和学得会的培训。整体而言，低收入成年劳动力在空间分布上集中于西部地区、少数民族地区和农村地区，而且多居住在自然村落。这一点从本研究的调查数据中同样得到验证：一是本研究针对职业院校低收入家庭的调查表明，64.1%的贫困家庭居住于村委会附近及自然村落中；二是面向低收入成年劳动力的调查表明，98.9%的人居住在乡镇以下的农村地区；三是访谈中公办院校和私立培训机构多次谈到培训在村委会或自然村开展。不难看出，由于低收入劳动力分散于各个村落，为方便他们参加培训，培训机构一般在培训时间、地点和方式上以培训对象的实际需要为主。这也是受访低收入劳动力对职业技能培训满意度普遍较高的重要原因之一。

最后，追求实效、培训与劳动生产一体是职业技能培训的价值旨趣。面向低收入成年劳动力的职业技能培训，由于设计之初便有很明确的目标，满足这些成年劳动力的生产生活需要，始终注重培训的实效。这体现在学员对于培训内容的挑选上。学员很少会对理论内容感兴趣，学员需要直接面向操作的技术，而且要与其生产生活直接相关。为此，培训机构在培训教师的挑选上也极为谨慎，用他们的话说，"如果学员感觉学不到东西，可能一次课后就不来了"。为了培训的顺利实施，培训机构往往会编制培训计划，培训师资精挑细选、授课内容精炼实用、培训方法易于接受。培训过程中，培训教师常常需要现场为学员提供示范。

（三）目标定位：促进低收入成年劳动力与劳动生产和就业岗位匹配

从应然看，发挥职业技能培训赋能脱贫致富的功能和价值，关键在于为低收入成年劳动力提高劳动生产力或更新职业技能提供支持。这种支持具有明确具体的指向：服务于提升其农业劳动生产的技能，促进增产增收，或促进其掌握新的职业技能从而转移到新的就业岗位上获取更高的收入。实现这一理想图景，需要将职业技能培训后能否发挥实际作用这一点考虑在内。事实上，有别于学校职业教育培养周期较长、需求与供给之间难以精准匹配的难点，职业技能培训由于出发点是劳动生产所需，只是在服务对象方面更多聚焦于成年劳动力，从而通过"定岗培训""定向培训""订单培训"的探索与实践，实现低收入成年劳动力与劳动市场的匹配。

而从具体实施看，对于低收入成年劳动力的培训，至少面临以下难题，一是年龄偏大，学习积极性和效率难以保障；二是学习基础薄弱，培训内容应简明易懂；三是需求比较分散，难以集中培训。而从用人单位或其从事的具体生产劳动看，更需要培训机构在劳动纪律、质量意识、工作责任心等方面发挥作用。至于岗位技能的培训，用人单位自己提供培训更为贴近生产实际。

二、非学历职业技能培训赋能脱贫致富的影响因素

非学历职业技能培训赋能脱贫致富的具体实施主要涉及低收入成年劳动力、政府部门（多为扶贫部门、人力资源和社会保障部门）和培训服务提供者（职业院校和人力资源服务机构）等关键参与者。就三者自身来看，政府技能培训的政策设计、低收入劳动力的需求满足、技能培训供给的质量直接影响到脱贫致富的成效和质量。

（一）技能供给的能力与质量是否有保障

从技能培训供给侧看，在市场竞争机制统领下，公办职业院校和民营培训机构之间获得了公平参与竞争的制度保障。在这种机制下，技能培训供给的动力得到激发，不仅如此，技能培训的质量也应由此而提升。实际运行中，民营培训机构多为市场供给缺口下新建立或转行的组织，很少有面向成年劳动力开展培训的经验、师资、设备和场地等多方面的资源保障，就提供培训服务而言，并无优势。只是由于民营机构管理制度环境相对宽松，其可以通过多种举措整合这些自身并不具备的资源。

公办职业院校尤其是技工院校，具有长期从事面向农村劳动力和低收入人

口开展培训的传统，在师资、设备、经验等方面具有独特的优势。然而，由于公办院校的办学资源是依据在校学制教育学生核定的，因此，公办院校的成年劳动力技能培训多是在校内调配师资的情况下实施的，而且教师通常可以获得较高的课酬，无论在资源还是激励上均有利于成年劳动力技能培训的开展。在新的形势下，一方面政府部门要求培训下乡上门，另一方面培训收入纳入绩效管理。公办职业院校参与社会培训的积极性受到很大影响，面向低收入成年劳动力的培训也受到较大影响。

在看似公平的制度环境下，民营机构有活力但资源难以保障，要想整合公办职业院校的资源依然面临制度障碍。而公办职业院校则由于资源和激励的双重制约也缺乏参与的热情和动力，供给能力和质量均受到很大的影响，是影响职业技能培训赋能脱贫致富的一个外在因素。在共同富裕进程中，职业技能培训赋能共同富裕的责任更加重大，亟须关注公办院校与民办机构共同发挥赋能共同富裕的功能和作用。为此，应高度关注这一问题。

（二）技能需求的个性化与技能供给的同质化矛盾能否缓解

一方面，低收入成年劳动力的技能需求日趋个性化。由于低收入成年劳动力面临的现实问题各不相同，其对技能的需求各有侧重，主要表现在三个方面：对于在当地缺失就业机会且能够外出的低收入成年劳动力，外出务工依然是他们增收致富的主要渠道，他们需要的是面向新兴职业的技能培训；对于不能外出（照料老人和未成年子女）的劳动力，利用农闲时间临时性的就业增加收入是他们改变不利处境的优先选项，对于他们而言，修理水管、焊接、砌筑等简单实用的技能变得重要，可以为增加收入做出贡献；还有一些留守农村且年龄偏大的低收入劳动力，多从事简单加工制作以增加收入，而他们需要的培训是极为简单的，现实中多由小型加工型企业提供。这些多样化的培训需求在现实中难以得到有效满足。

从培训机构的技能培训供给实际看，随着国家整体从脱贫攻坚战略转向共同富裕社会建设，为方便低收入劳动力参加，培训机构需要深入乡镇、村委会乃至自然村组织实施培训，这样一来在时间和人力方面都会有更大的投入。而培训机构尤其是民营培训机构需要考虑实际的培训成本控制。为节约成本，一方面需确保每一期的培训规模，但确保规模后培训需求的满足方面也会受到一定影响；另一方面需集中培训时间，这样既可以减少对低收入成年劳动力生产活动的干扰，又可以减少技能培训对培训机构资源的占用，但培训的质量也会受到影响。

（三）培训设计的需求导向与培训资源的统筹能否有效整合

需求导向既是职业技能培训的基本特征，更是吸引低收入成年劳动力参与的关键。现实中，面向低收入成年劳动力的职业技能培训，是在国家强有力的政治动员下实施的，至少表现在通过政策手段为低收入人口提供就业岗位（比如直接面向成年劳动力的扶贫车间、公益性岗位、乡村产业工人）、资金保障（设立和划拨专项资金）和组织网络（转移就业工作网络和人员已经覆盖到村委会），职业技能培训机构为此获得了有利的外在支持。就现实问题看，民营人力资源服务机构在与用人单位联系及转移就业后续服务方面具有独特优势但培训力量薄弱，而职业院校培训资源有保障但动力不足、资源配置方面有冲突。

实现供需之间的匹配，是职业技能培训赋能脱贫致富取得成效的关键因素。具体而言，可以从两个方面发力，实现两者之间的有效衔接。从供给侧来看，基于目前的政策环境，应注重民营机构和职业院校之间的良性互动，整合各自优势，更好地服务于低收入成年劳动力及低收入人口就业的技能需要。而从需求侧看，应重点关注乡村灵活就业人口的就业技能培训、返乡就业人员的就业技能支持和乡村特色产业发展中的低收入人口就业技能更新方面的赋能，以适应低收入人口需求的变化。

（四）技能培训变革能否顺应低收入群体的新需求

从宏观层面治理的理念看，面向低收入人口的技能需求，需要有两个方面的变革：一是市场竞争与国家引导有机结合，为职业技能培训供给主体提供公平环境，以提升投入资金的效益。然而，面向低收入人口的职业技能培训具有很强的公益属性，如何在效益和公益之间寻找新的平衡点，依然是必须面对的现实课题。二是推广政府购买服务模式，该模式有利于促进政府对于低收入群体的服务从直接管理转向间接管理，即政府集中精力，通过政策设计和资金投入实现管理，而将具体服务事项交由专门机构实施。以上两方面的转变既有利于优化职业技能培训的政策环境，又有利于提升面向低收入群体的职业技能培训服务水平。

从低收入人口增收致富的现实需求看，随着国家乡村振兴战略的深入推进，低收入群体的技能更新和提升诉求愈益多样化，不仅需求的内容更加多元，技能水平也高低不一。而且服务对象参与培训的目标也不仅仅是改变不利处境，更多是提高技术水平、适应新的职业以增收致富。面对新的发展环境和服务对象的新诉求，能否适应新的需求成为影响职业技能培训赋能脱贫致富成效的关键要素。

本章小结

学历职业教育赋能脱贫致富的内在机理表现为专注于低收入家庭学生面向职业的能力开发、学校培养和企业培训与就业紧密结合、促进就业和创业以提升增收致富的能力。赋能脱贫致富的成效与职业教育能否赋予贫困家庭学生内源发展动力、贫困家庭学生能否有效参与职业教育、参与主体之间能否有效配合、政策内部能否协调、能力开发能否与市场需求匹配等多方面密切相关。

非学历职业技能培训赋能脱贫致富的内在机理为，以面向成年低收入劳动力开发劳动市场技能为起点，以提供实用技术或职业技能培训并促进转化为载体，以实现低收入成年劳动力与劳动产生和就业岗位匹配为目标。赋能脱贫致富功能能否实现与技能供给的质量是否有保障、个性化的技能需求与成本约束下的规模化供给能否权衡、需求导向的培训设计与培训资源的统筹能否有效整合、技能培训变革能否顺应低收入群体的新需求密切相关。

第七章

职业教育赋能共同富裕的案例研究

为将职业教育赋能共同富裕的机理直观形象地呈现出来，揭示具体的实现路径，本章分别选取高职院校和企业作为分析案例。前者着重从提供优质均衡的职业教育和开发普惠性人力资本的视角，审视高职院校赋能共同富裕的机理及实现路径，旨在提供优质均衡普惠性人力资本赋能共同富裕的范例；后者着重从技能更新与收入增长同步推进的视角，分析企业赋能共同富裕的行动路径，旨在提供以技能更新促进收入分配结构优化的企业范例。两者结合则可以较为全面地呈现职业教育赋能共同富裕的行动路径。

第一节　案例选取及主要依据

赋能共同富裕是时代赋予职业教育的重大使命，也是职业教育服务国家发展、实现高质量发展的内在需要。脱贫攻坚阶段，职业教育赋能脱贫攻坚战略的实质在于，面向收入低于国家贫困标准的低收入群体，开展学历职业教育和非学历职业技能培训，提升他们面向就业岗位和实际工作的能力，使其增加收入进而摆脱贫困状态。共同富裕进程中，职业教育赋能共同富裕的实质在于，面向收入高于国家贫困标准（已经脱离贫困状态）但依然低于中等收入水平的低收入群体，提供高质量的职业教育和技能培训，增强他们向高质量就业岗位跃升的能力，助力这些群体进入中等收入阶层进而实现富裕。

职业教育赋能共同富裕的实现，本质上是发挥职业教育的多重功能和独特价值，促进低收入群体与劳动力市场的精准匹配、人力资本与生产效率提升的协同推进、技能水平提升与收入分配优化的互相促进。为对以上理论解释进行验证，用具体实例呈现职业教育赋能共同富裕的过程和细节，需要深入日常实践，分析职业教育赋能共同富裕的具体实例。这样既可以深化对职业教育与共同富裕内在机理及实现路径的理解，还可以从具体行动层面直观地呈现两者之间的关系。此外，通过对案例的科学分析和深入提炼，还可以为职业教育赋能共同富裕提供行动参考。

一、相关案例研究的进展

为更有针对性地确定案例研究的内容，运用文献分析法对高职院校、企业参与共同富裕的相关案例研究进行系统梳理。

1.高职院校面向共同富裕的行动研究

该类研究主要有区域发展视角和院校发展视角两类。一是区域发展视角，即从服务区域建设共同富裕社会的视角，探讨高职院校的行动路径。该类研究的共同点是从区域实现共同富裕的实际出发，基于建设任务、资源禀赋、建设目标的差异，分别提出高职院校发展的行动策略，较有代表的有以下几种：第一，基于省部共建职业教育创新发展高地与共同富裕融合的现实需要，提出发挥在地高职院校优势以创新产教融合和中高本一体人才培养模式，创新制度以推进职业教育与民营经济融合发展，多领域发力以全方位衔接乡村振兴的行动路径[1]；第二，基于完善现代职业教育体系与建设共同富裕典范城市的现实需要，提出构建市域统筹的全域一体化职教体系、中高本一体化的全程式职教体系、辐射全生命周期的职业技能培训体系的行动路径[2]；第三，基于助力共同富裕的区域高职教育发展的现实需要，提出深化产教融合以助力产业兴旺、坚持"育训并重"以助力"扩中提低"、坚持职成融合以提升生活品质的行动路径[3]；第四，基于职业教育高质量发展与建设共同富裕先行市的现实需要，提出优化专业结构、做强现代产业、提升"造富"能力，产教深度融合、推动民营经济、

① 温州职业教育扎实做好三篇文章 打好共同富裕"组合拳"[EB/OL].(2022-05-27)[2022-12-15]. http://jyt.zj.gov.cn/art/2022/5/27/art_1543974_58937376.html
② 华芳英.构筑"三全"现代职教体系 助力共同富裕典范城市建设[N].嘉兴日报,2021-08-28（3）.
③ 杨斌英，马玲玲.职业教育助力打造共同富裕绿色样本[N].浙江日报，2022-05-11（13）.

提升"创富"能力，人才培养提质、畅通资源要素、提升"聚富"能力，职技融通改革、协调收入分配、提升"增富"能力，全生命周期友好包容、优化公共服务、提升"享富"能力，振兴乡村教育、促进城乡统筹、提升"奔富"能力，打造文化品牌、构建文化高地、提升"润富"能力的行动路径[①]。

　　二是院校发展视角，即从服务共同富裕出发，探讨高职院校的行动路径的研究。该视角中的一种思路是，将高职院校作为一个整体，分析面向共同富裕的高职院校行动方案，即在以高质量发展建设共同富裕示范区中，高职院校的功能和价值表现为：服务区域经济；成为产业升级"助推器"，对接行业需求、保障技能人才蓄水池；适应业务迭代，建造职业培训"充电站"[②]。另外一种思路是，专注于高职院校所开展的面向共同富裕的具体办学行动，如开展高质量职业培训、培育高素质新农人、支援同行学校、名师网络工作室结对帮扶等。

　　通过梳理分析发现，高职院校面向共同富裕行动路径还具有如下特征：一是研究案例主要集中于特定行政区域内（如浙江省，这与浙江承担国家赋予的以高质量发展建设共同富裕示范区的重大使命密切相关）；二是区域共同富裕视域下，更多从职业教育的功能定位和实现路径来探讨，高职院校是作为职业教育体系的组成部分而出现的；三是高职院校面向共同富裕的行动路径，多停留于宽泛的分析上，较少深入优质普惠人力资本开发这一核心任务。事实上，就高职院校而言，赋能共同富裕的关键在于，提供优质人力资本开发服务，促进低收入群体向优质就业和体面就业跃升，迈入中等收入群体，实现富裕目标，最终赋能共同富裕社会建设。显然，这是一个亟待关注和解决的问题。

　　2.民营企业参与共同富裕的案例研究

　　关于民营企业参与共同富裕的研究，主要有理论层面的探讨和具体的企业案例两个方面。理论层面的探讨主要集中在企业参与共同富裕的机制。具体而言，由内到外主要分为三个层面：一是企业通过创新推动质量变革，提升企业竞争力，实现企业的可持续发展，为做大蛋糕打下基础；二是企业通过分配机

① 陈心意.台州：以职业教育高质量发展助推共同富裕[EB/OL].(2022-06-09)[2022-12-15]. https://zj.zjol.com.cn/news.html?id=1873688.

② 郑亚莉，潘锡泉，吴德银，等.发展金融职业教育 赋能共同富裕示范区——浙江金融职业学院2021年社会责任报告[N].中国教育报，2021-12-01（7）.

制创新，探索合适的激励机制与员工共享企业发展成果，建立企业与员工共同发展的发展共同体，保障员工的权益，为员工提供住房、教育、医疗等福利；三是企业依托自身优势和技术能力，拿出更多精力投向社会普惠事业，为中低收入群体和地区赋能。[①]这从理论上回答了企业参与共同富裕的基础、机制和路径。

企业参与共同富裕的实践案例呈现出日益增多的趋势。2022年1月，在浙江省中小企业协会未来城乡社区建设专委会等部门联合举办的乡村振兴共同富裕典型案例第三期发布会上，公开发布阿里数字乡村赋能产业振兴和乡村治理案例、浙大建筑设计研究院数字赋能未来乡村案例、金色年华从"同城颐养"走向"乡村康养"案例、百盛农业以科技引领现代农业案例[②]；同年6月，中国社会科学院数量经济与技术经济研究所编制的《从"经济新动能"到"共富新使命"——互联网平台企业助力共同富裕研究报告》，公开发布互联网企业助力共同富裕十大案例，包括腾讯"微信支付全国小店烟火计划"、阿里巴巴"淘宝村计划"、京东"产业带计划"、拼多多"百亿农研专项计划"、字节跳动"山货上头条"、快手"幸福乡村带头人培训计划"、美团"乡村振兴电商带头人培训计划"、百度"互联网+精准扶贫"、网易公益"一块屏"、"腾讯公益平台"[③]，提供了互联网企业赋能共同富裕的经验；还有基于某一企业（联想集团薪酬治理、知识资本与共同富裕[④]）的深度案例研究。

由此可知，现有的对企业参与共同富裕的研究中，或是基于理论的分析，或是基于具体运行案例的梳理和总结。从现有案例研究看，主要聚焦于互联网企业，涉及服务业，较少涉及加工制造业，难以反映具有较强就业吸纳力的现代加工制造业企业赋能共同富裕的情况。

① 这份调研报告探寻200家企业"共同富裕"实践路径[EB/OL].(2021-12-14)[2022-12-15]. https://new.qq.com/rain/a/20211214A00VXF00.
② 浙江发布四个"乡村振兴共同富裕典型案例"[EB/OL].(2022-01-25)[2022-12-15]. http://zjnews.china.com.cn/yuanchuan/2022-01-25/325736.html.
③ 社科院报告：平台企业成为共同富裕重要助力，十大案例发布[EB/OL].(2022-06-13)[2022-12-15]. https://www.sohu.com/a/556741408_161795.
④ 韩洪灵，余博，刘强，等.薪酬治理、知识资本与共同富裕——基于联想集团的案例研究[J].财会月刊，2022（18）：9-17.

二、研究问题的确定

职业教育赋能共同富裕涉及多个环节和因素，是较为复杂的社会工程和行动过程。就本质而言，共同富裕的关键是缩小能力发展上的差距，通过能力共富缩小发展机会获取能力上的差异。赋能共同富裕的实现涵盖优质职业教育供给→优质人力资本开发→获取优质就业机会→获得较高收入→壮大中等收入群体→促进共同富裕等多个环节，而职业院校和企业的活动能将这些环节完整地连接起来，是赋能共同富裕中两个极为重要而且联系紧密的主体。基于以上考虑，针对职业院校的案例研究，旨在探明赋能共同富裕是如何实现的、有哪些实现路径、取得什么经验及提供何种建议；针对企业赋能共同富裕的案例研究，致力于考察企业赋能共同富裕的内在机理、统筹技能与收入的路径、促进收入分配优化的经验及相关建议。两个案例结合起来，便可以呈现出职业院校优质人力资本开发与企业优化收入分配的基本过程，可以从能力开发建设这一微观视角，揭示职业教育高质量发展赋能经济社会高质量发展，进而促进共同富裕的实践逻辑。

三、研究案例的选择

相较而言，关于职业教育与共同富裕的理论探讨较多，进入实际运作的案例并不多见，挑选具有研究意义和价值的研究案例并不容易。这对本研究在案例选择上提出了不小的挑战。有鉴于此，本研究在具体案例的选择上坚持典型性、可及性及价值性三个原则。典型性是指案例的实践和经验具有前瞻性、引领性；可及性是指案例是可以分析研究的，具有实实在在的行动；价值性是指案例的实践和经验具有推广和借鉴的可能和空间。

高职院校赋能共同富裕案例的选择。高职院校的选择综合考虑以下因素：一是区域上的考虑，浙江是国家以高质量发展建设共同富裕示范区的先行示范省，有高职院校赋能共同富裕实践的土壤；二是办学层次上的考虑，优质均衡的职业教育是有效赋能共同富裕社会建设的基本要求，而在现实情境下，"双高"建设单位作为国家优质高等职业教育的代名词，无论在理念或基础上，都更能发挥赋能共同富裕社会建设的功能；三是个案特征的考虑，Z校地处东部发达省份的地级市，开设多类专业（群），综合办学实力突出，服务脱贫攻坚工作突出，部署共同富裕较早，具有典型性，可挖掘潜力和推广空间较大。

企业赋能共同富裕案例的选择。企业的选择综合考虑以下几点：一是企业的地理区域，位于共同富裕示范区浙江，具有较好的政策环境，无论是获取政府政治认可还是扩大企业社会影响均有内在需求；二是企业的行业水平，企业在行业内具有较好的业绩和发展前景，这样有条件参与到共同富裕的社会行动中；三是企业的实践成效，企业应有具体的行动，而且与职业教育或企业员工建立普遍的联系；四是前期的了解，前期对到该企业实习的学生、员工及管理人员的访谈发现，该企业建立了员工技能提升与职务晋升有机衔接的机制，为赋能共同富裕奠定了制度基础。

四、资料收集与分析

围绕研究问题，主要从以下几个方面来收集资料：一是访谈资料，主要是对高职院校专业建设负责人、就业服务工作人员、社会服务人员、企业实习学生、企业员工和人力资源部门职员的访谈；二是网络资料，主要通过高职院校和企业的官网（官网上涉及共同富裕的宣传报道、实施方案及案例材料）、公共网络平台（涉及案例的相关资料）等收集资料；三是已有的研究文献，主要是基于已有文献的梳理分析。由于疫情防控及相关因素的影响，研究资料仍然是以网络资料为主，实地调研获取的资料相对有限。

第二节　院校发展与共同富裕：以优质均衡人力资本开发助力共同富裕

以浙江省国家"双高"建设单位Z校为研究对象，着力分析该校将"双高"项目建设与高品质教育服务结合起来，促进学生均衡发展和高质量就业，进而实现以优质人才培养赋能共同富裕的探索实践。

一、Z校赋能共同富裕的实施背景与目标定位

Z校地处浙江省某地级市，而浙江省是国家共同富裕示范区，高职院校在共同富裕建设中肩负提供优质均衡人力资本的重要使命；该校也是国家"双高"

建设单位，面临高水平学校和高水平专业建设引领国家高等职业教育的重大机遇。这些发展背景意味着赋能共同富裕是Z校的功能和职责。

（一）实施背景

建设国家共同富裕示范区的历史使命赋予高职院校改革发展的内驱力。高职院校发展与国家相关政策密切相关，主要表现在两个方面：一是国家为高职院校的发展提供政策、经费等相关支持，高职院校为经济社会发展提供人才保障；二是高职院校融入国家发展战略，在服务国家发展中获得发展机遇。具体到Z校，国家政策为该校改革发展提供了良好的发展机遇。比如，该校利用国家高等职业教育示范校、骨干校等政策，融入国家高等职业教育发展，获得专项经费支持，实现持续快速发展；该校属于地方政府举办的高职院校，地方政府为其发展提供办学经费和相关政策保障。与此同时，该校积极争取融入国家和地方的发展战略之中。比如，面对国家赋予浙江省高质量发展建设共同富裕示范区的重大任务，该校将服务共同富裕纳入学校宏观决策范畴，制定相关制度和方案，从而将服务共同富裕与教育改革发展有机结合起来。此举对内可以优化学校办学定位，动员师生员工以凝聚内部力量；对外可争取政府相关支持和社会认可，提高学校政治站位。由此可见，将服务共同富裕纳入高职院校服务社会发展目标既是较多高职院校的选择，也是Z校的改革发展抓手。

建设"双高"为Z校赋能共同富裕社会建设提供了内源动力。"双高计划"是高等职业教育高质量发展的国家战略行动，意味着"高职教育职能由服务社会发展向支撑引领社会发展转变，理念由工具理性向人本理性转变，发展战略由追随借鉴向中国方案转变"[①]，这一国家战略对高职院校而言既是发展机遇，也是前所未有的挑战。Z校在国家"双高计划"的政策框架内，制定系列建设任务，以此推动"双高计划"。在国家将共同富裕示范区建设任务赋予浙江后，Z校将共同富裕的国家需求、"双高计划"的创新方向与学校改革发展的内容有机结合起来，力图从多个维度定位自身发展，而"双高"建设始终是不变的主线，"双高"建设为其赋能共同富裕提供了内源动力。

---

① 潘海生，周柯，王佳昕."双高计划"背景下高职院校战略定位与建设逻辑[J].高等工程教育研究，2020（1）：142-147.

（二）目标定位

高职院校的目标定位与其所处的时代环境和地理区位密切相关，前者对高职院校的阶段性目标定位具有明显影响，后者对高职院校的区域特色形成发挥关键作用。Z校的发展中，建设"双高"是其所处时代赋予的阶段性任务；赋能共同富裕是其所在区域承担国家示范区建设使命的区域性任务；面向区域产业提供优质均衡高职教育服务则是其最为核心、最为关键的任务。

其一，促进优质均衡人力资本开发。Z校在国内高职院校中处于领先水平，办学实力雄厚，办学特色显著，这为其促进优质均衡人力资本开发奠定了基础。Z校将促进优质均衡人力资本开发视为满足人民对优质高等职业教育需求的主攻方向和促进共同富裕社会建设的重要举措。该定位有利于解决当前高等职业教育所面临的突出矛盾，即人民群众对优质高等职业教育的需求愈加强烈与高职教育发展不平衡不充分之间的矛盾，这一定位有助于Z校将发展重心转移到更加均衡、更为优质的高素质技术技能人才培养上来，为共同富裕的实现提供优质均衡的人力资本开发服务。就本质而言，高职院校有效赋能共同富裕的实质是，通过优质均衡的学历职业教育，有效提升低收入家庭子女的发展增收致富能力，提供促进共同富裕的根本保障。

其二，赋能社会群体人力资本提升。满足各类社会群体迈向富裕生活的技能提升需求，是高职院校服务社会的重要体现，可以发挥高职院校高素质技术技能人才培训的优势。Z校在发展中注重发挥学校在社会培训方面的师资、设备等资源优势，整合内部应用技术研发、实用技术培训，面向各类社会群体开发专用性人力资本，为他们更好地融入社会、获取更好的就业机会、迈向更好的生活提供人力资本开发和服务支持。

其三，服务区域产业高质量发展。高职院校处于特定区域，与区域经济社会发展联系紧密，从区域社会汲取发展所需养料，为区域发展培养人才反哺区域发展。Z校前身是当地所属多所中等职业学校合并升格的学校，具有面向行业、扎根当地、服务区域发展的悠久历史。无论是在专业建设还是产教融合校企合作上，均具有面向区域经济、服务区域发展的强烈意识。

二、Z校赋能共同富裕的主要举措与实现路径

Z校面向共同富裕的实践，紧紧围绕高职院校高素质技术技能人才培养、高质量职业技能培训等本职功能，突出高质量发展导向，突出优质均衡特色，多路径推进共同富裕。

（一）突出优质均衡发展导向，提供赋能区域共同富裕的人力资本支撑

强化优质资源引领带动作用，促进校内院系间、专业间共同发展。在建设国家高水平学校和高水平专业中，Z校坚持以国家标准为引领、对照建设任务清单、动员师生力量、创新制度机制，统筹考虑学校专业基础和地方产业需求，优选相关专业建设专业群，发挥高水平专业群的引领示范作用。具体建设中，依托专业群整合教育教学、师资设备、专业资源等，发挥优质资源的辐射带动作用，促进不同专业学生共享优质资源，实现培养目标、课程设计、教学实施的团队协作模式，促进专业间的共同发展。不仅如此，Z校注重校内不同院系、专业间辐射带动作用，开展定期不定期交流分享、互学互帮等活动，注重整体提升教育教学水平，实现学校层面优质教育教学资源的开发、使用，以为全体学生提供优质均衡的教育教学服务。

强化办学经验辐射带动作用，促进区域优质教育均衡发展。Z校在全国高职院校中，在办学实力和办学特色方面均走在前列，是高职教育的标杆院校。该校发挥这一优势，主动担当作为，注重发挥在区域职业教育优质均衡发展中的作用。一是发挥排头兵作用，主动担当促进区域职业教育均衡发展的使命，在部分发展落后的县市设立分校，以学校办学理念、经验和资源优势带动促进县市薄弱学校发展；二是发挥辐射作用，牵头开展中高职一体化专业改革、课程改革、人才培养方案改革，以专业为依托，促进区域职业教育一体化发展；三是积极参与区域对口帮扶，先后深入四川西昌、阿坝等少数民族地区参与对口学校的建设发展工作，选派师生直接参与对口学校教育教学，促进理念、经验和办学的交流；四是选派干部和教师支持西藏、新疆等偏远地区职业教育工作。

（二）突出优质技术技能服务，提供促进社会群体共同富裕的培训服务

非学历职业技能培训和技术服务是高职院校的重要职责，社会各类群体对优质高职院校的需求也较为强烈。Z校在面向共同富裕的社会需求中，突出优质技术技能服务，以满足各类群体实现美好生活的需要。

面向特定群体展开培训，促进群体增收致富。精准定位特定群体、开展针对性培训是Z校促进群体增收致富的重要途径。这主要表现在成立退役军人学院和高级技能培训班等方面。前者是面向退役军人就业能力培训、就业促进服务、生涯发展咨询等的专项培训，是退役军人重回社会、进入劳动力市场，实现从部队到地方平稳顺利过渡的关键一环；后者是专门为职业学校毕业生和企业技术人员而设计的，主要面向那些对技能水平不满意、需要提升就业能力的技能人才开设，学习形式灵活、内容针对性强，致力于帮助其找到更好的工作、获得更好的发展。在该类工作推进中，需要高职院校对社会新需求保持敏锐性，并能将其快速转变为教育教学行为。

培养乡村实用人才，服务乡村人才振兴。Z校所开设的医学类、农业类、师范类等专业，依托学历职业教育培养乡村专业技术人才，参与培养乡村医生、乡村新农科人才、乡村教师，为乡村振兴提供下得去、留得住、用得上的实用人才。近年来，一批毕业生扎根乡村医疗卫生、乡村教育、乡村产业，成为推动乡村振兴的重要力量。不仅如此，该校还成立乡村振兴学院，整合校内外资源，培养培训乡村改革发展所需的各类人才。一方面，依托学历职业教育，加大新农商人才、新型职业农民、乡村电商新农人、乡村工匠等紧缺人才培养力度。另一方面，加强面向乡村增收致富所需的种养殖技术、电商直播、新品种培育开发推广、乡村产业人才培训等服务，为乡村经济振兴和商业繁荣提供人才支撑。此外，开办返乡创业人员、乡村致富带头人、乡村创新创业等培训，以此壮大乡村创业群体，为扩大乡村财富提供人才支撑。

开展企业产业工人培训，服务产业转型升级发展。Z校与当地企业合作紧密，为当地企业培养了大批产业工人，也一直为企业的产业工人技术技能培训和综合素质提升提供支撑，双方具有稳定的合作关系。面向共同富裕的现实需求，Z校以产业工人从业资格证获取、技术技能培训等为重点，面向当地企业

的产业工人开展制度化、灵活化的产业工人培训。此举为当地企业更新工艺、提升企业工人技能水平提供有力支撑，对服务地方经济高质量发展具有基础性作用。

（三）突出区域导向产教融合，提供区域经济高质量发展所需的高素质人才

Z校所处地区的区域产业较为发达，具有"小产业、大集群"的发展特征，这为该校实施区域导向的产教融合提供了产业基础，这样的产教融合有利于推动区域经济高质量发展，巩固共同富裕的经济基础。

以优质专业群对接区域优势产业集群，满足区域经济社会发展的人力需求。Z校加快教育教学改革，以专业建设为切入点，瞄准地方优势产业集群和社会民生所需，推进优质专业群建设。在服务地方优势产业集群方面，面向先进制造业及战略性新兴产业组建机械制造与自动化、电子信息、生物医药等4个专业群；在社会民生领域，面向重大民生工程领域组建学前教育、医养健康2个专业群，面向现代服务业组建文旅创意、网络经济2个专业群，面向乡村振兴战略组建现代农业、智慧建造2个专业群。通过区域优势产业集群与学校专业群建设相融合，将学校人才培养与区域经济发展紧紧联系在一起。

以职教集团汇聚发展主体各自力量，构建区域产教资源共享共用平台。一方面，Z校面向区域内中职学校，发挥与企业稳定合作的优势，联合企业组建职教集团，以为校企深度融合、培养技术技能人才搭建平台，以此提升中职学校和小型企业分享利用优质资源的能力，既可以整体优化职业教育的供给力量，又能够有效提升小企业优质人力资源的获取能力。通过供给侧的不同职业教育主体的合作，有利于对接区域需求侧的企业集群，还有利于促进技术技能人才的培养与需求的精准匹配，促进职业教育供给结构优化，以此确保毕业生获得就业的机会和提升收入水平，进而促进个体收入水平的整体提升。

以校企共建产教融合实体为载体，为企业转型发展提供精准服务和支撑。客观地看，高职院校和企业有着各自的资源优势，对于高素质技术技能人才的成长而言，两者均不可缺少。为此，学校和企业共同参与的"双主体"育人成为职业教育办学的基本要求之一。Z校将区域龙头企业、行业代表性企业纳入

重点合作企业，以"产教研训创"五位一体为主线，以共建特色产业学院、技术研发中心等为载体，汇聚学校和企业资源优势，双方共同开展深度合作。此举突破各自组织边界，在学校和企业间搭建起合作共赢的平台，创造性地将双方资源优势结合起来，为企业高质量发展和学生高质量就业提供了更优的环境，助力于以高质量发展建设共同富裕的实现。

三、Z校赋能共同富裕的主要经验与借鉴意义

Z校的实践虽然只是众多高职院校的缩影，但由于其在同行中所具有的典型性、建设共同富裕社会的示范性，Z校赋能共同富裕的实践具有一定的参考借鉴意义与价值。

（一）面向优质均衡与区域发展确立赋能共同富裕的目标

建设共同富裕社会是国家迈向第二个百年新征程的重要任务，是经济社会发展的根本目标，是指导一切工作的基本准则。高职院校作为国家高等教育的重要组成部分、高素质技术技能人才培养的重要主体，面向共同富裕的时代需求和国家需要，唯有将自身发展融入国家战略需要，才能抓住发展机遇，实现自身持续发展。Z校将建设国家高水平高职学校视为赋能共同富裕的重要载体，以此为指引，推动学校教育教学向高质量发展迈进，以适应经济社会高质量发展，夯实共同富裕的物质基础。Z校不同部门围绕教育提质增效，形成学校—二级学院—专业群—课程纵向质量保障机制，将优质发展细化到课程层面。学校层面，以面向区域发展的办学定位助力区域经济高质量发展，以夯实共同富裕的物质基础；人才培养方面，以优质的职业教育和培训服务助力提升个体增收致富能力，以促进个体实现富裕。

（二）立足职业教育和能力开发确立赋能共同富裕的路径

高职院校赋能共同富裕需要立足两个基本点：一是立足高职院校培养高素质技术技能人才的基本职能；二是突出个体面向职业能力开发的工作主线。Z校在建设国家高水平高职学校中，基于对高职院校如何赋能共同富裕的深度思考，全面梳理"应为"与"可为"两个维度。在应为方面，深入分析该校所处区域产业发展中所形成的小产业、大集群的布局和发展特征，找准学校人才培养和

供给与区域产业发展和需求的切入点，通过双方利益共同点深化产教融合。在可为方面，分析梳理学校专业建设、产教融合、社会服务、师资建设方面的基础与需求，调动学校长期以来立足地方发展办学中所积累的行业企业、政府部门、社区组织等资源，挖掘各方资源优势，培养个体面向高质量就业的综合能力和技术技能。

（三）融入国家战略和区域发展确立赋能共同富裕的长效机制

高职院校是高等教育的重要力量，具有培养应用人才、应用技术研究和展开社会服务的重要职能，要发挥这些职能，前提是处理好与国家战略、区域产业之间的关系。Z校的实践表明，融入国家战略，可以为高职院校人才培养目标定位和长远发展提供重要的参照系，因为国家战略需要往往体现社会层面的较高层次的需要，也是较长时期内的稳定发展趋势。然而这一需求如何转化为高职院校的办学行动和人才供给，这就需要高职院校将办学触角延伸到所在区域的产业企业、社会民生乃至基层社区之中。Z校具有与当地社会深度合作的办学传统，无论是学历职业教育还是非学历职业技能培训，均来源于当地社会的需求，以满足当地社会需求为己任。而当地的经济社会发展和社会需求正好为Z校提供了面向长远发展的基础和条件。

第三节　企业参与和共同富裕：技能升级与员工增收衔接赋能共同富裕

以浙江省大型汽车制造企业J公司为研究对象，旨在分析该公司依托内部员工技能培训中心，面向一线员工开展技能提升专项行动，将技能提升和岗位晋级与工资增长结合起来，进而激发员工参与职业技能培训、提升技能水平的主动性，通过工资收入增长与技术提升紧密衔接，缩小员工间收入差距、促进共同富裕的经验和做法。

一、J公司赋能共同富裕的历史背景与目标定位

企业是社会财富的创造者和就业岗位的提供者。在以高质量发展推动共同富裕示范区建设中，企业承担重要使命、发挥重要作用，是推动共同富裕的重要力量。从我国国情看，民营经济是国民经济的重要组成部分，民营企业是科技研发、技术创新、社会就业的重要力量。民营企业能否在技术研发创新、自身转型发展和员工增收致富之间取得平衡，实现多方共赢，是能否实现共同富裕的关键所在。民营企业赋能共同富裕的实现，关键在于员工利益与企业发展的协同推进。换言之，将员工的技术升级与工资增长有机衔接，提升企业创造社会财富的能力，进而做大蛋糕并分好蛋糕，促进员工收入增长。由此形成案例研究的总体分析思路。

（一）实施背景

建设共同富裕社会赋予企业时代责任。"鼓励勤劳创新致富"是实现共同富裕的首要原则，意味着中国特色的共同富裕不仅是全体劳动人民依靠勤劳来推动，而且需要通过创新劳动来实现。企业是创新劳动岗位、创新职业能力的主体，企业的参与是共同富裕得以顺利推进的关键所在。为此，提供创新性的优质就业岗位成为企业参与共同富裕的重要前提。J公司目前已发展成为国内汽车行业的头部企业，在行业前沿技术、市场份额占有、技术研发创新等领域处于领先地位。该企业具有提供创新性劳动和高质量就业机会的基础和条件。面对国家对企业以创新驱动高质量发展进而推进共同富裕的时代需求，J公司牢牢把握汽车行业绿色化、智能化、数字化发展的趋势，通过抢占行业发展高地增强持续发展能力，增强为共同富裕的实现提供物质基础的能力。

实现高质量发展成为企业的自觉追求。企业的根本目标在于创造价值，提供就业岗位和产品服务则是创造价值的重要方式。随着经济社会发展进入高质量发展新阶段，企业面临新的技术环境、市场环境，需要更新发展目标、创新发展路径，以实现市场竞争的优势。面向日益激烈的市场竞争环境，J公司着眼于全球汽车行业发展趋势和国内汽车产业发展进展，谋划自身发展定位。结合汽车产业新技术研发推广加快、产品研发周期缩短等行业特征，将从技术研发到产品生产的产业链条视为自身发展的重点，通过提升转化效率和缩短转化周

期，促进自身向高质量发展。

构建发展共同体成为企业发展新理念。企业的可持续发展受多重因素影响，而构建发展共同体是重要因素之一。这里的发展共同体指的是，企业与员工之间的利益与命运共同体。尤其是当企业进入成熟阶段后，能否形成持续发展的内源动力，激活内部发展动力，成为企业可持续发展的重中之重。J公司经过多年的发展，已成长为行业内拥有较好的市场占有率、盈利能力和市场口碑的进入稳步发展期的企业。为实现企业提出的"人才—创新—品质"发展理念，该企业将企业创新与员工培养紧紧结合起来，将员工技术研发和技能创新作为连接企业发展和员工成长的桥梁，使之成为引领企业发展的全新理念。

（二）目标定位

增强价值创造能力服务社会财富扩充。J公司拥有先进的发展理念，基于对企业组织属性的深刻把握，提出创新驱动发展、增强价值创造、引领行业进步的发展理念，从而有效服务社会财富扩充。事实上，只有持续地创造价值，企业才能实现可持续发展，为社会提供源源不断的财富，扩充财富基础，为增进人类福祉、促进社会整体发展提供物质基础，在实现自身发展的同时造福于社会。

培养高质量员工以促进创新驱动发展。影响企业创造财富能力的因素，除了资本、技术、设备等客观因素外，员工是最具活力的主观因素。增强企业创造财富的能力，关键是要有一支优秀的员工队伍支撑。J公司将员工培训视为企业发展的发动机，建有多样完整的内部人才培训体系，通过培训各类技术技能人才，直接服务企业生产和技术研发，从而将资本优势、技术优势和设备优势的集聚效应发挥出来，真正实现高质量发展。

促进员工增收赋能共同富裕社会建设。企业总是处于特定时空环境，并与外部环境发生互动。社会的需求总会通过各种形式传导到企业，企业则通过产品或服务满足社会的需求，以此获得存在和发展的合法性。J公司高度关注国家共同富裕的时代需求，将这一需求与企业自身实际结合起来，形成员工增收—企业创富—社会共富互相促进的发展机制，以此赋能共同富裕社会建设。

二、J公司赋能共同富裕的主要举措与实现路径

（一）以技术创新驱动企业高质量发展，增强赋能共同富裕的经济基础

以人才培育使用引领技术研发应用。面对汽车行业技术研发应用日益加快的竞争环境，只有紧跟技术研发前沿，通过自身拥有的研究型—工程型—技术技能型人才链条将其转化为技术方案和具体产品，才能在同质化的竞争环境中形成优势。基于对行业发展环境的精准分析，J公司形成独特的人力资源管理思想，表现为通过自身开办职业院校，培养涵盖专科、本科、硕士和博士层次的专业人才，同时面向全球招聘高层次汽车行业人才。这种内外结合的方式，使得J公司建立了满足企业需求、链条完整、功能齐备的人才体系，为企业将最新技术转化为产品从而形成竞争优势提供人才保障。

以技术研发应用推动产品创新。如何留住人才和用好人才始终是企业人力资源管理的两个基本问题。前者实质上反映人才队伍的稳定性，后者实质上是人才使用的效益，较高的稳定性和效益性是高质量企业人力资源管理的重要体现。J公司确立技术—人才—创新的技术发展战略，将人才视为支撑技术研发应用的关键元素，外部引进和内部培育紧密结合。前者确保企业人才来源的广泛性，以便获取企业发展所需的各类人才资源；后者响应企业人才需求的变化，以便满足企业转型发展的紧急需要。以上举措使得企业的人才队伍保持较好的稳定性，实现技术技能的稳步积累。J公司建立企业发展—员工成长双向促进的机制，企业发展基于技术创新，员工成长基于技术创新或技能积累，实现企业产品创新与员工技术技能发展的良性互动。企业人才管理效能与企业产品创新紧密融合，较好地服务于提升企业产品市场竞争力和占有率。

以产品创新增强企业发展活力。对于加工制造类企业，发展活力主要体现在其产品的创新能力上，外化为产品的品质。产品的创新能力强，有利于形成企业的竞争优势，从而提升企业在同类产品市场中的地位和话语权。J公司通过重组并购等多种举措，整合国内外汽车前沿技术，在整车工艺升级、新能源汽车开发领域具有独特优势；由于内部具有完整的汽车类专业人才链条，具有将先进技术方案转化为汽车产品的实力。J公司在多个品牌上处于国内领先地位，

具有较高的市场占有率。较高的市场占有率提供了用于技术研发和人才培养的经费，有利于支撑企业的技术研发和推广运用，这反过来又可以支持企业实现快速发展，使企业处于充满活力的运行状态。

（二）以技能提升撬动收入增长为核心，激活员工技术创新的动力源泉

完善技能提升的内部制度保障。外部引进可以及时补充亟须的人才、减少企业培养时间和成本，内部培养可以提供更加贴合企业生产实际、熟悉企业生产的员工。良好的人才治理，是以外部引进补充紧缺的少量人才，以内部培养提供企业生产发展所需的大批人才。J公司的人力资源管理体系中，基于内部培养的人才类别更为多样，从生产技术工人、中层管理干部到企业高管等均形成了内部培养和晋升的完整体系。这主要得益于企业较为完善的内部人才培养体系，为企业员工内部实现技能提升提供了有力保障。其主要体现在两个方面：一是企业直接举办学校，培养所需的人才；二是企业内部较为健全的员工培养制度。

构建基于技能提升的收入增长机制。收入增长是激活员工发展动机的重要载体，也是员工发展的外在物质表现。J公司结合行业特征和企业战略，积极构建基于技能提升的员工收入增长机制。具体做法至少有以下几点：一是新入职员工薪资收入依据其所具备的职业能力尤其是岗位技能水平确定（包括职业院校到该企业实习的学生，也可根据实际掌握的技术情况获得不同的岗位实习补贴）；二是企业内部多类型与多层级结合的员工成长通道，为员工成长发展创造空间；三是企业内拥有完善的员工培训体系，为员工的技术升级和职业发展提供教育支撑。

构建激活员工技术创新内源动力的长效机制。有效的制度引导是激活员工技术创新内源动力的重要保障，这样的制度需要有目的、有计划地构建。J公司权衡企业发展与员工增收，员工对企业的贡献与员工的薪资水平相衔接，确保员工技术创新和技能积累得到激励。不仅如此，J公司的内部培训体系为员工生涯发展提供了能力开发的条件，这样可以确保那些有发展动力但没有技术技能的员工得到培训和提升。员工收入成长与其贡献衔接确保了员工技能提升的物

质回报，有利于激活内在发展动力，多元的成长通道有利于发展员工的特色和专长，三者相结合有利于员工与企业共同发展、共享成果的利益分配机制的形成，而这种机制有利于为共同富裕的实现贡献企业的力量。

（三）以员工全面福利计划稳定员工队伍，形成员工与企业发展共同体

员工全面福利计划增强了员工对企业的忠诚度。J 企业建立了旨在鼓励员工与企业共同成长、共同分享利益的员工全面福利计划。该计划涵盖学前教育、住房、员工福利、社会保障等方方面面，解决员工生活的后顾之忧。此外，企业基于员工的不同成长阶段，提供不同的奖励计划，引导员工提升技术技能水平，这形成了对员工强有力的吸引，培养了员工对企业的忠诚度。

对企业忠诚度的提升有利于稳定员工队伍。培养员工忠诚度有助于提升员工的获得感、成就感和存在感，进而有助于员工队伍的稳定。J 公司不仅建立面向全体员工的教育培训制度、晋升发展制度、薪酬激励制度，还注重从企业使命和企业文化等精神层面增加对员工的引导和教育。让员工认可、认同企业使命和价值，并转化为个人的工作态度、工作行动和工作结果。物质层面和精神层面的有机融合，增强了员工对企业的认可度，稳定了员工队伍。

形成员工与企业发展的共同体。从长远看，员工与企业是紧密的利益共同体，双方结成发展共同体有利于实现共赢多赢的发展格局。J 公司通过员工教育培训体系、员工薪资激励体系、员工全面福利计划等，构建了员工与企业共同发展的体制机制，形成了员工与企业发展的共同体，为企业参与共同富裕提供了生动的个案。

三、J 公司赋能共同富裕的主要经验与借鉴意义

从经济属性看，企业是社会财富的创造者；从社会功能看，企业还是产品和服务的提供者、就业机会的提供者。正是因为企业的多重属性，企业在创造财富的同时，还可能通过员工参与分享财富、参与共同富裕社会的建设。正是在这一意义上，J 公司的实践经验对于企业而言具有广泛借鉴意义。

（一）增强持续发展能力：提供共同富裕的物质基础

企业的本质属性是提供产品或服务、创造和分享财富、获取利润以实现发展。企业参与共同富裕的基础和前提在于，其创造的财富能够让员工均衡地分享，以此促进社会更加均等地享有财富。为此，持续发展的能力是企业参与共同富裕的前提和要求。这也是企业作为营利组织的内在要求。这一属性的启示意义在于，企业赋能共同富裕是有条件的，即企业具有较强的持续发展的优势。换言之，只有企业具有同行竞争的优势，能在市场竞争中处于有利地位，其才能为员工创造更多的财富，才能确保员工获取更多的收入，进而实现富裕。

（二）凝聚持续发展合力：优化共同富裕的运行保障

企业赋能共同富裕的实现，不仅与其生产力发展水平密切相关，还与企业与员工之间利益分配的生产关系相关。由于我国是社会主义国家，在收入分配领域，坚持以按劳分配为主体，多种分配方式并存，并让生产要素参与分配。企业尤其是民营企业赋能共同富裕还没有达成共识，还只是少数企业的积极探索，尚需要政府的积极引导和鼓励，较为有效的办法之一是，以管理的思维解决这一问题。J公司的做法提供了一个可推广、可复制的范例，即在企业和员工之间结成利益共同体和发展共同体，通过鼓励员工的创新型劳动，将员工利益与企业发展紧紧地联系在一起，形成普遍可行的制度保障。

（三）激活持续发展活力：提供共同富裕的长效机制

实现共同富裕是一个长期的过程，企业赋能共同富裕需要贯穿始终，以此形成带动财富创造、分享社会财富，进而促进共同富裕的长效机制。企业实现可持续发展，是其持续参与共同富裕的前提。企业持续发展的关键在于，具有较强的内源发展动力和较强的创新意愿和动机，关键在于拥有具有创新意愿和创新能力的员工，即高素质劳动者。而保持劳动者创新意愿和创新能力的关键又在于，建立与企业相关的、基于创新的员工与企业之间的利益关联机制。

<h1 style="text-align:center">第四节　案例启示</h1>

通过对高职院校和民营企业的个案分析，明确了两类社会组织参与共同富裕的历史背景和目标定位，梳理了各自赋能共同富裕的主要举措和实现路径，获得了它们主要的实践经验及可能的借鉴意义。通过对两个案例的比较发现，在共同富裕进程中，时代赋予组织特殊使命和机遇，主动融入时代发展、赋能共同富裕既可赢得发展机遇，亦可贡献组织的力量。Z校和J公司提供了一种行动方案和参考模式，其对于科学确立赋能共同富裕的发力点和动力源具有启示意义。

一、发展优质均衡教育以缩小能力发展差距是高职院校赋能共同富裕的发力点

实现共同富裕目标的最大难点是东西区域发展差距、城乡发展差距和群体发展差距。实现共同富裕的关键在于缩小区域发展差距、城乡发展差距和群体发展差距。如何缩小不同区域和不同群体间的发展差距？发展是由人推动的，发展差距的背后是人的发展的差距、推动发展能力的差距。洞悉这一深层原因，意味着高职院校应立足组织职能，发挥组织优势，突出缩小能力发展差距的重点。Z校赋能共同富裕的实践探索中，正是紧紧围绕优质均衡人力资本开发这一中心，围绕学历职业教育和非学历职业技能培训两条主线，开展赋能共同富裕的高职行动，贡献高职的力量。这对于高职院校更加有效地赋能共同富裕而言，至少具有以下几点启示：一是将学校发展放在所在区域建设共同富裕的背景下加以审视和谋划；二是突出高职教育高质量发展的鲜明导向，以此支撑以高质量发展建设共同富裕社会的目标；三是增强促进区域职业教育一体化发展的引领力；四是突出服务区域经济社会高质量发展的支撑力。

二、构建企业创新发展与员工持续增收衔接的机制是企业赋能共同富裕的动力源

企业赋能共同富裕具有独特优势，但需要系统设计和机制保障。企业的独

特优势主要体现在，企业是社会财富的创造者，企业的持续发展有助于扩大社会财富总量，进而提供共同富裕的经济基础。需要注意的是，企业也是利润追逐者，天生具有追逐利润的偏好，企业发展并不意味着员工能分享企业发展所带来的利益。换言之，企业赋能共同富裕的实现，需要专门的制度设计。实质上，企业赋能共同富裕的关键在于，形成企业发展与员工增收良性互动的机制。为此，J公司始终高度重视创新驱动发展，将其视为培育企业发展优势的根本举措，以确保企业行业竞争优势和盈利能力、夯实赋能共同富裕的物质基础。不仅如此，为确保发展优势，企业将员工技术研发能力和技能更新能力纳入创新驱动发展的重要支撑力量，建立员工基于技术技能提升的薪资增长制度，以此将企业发展与员工增收有效关联起来，形成有利于企业持续发展的长效机制。该案例的基本经验至少有几点启示：一是确保企业的盈利能力和持续发展能力是赋能共同富裕的基本前提，应尊重企业自身追逐利益的本质属性；二是建立企业发展与员工成长协同互促的互动机制，确保员工分享企业发展的成效，增加获得感和物质收益；三是注重技术研发和技能人才培养是实施创新驱动发展战略的关键载体，是提升企业赋能共同富裕经济实力的必要保障。

本章小结

在对职业教育赋能共同富裕的理论分析、政策分析、国际经验、实证分析的基础上，本章运用案例研究法，选取浙江省Z校和J公司作为研究对象，围绕实施共同富裕的历史背景和目标定位、主要举措与实现路径、主要经验与借鉴意义展开案例分析。Z校在实践中，始终立足人力资本开发的组织职能，致力于提供面向区域的优质均衡人力资本开发服务，促进共同富裕的实现。J公司在探索中，始终立足企业持续发展，构建企业发展与员工成长协同推进的机制，探索出以技术研发和技能创新促进企业发展、以技术技能提升促进员工收入增长的办法，在扩大社会财富的同时，提升为员工增收致富赋能的实力。

第八章

职业教育赋能共同富裕的实现路径

从摆脱贫困到共同富裕既是社会发展的理想目标，也是新中国从第一个百年奋斗历程向第二个百年新征程迈进的重要体现。从职业教育参与贫困治理的中国实践看，职业教育经历了从赋能摆脱贫困到赋能共同富裕的职能转变，统一于共同富裕的历史进程之中。立足共同富裕的时代需要，本章以职业教育赋能共同富裕实现路径的构成要素为出发点，梳理和归纳职业教育赋能共同富裕的主要实现路径，并提出具体的优化策略，旨在将职业教育赋能共同富裕作用机理的理解引向深入，从具体实施层面呈现实现的路径，为构建职业教育赋能共同富裕长效机制提供学理和理据支持，并为职业教育更加有效地参与共同富裕社会建设提供行动指南与参考。

第一节　职业教育赋能共同富裕的路径构成

职业教育赋能共同富裕的路径的实质是，对职业教育赋能共同富裕的内在机理理解认识的深化及实践转化。职业教育赋能共同富裕的路径所要回答的问题是，在促进共同富裕的具体实践中，职业教育提升低收入群体的收入进而促进其向中等收入群体跨越究竟是如何实现的？这种路径是否可以提炼成一种可推广、可复制的模式以为建设共同富裕社会提供行动依据？其又由哪些要素构成？针对以上问题，需要从什么是路径这一基本问题入手进行分析和阐释。

一、职业教育赋能共同富裕的路径组成

实现路径（implementation path）是运用一定资源实现预定目标的途径和方法，是有效连接资源、工具和目标的纽带，是现代治理理论中基础性和关键性的分析概念。在共同富裕社会建设中，从现代治理理论的语境看，职业教育赋能共同富裕的实现路径指的是瞄准适合职业教育和培训的群体（低收入人口），提供职业教育和培训服务，并为其实现高质量就业和创业提供能力支持，促进这些群体提升收入进而迈向富裕的路径和方法。

具体而言，职业教育赋能共同富裕的实现路径是，辨识和瞄准特定群体（适合于接受职业教育和培训的低收入群体），依托培养培训（赋权增能以生成职业能力或技能）及其服务支撑（提供优质就业岗位以实现技能积累与收入提升），进而实现富裕的目标，如图8-1所示。换言之，以低收入群体为对象和起点，以职业教育和培训为工具，通过能力开发建设将这些群体导向优质就业乃至促进创业，以实现其稳步提升收入进而迈入中等收入群体的目标。

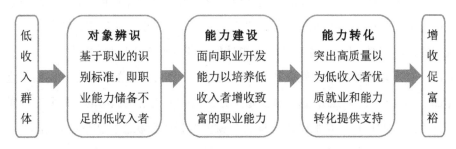

图8-1　职业教育赋能共同富裕的实现路径

由上述可知，从构成要素看，职业教育赋能共同富裕的实现，以有效识别特定群体为逻辑起点，通过系列旨在促进低收入劳动者向就业市场过渡的"支持性举措"[①]，实现提升低收入群体收入进而使其迈入中等收入群体的目标。

---

① 亦称为"支持性条件"（supporting surroundings），是世界银行教育部门工作报告中的技能发展与减贫的分析框架中的重要内容。从提供主体看，支持性举措既可能是职业教育和培训机构提供的（比如就业服务和再就业服务），也可能是政府部门（减免教育和培训服务费用，鼓励发展劳动密集型经济）、企业（提供就业岗位和机会）等提供的。

（一）单一与多元的互鉴：职业教育赋能共同富裕的对象辨识

职业教育是国家脱贫攻坚战略的重要组成部分，也必将成为建设共同富裕的教育支持。由于社会生产力水平的提升、社会不同群体收入的变化，对于如何有效识别职业教育赋能共同富裕的对象，可以从过往经验中借鉴有益做法，也应根据新的情况建立新的识别标准。脱贫攻坚阶段，确定职业教育赋能脱贫致富的对象主要以国家贫困线为依据。实际运行中主要以"建档立卡"家庭的劳动力和未成年子女为重点，其与国家贫困对象识别标准保持高度一致。面向赋能共同富裕的新需求，职业教育赋能的对象将转向低收入群体，即那些虽然已经摆脱贫困但收入依然低于中等收入水平的群体。为此，在分析职业教育赋能共同富裕的具体对象之前，有必要先了解识别赋能对象的常见模式及其面临的问题。

1.识别职业教育赋能摆脱贫困对象的两种模式

从实施层面看，究竟应该为谁提供职业教育和培训服务以促进他们摆脱贫困？这是新时代职业教育赋能共同富裕中应着力解决的首要问题。对于这一现实问题的不同回答，既折射出不同的认识论，更呈现出职业教育赋能弱势群体发展的行动差别。具体而言，对弱势群体的识别主要有以下两种方式：

一种是以工作状况或就业状态为识别标准。国际层面的代表性识别模式是体面工作（decent work），这一概念最早是由国际劳工组织提出的。体面工作是劳动者追求的目标，是低收入群体通过就业改善生活状态，实现收入有提升、安全有保障、地位有变化的重要载体。从体面工作的视角出发，可以从环境、报酬、时间、强度、稳定和安全等多方面因素衡量和识别工作者的具体工作环境和状态。以此为标准，国家和社会为那些工作环境差、工作收入低、技能要求少的群体或个体提供教育和培训服务，促进其改进就业状况以提升生活质量和品质。其因符合现代社会所倡导的通过自身力量解决发展问题的政策主张，在发达国家广受关注。比如，欧盟成员国、经合组织成员等发达经济体以此为标准。应该认识到，这一标准与较为发达的经济、世界领先的产业、健全完善的就业制度等因素密切相关，这是落实体面就业的基础条件。

另一种是以收入标准为识别依据。现实中，世界银行的贫困线最有影响，通常以此为依据，结合所在国家和地方的实际，确定国家层面的贫困识别标准。

在以该标准而识别出的贫困群体中，进一步挑选那些适合职业教育和培训的个体，并为其提供面向就业和创业所需的保障，以帮助他们摆脱贫困。比如，在提供面向摆脱贫困的职业教育服务中，便是以国家确定的贫困线为标准，以及以后来的"建档立卡"贫困户及其家庭成员为对象的。而随着实践的发展，对现有的标准已有所突破，如云南省的《全省城乡未继续升学初高中毕业生职业培训行动计划》已明确要求对有培训意愿的云南籍城乡未继续升学初高中毕业生展开职业技能培训①，将服务对象拓展至所有愿意接受职业教育和培训的学龄人口，这对职业教育赋能共同富裕社会建设具有重要启示。

2. 识别职业教育赋能摆脱贫困对象的挑战

从职业教育的功能向度、服务范围和适用对象来看，并非所有的低收入人口都适宜于通过职业教育进行赋能。其原因在于，现有的识别标准多为综合性的，而且具体操作中，教育程度或技能水平只是贫困衡量标准中的组成元素之一。其意味着，在现有的贫困线所识别的贫困人口的基础上，尚需进一步将具有劳动潜力、就业意愿及接受教育培训愿望的低收入人口识别出来。概言之，有效瞄准和精准识别职业教育赋能脱贫致富的对象，既需要克服贫困识别标准自身难以避免的缺陷，更需要建立适合于职业教育、反映教育和技能不足、反映存在就业困难或工作能力不足的识别标准。具体来看，在瞄准和识别职业教育赋能脱贫致富的对象方面，面临的挑战有以下几个。

首先，任何确定贫困群体或个体的制度设计和技术方案，转变为具体行动意味着需要花费一定的人力、物力和财力，在这其中必将产生一定的成本。就贫困治理而言，提高职业教育瞄准对象的精度和减少识别工作的成本，始终是实践层面的一大挑战，既是贫困治理政策成功的关键因素，也是提高贫困治理效率的重要环节。部分深度贫困地区将免费技能培训对象范围拓展到有培训意愿和需求的农村劳动力，还有的省份将中等职业教育免学费政策的对象扩大到该省行政区域内的所有学生，既是对该地区人力开发的重视，更是对职业教育和培训功能范围的深度思考，也是对识别标准的新尝试。

其次，贫困治理是在一定政治、经济和文化背景下实施的，这便意味着，

① 云南省人力资源和社会保障厅关于印发全省城乡未继续升学初高中毕业生职业培训行动计划的通知 [EB/OL].（2014-09-28）[2023-12-21]. https://chinajob.mohrss.gov.cn/h5/c/2014-09-28/43525.shtml.

任何制度设计和技术方案均会受到所处环境的影响。中国精准扶贫精准脱贫实施以来，精准识别中的制度执行偏差和对象瞄准偏差一直是难以解决的问题，其中既有"乡土社会""熟人社会"文化惯性的影响[①]，也有制度设计和执行层面的原因。而改进的方向也一直是在技术方案的理想状态和实施的现实成本之间寻找平衡点，其在一定程度上消解了职业教育赋能脱贫致富的价值。

最后，职业教育赋能摆脱贫困的对象辨识面临多重标准的融合，在实际实施层面需要有效整合。在国家层面，对"建档立卡"家庭贫困劳动力和子女接受学历职业教育和非学历技能培训给予费用减免、奖励和支持；在区域层面，全部免除接受中等职业教育学生的学费，对深度贫困地区农村劳动力接受职业技能予以培训费用减免和奖励；针对特有少数民族人口发展，对特有少数民族人口接受职业教育、参与少数民族传统文化传承给予支持。这种多层次多维度的聚焦符合中国实际，能将不同群体的需求有机融入，但在实际执行层面需要有效整合以避免混乱。

3.职业教育赋能共同富裕的对象辨识

首先，确立基于工作维度的对象辨识标准。无论赋能摆脱贫困还是赋能共同富裕，职业教育和培训都具有自身难以突破的功能限度[②]，即职业教育和培训只能对那些具有人力资本开发潜能和意愿的低收入人口有作用。从职业教育的功能限度看，以就业能力和工作状态识别低收入人口，并为他们提供专业化支持，更能激发职业教育和培训的潜力。从主要国际组织赋能弱势群体发展的经验看，将那些难以找到工作或虽然处于就业状态但工作技能不足、收入较低的群体作为职业教育和培训的主要服务对象，将促进体面就业视为职业教育和培训赋能发展的目标，已成为普遍共识并取得关键进展。一些发达国家构建技能发展体系以此保障弱势群体获得就业技能上的国家救助；一些国家将接受职业

[①] 王雨磊.数字下乡：农村精准扶贫中的技术治理[J].社会学研究，2016（6）：119-142，244.

[②] 从支持贫困人口摆脱贫困的作用空间看，职业教育和培训仅仅对那些具有劳动能力和愿意，但缺乏劳动技能和岗位竞争力的人口有作用。为此，各国对于丧失劳动能力的贫困人口，大多采用社会保障以确保其获得基本的生存和发展权利；对于具备劳动能力但缺乏参与社会劳动意愿的劳动者，大多通过政策设计和制度创新，加大受助对象的义务约束，要求其在享受国家提供的救助的同时，积极参加技能培训和寻找工作，重新回归劳动力市场，职业教育和培训为贫困者重返劳动力市场提供支持。

培训纳入积极社会政策范畴。面对赋能共同富裕的时代需要，国家亟待将具有劳动潜力、具有接受职业教育与培训意愿的人口纳入服务对象，他们包括尚未进入劳动力市场的人口，处于就业状态但工作不稳定、技能含量低的低收入人口。以往囿于"建档立卡"家庭及其子女的惯性思维依然存在，难以发挥职业教育的能量，难以为人们追求富裕生活提供必要支持，由此需要确立基于工作维度的识别标准。

其次，基于大数据和便捷化的识别方法。从工作视角识别职业教育赋能共同富裕的对象，需要突破原来的入户跟踪调查的传统方式。从数据集成度和可得性看，可吸收借鉴国家建立贫困人口数据库信息系统的相关经验，及时更新建立低收入人口信息系统。发挥互联网络优势，形成从国家到公民直通的数据填报系统，增加低收入者职业能力、就业状态、培训需求等信息，精准定位适合进行人力资本开发的人口，为一线实践工作者提供数据基础，以此开发精准高效的职业教育和培训项目。

最后，基于动态性特征实现低收入人口的信息化管理。从生命周期视角看，低收入群体并非一成不变的静止概念，而是随着时间的变化而发展的。贫困是一种变化中的状态而不是贫困者的一个静止的概念①，对低收入人口的监测和服务，同样应该形成发展性的模式。这对于确定职业教育赋能共同富裕的启示意义在于，应建立低收入人口就业与发展状态的数据库，以监测低收入人口收入变化情况，动态掌握他们的教育和培训需求、就业及职业发展、工作状态等。通过与其他相关数据信息的整合，实现对低收入人口信息管理的实时更新。

（二）供给与需求匹配：职业教育赋能共同富裕的方法革新

赋能共同富裕功能的实现，意味着通过职业教育和培训，专注于低收入者能力建设和开发，以此将他们导向就业和创业，实现使他们增收致富的目标。相较于摆脱贫困，共同富裕对职业教育的要求更高，也就是说，赋能共同富裕意味着职业教育要能够提供促进低收入人口增收致富的专业知识和能力。应以此为出发点，优化供给侧，实现供需匹配。

---

① 马克·罗伯特·兰克.国富民穷：美国贫困何以影响我们每个人[M].屈腾龙，朱丹，译.重庆：重庆大学出版社，2014：145.

1.职业教育和培训供给的新特征

职业教育和培训是面向低收入人口进行人力资本开发和就业能力建设的有效工具。从供给侧来看，为低收入人口提供职业教育和培训的供给主体日益多元化，形成相互促进、互相补充、共同发展的格局，极大地丰富了职业教育和培训的内容和形式。具体表现为：

第一，公办和民办学校职业教育共同参与且质量明显提升。主要体现为：公办和民办职业院校共同发展的局面初步形成，为低收入人口提供学历职业教育和非学历职业技能培训服务，可享受国家提供的同等的政策倾斜和资金支持，因此不同主体在同等条件下相互竞争，利于提升面向低收入群体的公共服务质量。

第二，社会培训机构参与的政策日渐完善。针对低收入群体的职业技能培训服务，政府普遍引入招投标竞争性管理机制，公办、民办、企业内设培训机构均可参与招投标，支持职业教育和培训机构公平竞争、提升服务质量，更好地服务于低收入人口，为他们迈向高质量就业和创业进而增收致富提供更加有力的服务支持。社会培训机构通过参与竞标，承接政府招投标项目，为低收入人口教育和培训服务提供支持。这一制度创新丰富了职业教育和培训的供给主体，创设了公平公正的内部竞争环境和机制，为激发内部活力、提高供给质量注入了动力。

第三，企业培训主体意识和动能的激励环境得到加强。随着终身教育和培训理念的深入，企业对员工的人力资本开发意识和能力逐渐增强，将其作为企业持续发展的基础性工程加以推进。比如，在人力资源和社会保障部门企业新型学徒项目支持下，企业与职业院校密切合作，共同开展定向培训、定岗培训、企业新型学徒培训，将促进潜在劳动力就业与增加企业人力资源供给有机结合起来，获得国家层面的政策和资金方面的支持。企业将其视为员工教育培训的工作，职业院校将其视为拓展办学空间、增强服务社会功能的切入点，以此找准双方合作的共同利益点。而在具体实施中，学校和企业的侧重点有所不同，学校着力于开发通识课程教学资源、线上教学、过程管理、学籍管理；企业重点组织专业基础知识和专业技能课的教学，但成绩录入和学分管理依然由职业院校负责。在双方合作下，生产任务和教学培训相互协调和共同推进的局面得以实现。

第四，小微企业自发开展的与低收入人口联系紧密的技能培训逐步兴起。该类培训主要存在于近年推行的针对发展滞后地区低收入人口的"扶贫车间"和"非遗扶贫工坊"中。这类企业通常生产规模较小、加工制作工艺简单，其为节约场地、用工成本，多以城乡贫困人口、留守妇女、留守老人等为重点，通过提供原材料和加工所用的设备，由企业负责人或其技术人员提供短时间的操作示范（通常为1～2天），之后便可接收订单生产，计件领取劳动报酬。因其就业技能简单易学，容易上手，就业形式和时间灵活，欠发达地区劳动力接受度较高，尤其是留守妇女、城乡低收入者，可以通过兼业的灵活就业形式增加收入，同时又能兼顾家庭农业生产和对老人与孩子的照料。

2.职业教育和培训需求侧的新挑战

就业市场的变化性和职业能力的发展性，意味着面向低收入群体的旨在促进就业创业的职业教育和培训，面临着就业导向性、能力复杂性和环境变化性等挑战。由于低收入群体就业创业面临着外在环境尤其是就业机会的不确定性，职业教育需要面对这一不确定性展开有针对性的调整，因此开展职业教育和培训要承受一定的挑战和压力。

首先，职业教育和培训开发的能力具有明确的导向性，即促进低收入者就业创业，是基于特定就业岗位、服务于特定职业需求，开展特定教育和培训。这种教育和培训目标的特定方向，意味着教育和培训应该具有明显的针对性和实用性。具体而言，其要求培训内容应与职业世界有紧密联系，培训实施应有用人单位的参与，培训结果应能转化为就业岗位上的工作能力。在面向低收入人口展开职业教育和培训时，培训服务提供者在满足特定岗位的能力要求、运用适当方法的教学设计、内容衔接的教学实施等方面，仍然面临不少挑战。尽管这一挑战是学校本位职业教育和培训本身难以克服的弊病，但通过企业的深度参与是可以进行有效应对的。

其次，职业能力的复杂性意味着对教育和培训的要求较高。从本质看，低收入人口就业能力（包括基础能力、方法能力和社会能力）建设是适应乃至胜任某一职业的基本要求，也是实现职业生涯发展的必要条件。学历职业教育在基础能力和社会能力培养方面优于方法能力，技能培训在方法能力培养上又优于基础能力和社会能力；两者的有效结合则可以培养出高水准的应用人才。然而，由于现有的考试选拔制度，接受职业教育的学生在基础能力、社会能力和方法能力方面均处于不利地位。在此情况下，仅仅依靠职业教育自身的力量和学历职业教育期间的培养，难以明显地改变这种不利处境。这也是目前职业院校毕业生发展后劲不足的重要原因之一。由于学生的家庭背景和社会关系具有内在关联性，职业院校学生在获取社会支持方面面临着网络容量偏小、可获取的资源质量不高等情况。概言之，由于基础教育阶段知识、能力、方法积累不足，虽然职业教育在帮助这些潜在劳动者成功迈向职业世界进而取得成功方面具有优势，却难以促进这些群体实现综合能力的大幅提升，加之技术技能人才成长发展环境的影响，亦很难实现其社会地位的整体性提升。

最后，就业能力自身的变化性要求职业教育和培训进行相应的调整。由于工作世界处于持续发展变化之中，低收入者在适应就业岗位时需要持续地调整和变革，主要体现为能力的结构和层次。实际上，职业教育和培训内在地滞后于劳动世界的变化，这是一个基本的事实，其在适应劳动世界时面临能力不足的固有局限。一方面，职业教育和培训要基于低收入者的学习基础而展开；另一方面，又要充分考虑工作世界的新变化，以提升培训对社会需求变化反应的灵敏度。职业教育和培训本身的开展面临着巨大的挑战。

3.职业教育和培训的供给与需求匹配

（1）提升学校职业教育和培训的质量。从实践积累看，职业院校在职业教育和培训方面具有丰富的实践经验，与企业也有着紧密的联系，但学校职业教育和培训自身存在的与企业内在相分离的缺陷，致使其提供的教育和培训服务与企业要求又具有一定差距，难以直接满足于企业的需求。尤为关键的是，学校职业教育中虽然存在一批低收入家庭学生，但其主要面向全体学生发展，在针对低收入家庭学生的实际开展精准帮扶方面并不突出。近年来，部分西部地区、少数民族地区教学改革中的阶段性教学实习试点的扩大、顶岗实习有效性的提高、现代学徒试点工作的推进、企业冠名班的拓展，对于提升学校职业教育的质量，尤其是提升服务学生就业的能力，具有极为重要的意义。高质量的教育和培训，可以提升弱势群体发展的能力，从而使其更好地摆脱贫困而走向发展。

（2）鼓励并引导社会培训力量的发展。社会培训机构是面向低收入群体提供职业教育和培训服务的重要力量。社会培训机构提供职业培训既可以丰富职业教育和培训的内容，亦可与学校培训形成互补和相互之间的竞争，进而激活职业教育和培训供给市场的活力，促进培训服务的品质提升。为此，一方面，应积极引导社会培训机构开展面向低收入群体的培训，重点是构建社会培训机构公平公正参与培训项目的投标竞标的政策环境，如此可以充分发挥其体制优势、组织优势和专业优势，贴近行业企业实际，突出培训与就业一体化设计和实施的特色。另一方面，由于社会培训机构内在的逐利的组织属性，在提供培训和服务时，对于如何对其进行质量评价，需要投入更多的关注。借鉴发达国家和国内的成功经验，比较可行的做法是建立统一规范的第三方评价体系。评价结果通过与政策资金奖励或者发展限制等方式相挂钩，形成外在约束，构建持续改进机制。2019年2月出台的《国家职业教育改革实施方案》明确提出，建设优质的职业教育培训评价组织[①]的发展导向，以为职业培训质量控制提供组织保障。

（3）拓展企业员工职业技能提升培训。2018年5月出台的《国务院关于推行终身职业技能培训制度的意见》明确提出，应充分发挥企业主体作用以强化企业职工的岗位技能提升培训，组织失业人员和转岗职工培训以配合化解过剩产能职工安置工作，面向特殊困难群体展开技能脱贫攻坚行动[②]，主要应对企业的生产工艺更新、技术升级换代和转型发展中工人技术技能不适应可能引发的低收入陷阱，以及低收入家庭技能致富、低收入职工家庭技能培训和残疾人技能提升的问题。大型企业可依托员工发展中心或员工培训中心实施相关培训；小微企业则可委托地方公共实训中心或大企业培训中心开展培训。培训成本纳入公共经费支出范围，由政府财政给予支持或由企业和员工共同分担。

（4）将小微企业技能培训纳入政府政策支持范围。面对小微企业职工技能培训不足的难题，2019年5月印发的《职业技能提升行动方案（2019—2021年）》

---

① 国务院关于印发国家职业教育改革实施方案的通知（国发〔2019〕4号）[EB/OL].（2019-02-13）[2023-12-21]. http://www.gov.cn/zhengce/content/2019-02/13/content_5365341.htm.

② 国务院关于推行终身职业技能培训制度的意见（国发〔2018〕11号）[EB/OL].（2018-05-08）[2023-12-21]. http://www.gov.cn/zhengce/content/2018-05/08/content_5289157.htm.

要求引导和支持中小微企业开展职工培训①。就贫困地区的中小微企业而言，针对贫困劳动力的技能培训，应在国家基本原则下，采取灵活措施加以应对，从已经试行的情况看，可行的办法至少有：①由企业自身实施，地方政府对其教学进行补助和奖励，主要适用于技能培训相对简单，企业掌握相关技能，依靠企业自身便可以实施的情况。但应注意奖励补助流程便捷，考虑企业由此产生的时间成本。②由企业所在地政府购买服务，当地职业院校或社会培训机构参与竞标后由中标方实施相关培训。主要适用于企业自身无法完成，需要专业师资和设备支撑的相关培训。

（三）教育与培训并举：职业教育赋能共同富裕的实现路径

基于不同的视角和标准，可以将职业教育赋能共同富裕分为不同的方式。基于前文的分析思路，本部分主要从实施主体这一角度来考察职业教育赋能共同富裕的实施方式。具体而言，可将其划分为学校主导的学历职业教育和企业主导的非学历职业技能培训，前者以学校职业教育和职业教育东西协作为代表。

1.学校职业教育赋能共同富裕：系统化培养和综合性赋能

长期以来，我国实行学校本位的职业教育发展模式，政府主导是该模式最为显著的特征，这与贫困治理中的政府主导相一致。这是职业教育赋能共同富裕面临的外部环境，其意味着学校职业教育在共同富裕中的基础地位和关键作用。在学校职业教育赋能共同富裕的具体实施中，还创造出职业教育东西协作助力区域协调发展的新模式。然而，就其本质而言，依然属于学校职业教育范畴。从学校职业教育赋能共同富裕的实施看，主要有以下几个关键点：

（1）面向低收入家庭学生精准招生。通过多年的实践，形成了精准招生的有益经验，具体为：重点是通过多方位精准化的宣传确保低收入家庭子女进入职业院校；提供优质职业院校确保低收入家庭子女获得优质职业教育资源；提供社会需求稳定、市场前景好的专业确保低收入家庭子女就业更优质、更有保障。由此可见，精准招生已细化为将优质院校的资源保障、优质专业的就业保障与低收入家庭学生紧密衔接，这也是职业教育赋能共同富裕的起点。

---

① 国务院办公厅.国务院办公厅关于印发职业技能提升行动方案（2019—2021年）的通知（国办发〔2019〕24号）[EB/OL].（2019-05-24）[2023-12-21]. https://www.gov.cn/zhengce/zhengceku/2019-05/24/content_5394415.htm.

（2）立足低收入家庭学生实际精准培养。作为培养的主体，职业院校普遍面临如何促进学生适应校园生活、降低流失风险、激活学习兴趣、积累职业能力等方面的挑战，以实现精准培养的内在追求。从现实看，一方面，学校层面对低收入家庭学生进行励志主题教育，加大对这些学生心理健康咨询、职业发展指导、学习生活的关心。另一方面，班主任层面对低收入家庭学生进行赋能，比如鼓励低收入家庭学生担任班干部参与班级管理以提升其自信心；加大与学生沟通交流的力度以了解学生思想动态，使学生有获得感；与此同时，将党建与低收入家庭学生转化相结合，党员联系低收入家庭学生，形成一对一指导服务，走进学生内心，共同解决学习生活的问题，使学生有困难时在学校有可以依靠的人。

（3）结合低收入家庭学生实际精准赋能。在国家针对低收入家庭学生资助制度建立健全的背景下，经济问题已不是影响他们能否摆脱贫困的主要关注点。随之进入关注视野的是，低收入家庭学生所面临的心理脆弱、认知偏差、内在动机不足等突出问题。面对这些问题，学校往往通过主题班会、专题讲座等形式加以解决。现实中，这些解决措施大多缺乏低收入家庭学生的立场和视角，忽视他们需求的特殊性。而且低收入家庭学生的教育转化，应侧重于心理学视角，需要开展心理健康教育、心理指导咨询等专门性活动。其根本目标在于培养学生自主意识和能力，如此方可提升其应对学习和生活的能力，走向自立自强。

（4）面向就业岗位精准援助。现实中，职业院校建立了一套促进低收入家庭学生成功实现就业的制度性保障。除了面向全体学生的企业岗位观摩、阶段性教学实习、顶岗实习等制度化保障外，面向低收入家庭学生，职业院校的勤工俭学岗位优先向他们提供，为促进其适应岗位要求，还有相应的教师对其进行指导；寒暑假，学校会提供与其专业相关的到企业实习服务的岗位，该类岗位为低收入家庭学生提供一定的经济报酬以作为对学生付出的回报，更为关注对学生适应岗位过程中的指导和帮助，这种循序渐进的方式，使贫困者积累了适应就业的经验、心理和能力。

职业院校专注于以上四个关键环节，注重协调相互之间的关系，旨在达成有效培养低收入家庭学生面向职业的能力与助力低收入家庭学生将职业能力转化为岗位生产力的无缝衔接，从而实现从低收入家庭学生向劳动力市场的参与者和职业发展追逐者的跨越，进而增收致富。

2.非学历职业技能培训赋能共同富裕：反向设计和定向就业

从西部地区、少数民族地区等地的调研的实际情况看，面向城乡低收入人群的、以小企业为主的、以简单技能培训为主导的非学历职业技能培训，已成为衔接脱贫攻坚与共同富裕的重要保障。需要注意的是，此处所指的企业，主要指调查中涉及的扶贫车间、非物质文化遗产扶贫工作坊等，这些企业规模较小、操作工艺较为简单，从业人员多为兼业人口（在当地已有一份临时工作）、留守妇女和老年人等低收入群体。此类企业主导的职业教育赋能共同富裕模式，实际上就是在低收入劳动力参与生产前，为其提供简单的技能培训，其具体实施方式为：

（1）确定有意愿有需求的培训对象。这种培训通常有政府部门的支持和参与，学员多由政府乡村振兴部门和就业服务部门进行组织动员，企业培训人员一般直接与低收入人口见面，确定培训时间等相关要求。

（2）实施直观形象易于理解的培训。培训服务于生产加工制作，多由熟悉该项业务的师傅负责，是基于工作的培训，在工作车间和工厂中直接实施，还有的在村庄实施。培训通常是观看师傅示范操作，直观、形象，也容易上手。学完后还有不明白的，可以现场接受师傅的指导。

（3）个别性指导与实时检测培训效果。培训结束后，学员即可自己动手生产，在其后的生产中，师傅会给予指导，产品生产出来后师傅会进行点评，并对一些要点和不足之处再次讲解，学员可以得到及时有效的指导。

在以上学习实践的基础上，绝大多数的学员基本掌握了生产操作的要领。企业往往会要求学员签订加工生产协议，随后便可领取材料和设备开始生产。而企业通过产品验收这一环节再次检验生产者的技术水平，对问题较多的生产者进行再次培训。由此，贫困者转化为产品的生产者，并由此增加收入，以此摆脱贫困。

（四）能力发展与增收致富：职业教育赋能共同富裕的目标定位

职业教育赋能共同富裕是共同富裕社会建设的重要组成部分，本质上是促进低收入群体的能力发展，只不过其发展能力有着与普通教育不一样的方向，即发展就业能力的鲜明导向。只有开发低收入者面向就业的能力，使他们能在就业市场上获得较好的就业机会和收入保障，才能实现增收致富。由此可见，能力发展不仅是促进低收入者摆脱贫困的基础，也是促进共同富裕的前提。反过来，实现富裕也是能力建设和发展的重要目标，两者结合便能呈现职业教育赋能共同富裕的内在特征。

从职业教育赋能脱贫致富的演进历程看，增收致富的实现包括增收减轻贫困、增收摆脱贫困、增收实现富裕三个阶段。增收减轻贫困阶段，收入增加了、贫困程度减弱了、生活质量提高了，然而收入和生活水平仍然低于国家的贫困线。增收摆脱贫困阶段，低收入者的收入增加了，而且高于国家的贫困线，说明低收入者的收入和生活质量均已经脱离贫困状态，最为明显的或许可以用"两不愁三保障"加以说明。增收实现富裕阶段，低收入者增收幅度较大，这时的收入和生活质量已经接近中等收入群体的收入水平和生活质量。三者之间的关系如图8-2所示。

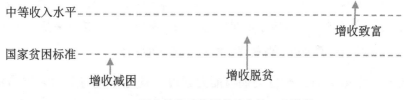

图8-2 职业教育赋能增收致富的三个阶段

从图8-2可知，职业教育赋能共同富裕目标是参照某一标准而确定的。在脱贫攻坚阶段，这一标准为国家确定的贫困线，即确定低收入人口的最低收入标准，收入低于这一标准的即为贫困人口。这一贫困线随着经济发展形势进行动态调整，以真实反映贫困者基本生活的需要。该阶段的总体目标是"两不愁三保障"，该目标涵盖了食物、衣物、卫生、住房、教育五个方面的内容，是综合性衡量而非单一维度的判断。基于这一目标定位，职业教育致力于为那些基于国家贫困线而被识别出来的低收入群体提供支持，而这些支持旨在开发低收入者面向职业的能力，以此为他们获取更高的收入、更健康的食品、更美观的衣物、更舒适的住房、更有保障的医疗和更优质的教育提供基础。

从赋能共同富裕的时代需求尤其是赋能欠发达地区共同富裕的内在需要看，人力资源开发和利用具有长远意义，职业教育将发挥基础和保障作用。从短期看，通过职业教育东西协作、学校职业教育、技能培训等形式，为欠发达地区低收入人口进行人力资源再开发和再转化提供了教育和培训服务，这一目标已然取得实质性进展。从长远看，通过发展西部地区、少数民族地区等的职业教育，提升其服务群众增收致富的能力、服务区域经济社会发展和共同富裕社会建设的能力、服务中小微新创企业技能培训的能力，这一目标还远远没有实现，需要长期持续的努力。

二、职业教育赋能共同富裕的主要路径

从内涵实质看，赋能共同富裕的路径指的是，低收入者增收致富所依靠的方式方法。从这一角度看，职业教育赋能共同富裕的路径，表现为低收入者与职业教育和培训资源的连接方式，以及低收入者所掌握的职业能力转化为现实生产力的方式。通过这一路径，将促进低收入者就业与增收致富结合起来，将欠发达地区职业教育发展与当地区域经济发展连接起来，将欠发达地区劳动力资源优势与发达地区人力需求满足统筹起来。有鉴于此，接下来从个体层面、区域层面和社会层面分析职业教育赋能共同富裕的路径。

（一）个体层面：教育培训与能力建设、就业过渡与能力转化的有机衔接

个体作为具有发展能动性的社会实践主体，始终是社会发展进步的实践者和推动者。增收致富目标的实现，离不开个体的参与，根本上也依赖于低收入者自身能力的发展和提升。从低收入者个体角度看，职业教育赋能共同富裕是接受职业教育和培训（包括实践教学和实习）—实现优质就业（创业）—获得收入—增收致富—自主发展等各环节紧密相连、互相配合、前后递进的完整过程。

1. 实施职业教育和技能培训为低收入者提供迈向就业创业的能力支持

从形式看，主要有学历职业教育和非学历职业技能培训。随着职业院校尤其是中等职业学校生源结构变化和社会终身职业技能培训制度的建立，学历职

业教育的规模有所减小而非学历职业技能培训的规模迅速扩大。而从学历职业教育看，面向低收入家庭子女的职业教育或由独立学校承担，或由东、西部地区的学校合作承担（东部院校和西部院校分段培养），而两者均通过对低收入家庭学生的系统性培养，有效提升他们的基础能力、方法能力和通用能力，为其实现就业进而增收致富提供能力支撑。而非学历短期职业技能培训立足就业岗位所需，以岗位能力为重点，培训时间较为灵活，主要有定岗式、定向式、订单式、定制式等培训形式。在此情况下，低收入人口的就业岗位已经确定，技能培训在其中的作用和职能在于架起低收入者迈向就业创业的桥梁。

2.引导稳定就业获得稳定收入与鼓励收入积累以实现财富积累和增长

通常而言，面向低收入劳动力的职业技能培训多与就业推荐相联系，在就业岗位有保障的情况下，虽然通过培训实现了就业，但这种就业往往不稳定，尤其是在就业的最初三个月，低收入者出于各种原因放弃工作的风险较高，若不加以干预，将可能使前期的努力和投入无法获得回报，低收入者增收致富的目标将难以实现，这种情况在学历职业教育中的低收入家庭毕业生中更为多见。这些劳动者因自身无法适应而退出劳动力市场，会使他们增加无能感和依赖性，后期要改变他们的这一处境往往需要更多的努力。针对这一情况，政府通常运用多种方法进行干预。譬如，一些地方政府对外出务工就业超过一定期限的低收入人口给予额外奖励，鼓励其稳定就业以实现经济积累。这一做法与美国近年来面向弱势群体储蓄给予额外奖励以鼓励弱势群体扩充资产的做法有异曲同工之处，旨在促进低收入者实现财富积累，同时为技能发展和经验积累奠定基础，并为积累自身财富和改善生活奠定收入基础。

3.通过技能提升和经验积累奠定迈向增收致富和自主发展的能力基础

从就业岗位来源看，一个基本事实是，国内百分之九十的就业岗位是由非公经济即民营企业提供的。而低收入人口的就业岗位主要分布在非公企业中的中小微企业。由于低收入人口所在就业岗位通常技术技能要求不高、职业能力复杂程度不高，工资收入的增长与否主要依赖工作量的大小、工作稳定性的高低、工作时间和年限的长短。现实中，企业大多采取根据工作时间长短、工作数量多少等因素而确定的工资增长模式。这种模式既可以培养熟练工人，又能保证企业生产的持续性所需的人力供给。低收入劳动者长期稳定在一个岗位上，既有利于工作技能的累积和提升，也有利于工作经验的积累，更有利于收入的提升，从而积累更多财富，增强增收致富的信心，激发内源发展动力。

（二）区域层面：人力开发与经济发展、区域共富与个体致富同步推进

从欠发达地区实现富裕的内在机理看，其通过发展面向区域发展的职业教育，为欠发达地区培养人才、培训人力、提供人力支撑，通过人力开发促进区域经济发展和群众增收，以区域经济发展带动群众增收，最终带动区域实现富裕。这一完整的链条中极为明显的特征是，服务区域发展导向、区域发展和个体增收同步，区域共富与个体致富一体推进。

1.人才培养目标以满足本土为导向兼顾转移需求

区域性是职业教育的基本属性之一，只有植根地方经济所需，才能获得发展所需的不竭动力。随着欠发达地区县域经济的崛起，对于技术技能劳动者的需求逐渐增多。而技能劳动者存量少、现有人才外流较多是欠发达地区普遍面临的难题。加之这些地区难以吸引到外来人才，需要依托当地职业教育和培训机构培养本土技能劳动者。其中一些新兴的动向值得高度关注，比如，在扶贫车间、"非遗扶贫工坊"就业所需的小众技能，当地群众增收脱贫致富所需的实用技术和灵活就业所需的简单技能培训，虽然在民间有需求、有市场但还没有得到应有的重视，培训的便利性和质量还未能满足群众的需要。

同时，面对无法在当地寻找到就业机会而需要向外转移就业的劳动力，应将其纳入培训范围。应该认识到，无论是本土技能劳动者的培养还是外流技能劳动者的培训，均是地方发展和个体增收致富的重要力量，没有个体的发展，区域发展和共同富裕均难以实现。面对区域共同富裕的现实需要，应该更加重视本土人才培养以振兴区域特色产业发展，应更加重视绝技绝活特色技能人才的挖掘，以实现传统工艺的创新发展，振兴传统文化和乡村文化。

2.低收入劳动力的培养服务于乡村资源和特色产业开发

脱贫攻坚阶段，职业教育主要通过服务农村劳动力和低收入劳动力向东部和城市转移而发挥增收减贫和脱贫的作用。在这一思路主导下，西部地区、欠发达地区、农村地区近年来大量劳动力外流就业，在有效解决经济增收问题的

同时，出现了"留守问题""空心问题""婚恋问题"等，这些问题已成为乡村社会发展中的突出问题。

国务院制定实施的《关于促进乡村产业振兴的指导意见》提出，乡村产业扎根于县域并以农业农村资源为基础，以农民为主体、区域特征鲜明，是发展农业繁荣农村富裕农民的产业；加强乡村手艺和管理人才的创新创业培训以提高创业技能。[①] 乡村发展所需的本土人才培养，既是职业教育发展新的机遇和着力点，也是职业教育面临的挑战。应对这一挑战的关键在于，强化立足区域发展、融入区域发展的办学理念，开设与乡村特色产业发展相适应的专业，开展乡土人才培训。

面向低收入家庭学生成长成才和增收致富，需要创新思路，基于乡村和服务乡村开设专业、培养人才和实现发展，可以应对其难以在发达的一线城市立足发展的实际，又可以使其在乡土社会中实现持续的发展。面向低收入劳动力开展基于当地特色的技能培训，可以兼顾欠发达地区低收入人口就业增收和家庭照护、农业生产和兼业就业。而这正是乡村振兴和全面发展的重要基础之一。

3.发挥职业教育人才培养功能促进个体致富与区域共富互促

前已述及，欠发达地区职业教育和技能培训应立足区域发展需要，服务乡村特色经济发展，进而将低收入劳动者增收致富和实现自主发展与区域共同富裕结合起来，进而促进乡村经济社会的发展。在这一链条中，技能劳动者扮演着主要角色，也是实现这一战略目标的主体性和关键性力量，而技能劳动者的培养则离不开职业教育的支持。

面向支持区域致富对技能型劳动力的需求，现实中面临的挑战主要有：第一，原有的以服务低收入劳动力向外转移为主的教育和培训形成了一定的路径依赖，在专业设置、培训工种、设施设备上以现代加工制造和现代服务业为主，缺少对区域经济发展所需的小众职业、特色人才的关注；第二，现有的培养现代大众化人才的模式难以满足区域特色人才培养的需要，比如，非物质文化遗产技艺人才、代表性传承人的培养，更多是家庭传承与现代学校职业教育的结合，而非现代学徒制能胜任的，需要对培养模式这一根本性问题进行深度思考

---

① 国务院关于促进乡村产业振兴的指导意见（国发〔2019〕12号）[EB/OL].（2019-08-19）[2023-12-21]. http://www.xqj.moa.gov.cn/cyrh/201908/t20190819_6322767.htm.

并加以改进；第三，地方本土人才已得到政府、职业院校的普遍重视，然而在究竟如何培养、培养出来的人才如何吸引其留在当地发展等关键环节上难以取得实质性进步。这导致人才外流他乡，个人富裕然而区域发展依旧滞后；文化产业渐成规模但支撑产业发展的大规模基础人才缺乏。这些问题的出现，根本原因就在于，职业教育长期以来形成的办学定位与区域发展的匹配度不高。而这些问题的解决，也并非一日之功，需要长期持续的调整。

（三）社会层面：促进低收入群体就业增收、壮大中等收入群体和促进共同富裕

从社会层面看，通过将有限的资源投向职业教育和技能培训领域，进而加大技术技能人才供给以优化人才结构；通过促进低收入人口就业提升资源使用效益，形成赋能共同富裕社会建设的长效机制；通过促进低收入群体增收，壮大中等收入群体，增强欠发达地区社会稳定和实现区域共同富裕。

1.加大职业教育和培训领域投资以增加低收入人口的教育培训机会

将职业教育和培训资源优先投向低收入人口，既反映出国家战略重点从以基础设施建设为重点转向以低收入者能力发展为重点，也是加快完成共同富裕方略和真正促进低收入人口依靠自身力量实现富裕的重要切入点。从现实看，突出体现在以下方面：

首先，构建面向低收入人口和脆弱群体的职业教育和技能服务的保障体系。主要通过国家立法和地方立法，将职业教育和技能培训纳入面向社会弱势群体的公共服务保障范围，明确政府的责任尤其是资金投入责任。在国家和地方教育政策和经济发展政策中，将对低收入群体的救助与促进就业、开发公益性岗位联系起来，而职业教育则是实现两者连接的关键桥梁。

其次，确保面向低收入群体的职业教育和技能培训投入稳步增长。具体表现在农村劳动力就业技能培训、企业新型学徒制、乡村致富带头人培训、返乡创业人员培训等国家层面的密集政策中。这背后的逻辑机理是，将资金优先投放于促进现有人力资源质量大幅提升的项目，普遍提高国民综合素养，并将其与企业现有员工的人力资源储备和开发、乡村振兴的重点人才培育、面向共同富裕的人才储备相结合。这是立足于国家长远发展和人力资源强国建设的战略性思考。

最后，职业教育和技能培训投入与经济发展紧密联系。从对职业教育和培训与经济发展之间的关系思考看，随着教育保障体系的逐渐完善，失学儿童明显减少，适龄学生已普遍进入正规教育系统接受教育。在此背景下，职业教育和培训系统主要面向成人开展职业继续教育。随着经济发展进入新常态，企业的人力资源需求将更加精细化和特色化。面向低收入群体的职业教育和培训，一方面需要更加注重质量，突出需求导向；另一方面需要更加注重企业的需求，加大定制式、菜单式、模块式培训，以实现弱势群体技能培训与企业人力开发的精准匹配和对接。

2.提升低收入人口就业质量以缓解弱势群体就业结构性矛盾

劳动力是低收入人口所拥有的主要财产，就业是他们获得收入的主要途径。促进低收入人口就业既可以将其转化为社会发展的积极力量，又能使其拥有持续稳定的收入来源，更能缓解低收入人口就业难的结构性矛盾。

其一，开展职业教育和技能培训以提升低收入人口就业质量和效益。职业教育和技能培训已成为国家面向低收入群体，旨在促进其就业和创业进而迈向致富和发展的基本公共服务供给，已形成了成熟的做法和积累了丰富的实践经验。比如，脱贫攻坚中形成的"阳光工程""雨露计划""技能脱贫千校行动计划"等国家专项行动，面向低收入劳动力接受职业教育和技能培训的需求，提供制度保障和资源支持，在促进低收入群体增收致富的巨大成就中具有极为重要的基础性作用，有效支持了低收入人口的人力资源再开发，为他们利用经济社会改革发展机会、有效参与新的市场就业提供了技能条件，形成了职业教育增收致富的中国方案和特色。

其二，依托职业教育和技能培训缓解低收入人口就业难的矛盾。从低收入人口的群体特征看，大多文化水平偏低、技术技能薄弱，难以实现转移就业，也难以参与技能性工作。针对这一现实，职业教育和培训一直坚持面向转移就业开展职业技能培训，面向发展农业开展农村实用技术培训。近年来面向农村人口季节性灵活就业提供的砌筑工、抹灰工、焊工等培训为农业生产者增加收入提供了重要支持。《国家职业教育改革实施方案》中明确，学历教育和技能培训是职业院校法定职责，是对职业教育服务功能的科学定位，其意味着为弱势群体提供技能培训是职业教育的题中之义。而在乡村振兴和共同富裕进程中，职业教育和培训的这一空间将有待更大力度地拓展。

3.提升低收入群体收入水平以壮大中等收入群体和服务社会稳定

与以往相比，面对共同富裕社会建设的时代需求，职业教育和培训不再是面向特定贫困群体，而是服务于社会中的低收入群体尤其是难以适应工作需要的群体，以促进他们更好地适应工作，获得更高的收入、更适合的职业。而从目标上看，不再是单一的增收脱贫，而是整体上提升低收入群体的收入水平，促进他们向中等收入群体转化，以扩大中等收入群体，进而提升社会稳定性。

首先，低收入群体收入水平提升与职业教育和培训相关联。随着高中阶段教育的普及和现代职业教育体系的完善，面向低收入群体的教育和培训将更加突出职业继续教育，与就业岗位的联系更加紧密，与企业的衔接将更加顺畅。这意味着职业教育和培训机构与企业行业的合作将更加深入，其实施形态也将更加丰富多样。

其次，低收入群体收入提升与中等收入群体的扩大。通过提供教育和培训，促进低收入群体向中等收入群体转化，进而扩大中等收入群体的规模。职业教育和培训从服务低收入群体增收脱贫转向促进中等收入群体扩大，在欠发达地区、农村地区的任务将更加艰巨。原因在于这些地区增收渠道单一、就业机会较少、就业质量不高，实现增收的难度较大。

最后，中等收入群体扩大与欠发达地区社会稳定性整体提升。收入差距是影响社会公平和社会稳定的关键性因素，较大的收入差距容易引发中低收入群体的剥夺感和不满进而导致社会不稳定。而从长远看，只有整个社会的收入差距保持在一定的范围内，社会才能保持既稳定又有社会活力的状态。职业教育和培训在其中发挥关键性功能和作用，其通过改善弱势群体的技能状况促进其更好地适应职业生活以此增加收入，间接促进欠发达地区社会稳定。

第二节　职业教育赋能共同富裕的路径向度

职业教育赋能共同富裕实现路径的构建，既离不开对职业教育赋能共同富裕内在机理的理解，更需要对现实中职业教育赋能共同富裕的行动进行深入考察，以此提炼出实现路径的多重向度，以便形成既有理论基础又有实践指向的职业教育赋能共同富裕的具体路径。

一、构建面向低收入者旨在促进就业进而增收致富的阶梯

从赋能对象的年龄看，主要可分为学龄人口和非学龄人口。因其处于不同的年龄阶段，有不同的需要，为其提供适合的教育和培训方式，进而搭建人力资本开发和实现富裕的阶梯，是职业教育赋能共同富裕的基础性工作。

（一）面向学龄人口提供多维度和全程化的服务支持

从教育体系内部看，主要是为初高中毕业后接受职业教育的低收入家庭学生，着力从经济资助、心理指导与励志教育、生涯发展指导与勤工俭学岗位支持、就业创业教育与支持等多方面提供针对性帮扶，促使其身心得到发展，综合能力和职业能力得到提高，自立意识和自立能力得以增强，从而通过实习就业乃至创业迈向富裕之路。

从经济资助看，以国家资助体系为主，积极整合地方政府资助、社会资助、企业资助资金，确保低收入家庭学生接受职业教育所需学费和部分生活费、交通费等主要经费得到保障。从实际情况看，基本保证了低收入家庭学生不因家庭经济难以负担学习所需费用而失学。但在资助实施中，一些细节值得关注，即如何避免因资助中的教育不当而伤害学生心理。需要关注的是，非经济因素失学辍学的情况有所增加，其会影响到国家资助投入的效益。尤为值得一提的是，失学辍学后重返校园学习的通道还不顺畅，对该类学生的资助需要得到关注和解决。

从心理咨询与励志教育看，低收入家庭学生尤为需要的是，运用心理学的理论视角和相关知识对其进行指导与帮助。原因在于，职业院校中部分家庭情况复杂（比如单亲家庭、隔代抚养家庭、家庭教育缺失家庭），需要加强心理健康教育和咨询指导工作。面对这一部分学生，多数学校认为可以通过感恩教育、励志主题班会解决其问题。实际上，面对这些特殊群体，需要做的还有更多。以上这些学生长期生活在教育或关爱缺失的家庭中，不仅在学业上处于不利地位，而且在自我认知、心理健康、社会认知、人际交往、亲子关系等方面也面

临不少问题。为此，应转变视角，加强心理健康教育和咨询，辅之励志教育，帮助其解决心理困境，这才是改变其系列不良行为的真正起点。

从生涯发展指导与勤工俭学岗位支持看，一些学校的实践值得学习。比如，为低收入家庭学生提供系统化的基于岗位体验的计划。即入学之初为低收入家庭学生提供学校里的岗位，这些岗位没有具体的技能要求，但要求吃苦耐劳、踏实认真的品格，比如学校超市的码货员、收银员，食堂里的服务员。针对低收入家庭学生普遍存在的主动性不足、畏难情绪突出等常见问题，由学校和食堂、超市工作人员共同指导，旨在让学生遇到困难时得到及时有效的支持。同时，随着学习的深入，学校与合作企业会提供假期实习服务岗位，使学生从事与其专业相关的工作，既可增加收入，也可促进其职业能力的养成。这种模式立足学生未来发展，提供系统化的岗位支持和能力发展支撑，有利于低收入家庭学生积累发展能力和职业经验。

开展立足专业、面向体面就业和创业的教育。部分学校已经突破传统的基于课程开展职业生涯教育的局限，邀请或选取具有企业背景的专业课教师，对学生进行职业生涯教育，面向特定企业对学生进行就业指导，增强教育活动的实效性。

（二）面向非学历低收入成年人展开人力资本再开发并促进转化

事实上，非学历人口的技能培训属于现有劳动力的人力再开发，面向贫困人口的职业技能培训，具有明确的就业导向、脱贫导向和实用导向。需要说明的是，这里所指的培训更多是由政府组织、职业院校和培训机构实施的培训。现实中，企业在员工上岗前会组织培训，虽然这些培训时间非常短，但其非常贴近企业实际因而至关重要，与社会培训是互为补充的。

首先，基于业已确定岗位的技能培训，服务于特定的岗位。基本原理是政府扶贫部门与企业达成用工需求意向，确定可以吸纳的贫困人口数量、基本条件和相关要求。随后，政府会从政策动员、注意事项强调、业务能力培训等方面提出具体要求，并将任务交由当地职业院校具体实施。政府相关部门的领导通常在培训中会做政策报告，主要是宣传相关政策和提出具体要求，很少会涉及实质性内容；具体的培训内容多由相关培训机构实施。

其次，基于适应岗位的技能培训，服务于稳定就业。此类培训具有鲜明的服务脱贫攻坚的导向，技术技能要求不明显，多针对普通岗位，但对于劳动纪律和工作时间有明确的任务考核，其培训周期较短，通常以城市生活常识、法律法规教育、交通安全教育、人身财产安全等内容为主，旨在为贫困劳动力进入岗位后提供实用的知识，以此稳定贫困劳动力就业。

二、面向特定区域培养经济发展所需实用人才促进区域富裕

贫困人口的就业方式一是通过转移到外地就业，二是就地就近就业。为此，面向贫困人口就业的职业教育和技能培训，既要立足现代产业发展所需培养和培训技术技能人才，又应立足地区产业发展特点，培养支撑当地产业发展所需的本土人才。随着贫困地区发展基础条件的改善和县域经济的发展，依靠当地优势特色产业摆脱贫困和促进群众增收的势头会越来越明显，客观上要求职业教育和技能培训立足这一特点培养本土人才。而实施层面的具体路径有以下几个。

（一）瞄准区域特色经济发展所需开设专业培养人才和开展人力培训

学历职业教育层面，主要是解决贫困地区职业教育整体发展水平偏低的难点，以反"职业教育之贫困"。在专业设置上，凸显立足当地、根植于产业谋发展，根据当地重点产业和新兴产业的产业链条布局专业点，重点发展当地急需的专业，这些专业的招生优先将贫困家庭学生纳入。在人才培养规模和层次方面与产业规模和层次相适应，以使所培养的人才适应产业需要，支撑经济发展。但也面临难以克服的难点，原因主要在于，办学规律与产业发展规律之间的矛盾和冲突。比如，产业发展更新较快但学制教育周期较长，学校教育与企业实际本身的差距，人才层次相对固定但产业需求层次处于持续变化之中。应对的可行办法在于，进一步拓展校企合作的深度，基础课程以学校为主，而专业方向课程以企业为主，加大企业新技术新工艺进课程的力度。与此同时，对特色产业和民族经济发展的小众专业也应有所考虑，以为特色经济发展提供人才支撑。

（二）面向低收入成年人口开展人力资源再开发促进特殊群体就业增收

非学历技能培训支撑层面，主要有两个方面的路径：其一，面向中小微新建企业的技能培训，通常由企业自行开展，依靠自身力量满足个性化的需求。难点在于，中小微新建企业主要关注岗位操作技能，对于同样重要的工作态度、工作责任心、与人交往等基本能力的培训，并无相应的能力组织和实施，需要政府统筹，在工业园区、乡镇等从业人口较为集中的地方组织实施，以与企业自身的培训形成互相补充的局面。这些培训主要满足于简单的生产加工，技能要求不高，但对于贫困人口和低收入人口增收的作用明显，吸纳能力强，值得高度关注。其二，面向成规模企业在职职工的培训，通常由当地工业、人力资源主管部门牵头，将国家终身职业技能培训制度与企业员工综合素质培训和技能提升结合起来。我国的产业工人队伍中农民工占比超过70%，他们大多文化程度不高、技能水平偏低，对其开展培训可以提高其岗位胜任力，对于预防失业具有积极作用。从实际进展看，职业院校与企业合作，以实施企业新型学徒制为载体，整合企业与职业院校资源优势，以为企业开发人力和储备人力提供保障。虽然企业可以获得相应补助，然而，企业的积极性普遍不高，对政府的承诺能否兑现持谨慎态度，课程与企业需求的吻合度、教学与企业生产的协调等问题，在一定程度上制约企业参与的积极性。

值得注意的是，职业院校尤其是中等职业院校的全日制办学规模逐年明显缩小，其办学资源可以满足于企业的员工教育和培训需求。应以此为契机，构建政府、企业、职业院校发展共同体，使三者发挥各自优势，更好服务企业人力资源再开发，以此普遍提高国民素养和文化水平。

三、畅通低收入者技术技能发展通道以促使其向中等收入群体跨越

实际上，服务于低收入群体收入提升和技能升级进而增收，早已成为职业教育和培训的价值追求。面向新时代的发展，职业教育的定位已转变为"有效提升劳动者技能和收入水平，通过实现更加充分、更高质量的就业扩大中等收

入群体"①。这些教育和培训属于职业教育中的精英教育,办学规模较小、办学形式多样,多分散于各行各业中,以企业中的以师带徒式、创作坊加盟式(学徒出师开店加盟)等形式存在,很少进入学校职业教育体系,处于小众化和精品化发展阶段,但其是引领职业教育发展的重要方向之一。其对职业教育面向促进贫困和低收入群体发展的启示至少有以下几点:

其一,提升贫困家庭学生学历层次和技术技能等级。一方面,在高等教育日益普及的背景下,职业教育的办学层次在逐渐升级。接受高等教育逐渐成为现代社会公民的基本追求,而就业的目标更加趋向于适合的、体面的就业。通过提升学生的学历层次,可以有效提升学生的综合职业能力。另一方面,通过学生综合素养的提升,有利于更高层次、更加综合的技术技能水平的形成,以此适应渐趋复杂的职业环境。

其二,依托普职融通促进学生综合素质的大幅提升。事实上,这一趋向早已在贫困地区有所体现。比如高中阶段教育中,直接报读中等职业学校的学生越来越少,而报读五年制大专的学生则越来越多。与此同时,在试点综合高中的县级职业高级中学,学生基本上报读"综合高中班",进而实现接受高等职业教育的目标,而应用大学的发展为其提升学历层次和技能等级提供了基本的保障。学生和家长这一追求的背后则是社会学历水平的普遍拔高和企业用人标准的提高。具有阅读理解能力、数学运算能力、思想深度的学习者更容易接受新事物、新知识,其学习能力和发展后劲更足。在技术变革日趋加快的社会中,这类人才更具竞争力,这也是西方国家职业教育水平趋高的深层原因之一。

第三节　职业教育赋能共同富裕的路径构建

从历史演进发展的规律看,社会发展中的不平等和收入差距现象不可能从根本上消除,但其表现形式和特征会有所不同。从社会分工的发展演进看,将更加精细化和高级化,其具体领域更加细化,对于从业者的准入要求必将水涨

---

① 习近平.在教育文化卫生体育领域专家代表座谈会上的讲话[EB/OL].(2020-09-22)[2023-12-21]. http://www.xinhuanet.com/politics/leaders/2020/09/22/c_1126527570.htm.

船高。其意味着没有一定的职业教育和培训，个体更难以在社会立足和发展。对于低收入者而言，将更加依赖就业而增收致富，接受职业教育和培训是其实现就业和增收致富的必备条件。为此，需要在认识职业教育赋能共同富裕的基本原理、具体路径的基础上，基于发展现实，提出优化职业教育赋能共同富裕路径的建议，以更好地发挥职业教育赋能共同富裕的功能，使其更加有效地服务于共同富裕建设和个体职业发展。

一、赋能对象重识：聚焦低收入人口

随着国家层面从脱贫攻坚战略向共同富裕战略的转变，职业教育的功能将从赋能增收脱贫向增收致富转变。在此背景之下，职业教育的赋能对象也将随之变化。这可以从两个方面加以理解：其一，衡量标准将有调整，从收入标准自身演进看，多维度识别和多标准并存将更加突出；其二，教育不足和教育补偿将在反贫困对象中有更多的体现。在反贫困行动层面，直接后果就是贫困人口内涵的变化以及由此而产生的贫困人口的规模和识别标准的具体变化。这里仅从学理层面加以探讨。

从现行政策看，国家层面的贫困标准主要为收入标准；而从实际行动看，为更精准地识别，地方层面形成了各具特色的识别方式。基于国家现行标准，职业教育反贫困的对象主要限于"建档立卡"贫困户家庭及其子女。而在连片特困地区、少数民族地区，其范围已有所拓展，比如云南将中等职业教育免学费政策范围拓展为中等职业学校一、二年级学生；深度贫困地区的职业教育和培训补助范围拓展为"有意愿的初高中未升学的学生"，部分地方农村劳动力转移免费培训的范围也拓展为"农村劳动力"。其重大意义在于突破国家单一标准，结合区域发展实际而加以实施，适当向边缘群体、弱势群体延伸。

面向未来，一方面，贫困的识别将更加多元，而贫困治理的重点将更加集中于具有劳动能力的贫困者，因为他们具有转化为社会劳动者的潜能，转化的关键在于提供教育和培训；另一方面，将有更多更广的群体进入职业教育资助和支持的范畴，以适应贫困人口摆脱贫困的现实需要。

二、赋能路径优化：突出跨界融合度

世界银行对职业教育减贫的相关研究发现，没有良好的基础教育作支撑，难以发挥职业教育和培训减轻贫困的功能和作用。而针对国内院校的调查也发现，那些具有更好学业表现的学生，进入职业院校后更有可能被选拔出来参与各级技能竞赛并获奖，更有可能升入高一级学校继续学习，获得更高层次的教育进而实现高质量发展，这已经成为职业教育发展中的共识。没有持续的自主学习和更新能力，劳动者将难以适应变化中的职业世界，这一趋势在技术变化日益加快的背景下更加明显。面向赋能共同富裕的时代需求，职业教育赋能方式上需要实施系列变革，以适应新的发展需要。

（一）普通教育与职业教育的衔接

主要体现在义务教育阶段教育理念和模式的改革，形成更加科学合理的人才选拔机制。《教育部等八部门关于进一步激发中小学办学活力的若干意见》（教基〔2020〕7号）中已经意识到这一问题，提出以发展素质教育为导向的办学质量评价体系，不得以中高考成绩等片面指标评价学校、校长和教师，直指普遍存在的唯升学唯分数倾向，对全体学生获得发展机会有重要作用。[①]这是国家公平而有质量的教育改革价值取向的重要体现。

职业教育赋能共同富裕的实现，关键在于促进低收入群体面向职业的能力提升，以支撑他们提升收入进而迈向富裕。这一目标的实现，需要以有质量保障的普通教育为基础，普通教育的首要任务是为学生发展打好基础，为接受职业教育或升学做准备。[②]公平而协调的中小学教育质量更有利于弱势群体的发展。因为在应试导向下，成绩较差者更容易受到伤害，这种伤害对于学生后续接受职业教育具有明显的负面影响。正如在访谈中学生所谈到的：

从初二下学期开始，我的成绩在班上属于比较菜的那种，老师忙

---

① 教育部等八部门关于进一步激发中小学办学活力的若干意见（教基〔2020〕7号）[EB/OL].（2020-09-22）[2023-12-21]. http://www.moe.gov.cn/srcsite/A06/s3321/202009/t20200923_490107.html.

② 周正.从巴洛夫到福斯特——世界职业教育主导思想转向及其启示[J].湖南师范大学教育科学学报，2006（1）：88.

着中考，盯着成绩好的和中间的同学。像我这种成绩差的，很少受到关注。平常上课，我们成绩差的同学，一般坐在教室的后面位置，不用写作业、刷试卷，只要不干扰上课就行。上课时很无聊，又不准用手机。没有学习行为了，对学习也没有什么感觉了。（Y-Q-03）

而在访谈中，经历这种遭遇的学生并非个案。这些学生对学习已无兴趣，但由于"控辍保学"的政策要求又必须待在学校。而学校和老师们几乎将全部精力投入提高升学率、优质录取率，因为这不仅关乎上级考核，更关系到学校的生源质量和学校在当地的排名。中小学阶段教育评价导向的调整，是发展类型职业教育的内在需要，是提升弱势群体发展能力的重要保障，将为职业教育发展提供有利条件和有力支撑。更为重要的是，这也是发展面向共同富裕的职业教育的基本要求。

（二）职业院校与企业之间的融合

从贫困治理的历史经验可以看出，立足低收入群体就业创业实际需要，面向就业开发职业能力，并将其与企业的人力资源需求结合起来，从而将低收入群体转化为经济发展的要素。中国反贫困的重要经验之一是开发式反贫困，而支撑这一经验的是对贫困者自身力量的重视和能力的开发，职业教育和技能培训则是重要的方式。这一方式在实践中得以丰富和完善。一方面，针对学龄人口，开展以学历职业教育为主的职能能力综合性开发，通过将其转化为经济发展所需的技能人才而摆脱贫困和实现发展，力图阻断贫困代际传递。另一方面，面向成年贫困人口展开与就业相衔接的职业技能培训，如定岗和定向培训。由此可以看出，与企业密切合作一直是职业教育反贫困的重要传统之一，企业为摆脱贫困提供了就业机会和收入保障。

值得注意的是，一直以来，在反贫困方面，企业更多停留在为贫困家庭学生和贫困劳动力提供就业岗位和在校期间学习方面的资助上，并未深入参与人才培养过程和技能层面。原因至少有两个方面：其一，企业所提供的就业岗位对特殊技能并无特定要求，企业可以通过简单的上岗培训使新入职员工掌握相关技能；其二，企业在校企合作中并无足够的话语权，其解决人力需求问题不需要参与学校办学。

（三）职业教育与继续教育的衔接

随着职业世界的发展变化，企业员工的教育和培训并非可有可无，而是支撑企业持续发展的内在需要。从现实看，一些大型企业主要通过委托外部培训机构和内设培训中心来满足员工人力再开发的需求，但一些国有企业纷纷将技术人员培训外包给地方职业院校，只有高层领导和中层管理人员仍由自己进行培训。然而，对于一般企业尤其是小微新建企业来说，由于规模较小、竞争激烈和精力有限，难以自己承担员工再培训，也很少购买外部服务。总体而言，员工的职业培训需求明显增加然而供给缺口较大。

员工再培训往往涉及生产技术人员能否胜任岗位的问题，如若处理不好，可能会出现难以适应新的工作要求从而引发工作贫困问题的情况。为此，企业员工的继续教育和培训问题，实际上是员工发展和工作贫困预防的交叉点。而解决好这一问题的关键则在于企业与职业院校的有效整合，企业提出明确的需求清单，学校按照企业的要求提供培训方案，提供灵活多样的菜单式培训服务。另外，加大企业在职员工的教育开发力度，实施差别化政策，对于大企业而言，可通过企业新型学徒制实现新员工开发、老员工技能更新。与此同时，应允许和支持中小微企业组团开展企业新型学徒制，享受国家相关政策，支持职业院校参与企业新型学徒制教育，将其工作纳入对职业院校的考核范围。

三、赋能目标升级：助力共富型社会

党的二十大将共同富裕作为现代化的重要战略目标之一。在此背景之下，职业教育赋能共同富裕的目标已从助力低收入群体增收摆脱贫困转向助力低收入群体增收实现富裕。助力低收入群体增收致富的过程中，职业教育需要支撑低收入群体实现生涯发展、提高收入水平和追求职业成功。随着社会需求和发展目标的升级，职业教育和培训赋予受教育者面向职业和就业的能力这一重点并没有变，然而，能力的层次将随着目标的升级而明显提高。

（一）提供优质资源支撑以促进个体增收致富

脱贫攻坚阶段，为了帮助那些收入低于国家贫困线的个体摆脱贫困，提供不低于最低工资标准的工作岗位即可，事实上也只有这些岗位可供贫困劳动力选择。无论从职业院校毕业生就业、农村劳动力转移还是低收入劳动力就业看，绝大多数人被学历要求和技能要求低的岗位吸纳。由于近年来用工成本一直上涨，收入水平也普遍提高，所以只要能就业，解决贫困问题的目标不难实现。

而随着反贫困目标由以解决收入问题为主向解决多方面不足转变，服务于这一目标实现的就业，意味着更高的收入、更安全的工作环境、更稳定的就业保障，也就是体面的工作，意味着更多的劳动尊严和价值的实现。其对劳动者的要求也较高，对教育和培训的需求将更大。

（二）促进职业能力提升以助力职业生涯发展

从根本上看，随着反贫困目标从消除绝对贫困向缓解相对贫困转变，职业教育必然从促进就业向服务于个体取得职业成功和实现职业生涯发展转变。这是发达国家反贫困走过的历程，也是人类社会发展进步的方向。而职业教育的反贫困目标将从促进就业向获取体面工作跨越，从促进贫困群体增收脱贫向服务于低收入者转变为中等收入群体跨越。随着社会整体发展水平的提升，个体追求职业价值和职业成功的内在动机将更加强烈，这种基于个人价值追求的就业也将有强烈的工作动机。这种良性循环的机制将有助于提升个体的社会价值，将与社会发展的整体更紧密地联系在一起。只是其需要职业教育尤其是终身化的职业教育和培训的支持。

（三）壮大中等收入群体以促进社会结构优化

扎实推进共同富裕的着力点之一在于扩大中等收入群体。反贫困不再局限于摆脱贫困，而是要使更多的低收入人口通过提升收入转变为中等收入群体。这就需要更优质的职业教育和培训、更高层次的职业教育办学。从国家职业教育发展现实看，这种趋势已然呈现。即便是贫困家庭的孩子，报读高职乃至本科层次的职业教育已成为普遍的追求。

实现从低收入向中等收入的跨越，需要更高质量的经济发展及其所提供的更高质量的就业机会。适应这一就业机会，则需要更高水平和更高层次的职业教育和培训。从源头上看，需要更加均衡、更有质量的基础教育的支撑。

本章小结

职业教育赋能共同富裕的路径以对象识别为起点，包括能力开发和精准赋能、促进就业和能力转化、能力发展和增收致富，表现为个体层面的教育培训、岗位就业、稳定收入和增收致富互相关联，区域层面的本土人才培养、区域发展的人才支撑、区域经济发展、区域发展与个体致富同步，社会层面的创造岗位、能力开发、促进就业、群体增收、社会稳定。面向新时代助力共同富裕的时代需求，职业教育应以那些职业能力储备不足且需要教育和培训的低收入群体为对象，以优质职业教育和培训为载体，以促进生涯发展和增收致富为目标，促进个体增收致富，促进社会结构优化，建成共同富裕社会。

第九章

研究结论及展望

中国有效解决了世界上最大规模的绝对贫困问题，并成功转向以创新驱动为动力的高质量发展新阶段，已然从摆脱贫困转向共同富裕。从摆脱贫困到逐步走向共同富裕的过程中，职业教育和培训始终坚持开发贫困及低收入群体面向就业、促进就业的职业技能，赋能贫困及低收入群体劳动生产力提升，其与经济持续发展带来的数量巨大且收入相对较高的就业机会、政府动员下职业教育资源向低收入者聚集、职业教育和培训为低收入劳动力迈向就业提供的支持搭起了一座桥梁，成就了中国脱贫致富事业的伟大业绩。就此而言，职业教育是中国脱贫致富方案的重要元素，是教育赋能脱贫致富的重要力量。面对共同富裕的时代需求，可以从历史经验中汲取力量；面对新时代新挑战，可以从本土已有实践中寻求前行的方向。

第一节　研究结论

基于前述的理论探讨、历史考察、现实调查和国际比较，接下来从理论层面阐释职业教育赋能脱贫致富的学理缘由，从实践层面阐明职业教育赋能脱贫致富的具体实现路径，以此作为对研究开始所提出的研究问题的回应。就本质而言，前者实为相关理论视角下对职业教育赋能脱贫致富作用机理的理解与认识，具有普适性；后者实为各种职业教育赋能脱贫致富的具体做法背后隐藏的实践要素和行动逻辑，具有地方性和差异性。作用机理的同一性和实现路径的差异性,反映出脱贫致富本质上的通约性与实践形态的多元性。

一、职业教育赋能脱贫致富的理论逻辑

梳理理论发现,职业教育为低收入群体提供合适的和实用的教育选项,有利于激活他们内源发展的动力和活力;赋予低收入群体面向职业和就业的能力,扩充低收入群体就业和发展权能。在行动层面体现为针对低收入群体人力资本薄弱的难点,开发其参与社会和就业的能力,推进人力资本赋权增能。在运行机制上表现为在政府主导下,职业院校和培训机构、企业共同促进低收入群体就业和发展的治理行动。这一理论逻辑通过以下分析得到验证和支持:

一是低收入群体面临发展能力不足的困境。数据表明,来自低收入家庭的在校学生,在理解课堂教学的学习内容方面有较大挑战(超过二分之一的受访贫困家庭学生即便集中注意力也只有部分或很少能理解教师所讲的内容),难以适应学习和生活,因而有退学和逃避心理、专业学习目标和动机不足等问题。而低收入成年劳动力面临参加培训的动力不足、学习技能时难度较大、学习后转移动力不足等困难,由于面临多方面能力不足的困境,需要展开多方面的赋能,需要多个部门共同赋权,增收致富难度较大。

二是职业教育赋予低收入群体发展能力。基于自身办学特色和平台优势,职业院校通过相关政策向低收入家庭学生倾斜,在校内勤工俭学、岗位认知学习、阶段性教学实习、顶岗实习、就业和再就业推荐服务等方面将优质教育教学资源和就业机会向低收入家庭学生聚集,使得低收入家庭学生在职业能力、自我认知、职业规划和综合能力方面均获得发展,进而实现就业。通过对低收入家庭毕业生的访谈发现,学校职业教育注重培养受教育者的职业道德、工作纪律和规范、质量和竞争意识、注重实用的理念等。这些教育对低收入家庭学生毕业后适应职业生活、准确定位自身发展具有长远影响和积极作用。这些影响成为他们寻找优质就业岗位、增收致富和迈向持续发展的内源动力,是促进他们摆脱贫困和迈向富裕的内部力量。

三是职业教育增强低收入群体发展动力。面向低收入群体的职业教育注重市场需求和服务就业,通过提供适合的教育教学模式,比如偏向于实践的课程结构以发挥职业教育学生的优势,进而增强其学习信心、提升其专业能力。面

向低收入家庭学生和成年低收入劳动力优先提供就业机会，有利于其将所学和所用紧密结合起来，促进"毕业即就业"目标的实现，有利于低收入群体迈上脱贫致富的阶梯。这改善了家庭的经济状况，使低收入群体体验到自己的力量和价值，对自我的认知得到极大改善。通过参加职业技能培训，低收入成年劳动力的生产能力得到提升，可以更有效地务农或转移就业，从而获得更高的收入和更好的未来预期。在此过程中，成年贫困劳动力脱贫致富的信心和对未来生活的预期均有积极变化。

二、职业教育赋能脱贫致富的治理逻辑

新中国成立之初，面向工农兵普及劳动生产知识以解决普遍面临的贫穷问题，体现出职业教育赋能脱贫致富思想的萌芽；改革开放以来，职业教育始终被视为教育助力脱贫致富和科技助力脱贫致富的重要工具，一直服务于低收入劳动力生产能力和职业技能的提升；进入21世纪以来，面向低收入群体增收的新期盼，着力提升和更新劳动技能，实质上是低收入群体能力不足的认识论、开发劳动生产力的方法论和促进就业增收的实践论的紧密衔接。

首先，低收入群体面临发展能力不足的风险，能力开发是拔出穷根的长远之计。低收入群体大多受教育程度较低、知识和能力薄弱、缺乏生存发展的技能。在现代社会中突出表现在缺乏谋生存和求发展所需的职业能力和就业技能，难以在社会中获得一份职业和相应的收入，难以维持生计进而陷入不利处境。从职业教育与脱贫致富的联系看，一方面低收入群体适应现代社会的职业能力普遍不足，另一方面职业教育在赋予受教育者职业和就业能力方面有着较大优势。换言之，职业教育能为低收入劳动者摆脱不利处境提供合适和有效的方法，是职业教育赋能脱贫致富的逻辑依据和行动基础。对于低收入者而言，职业教育赋予的能力又是他们脱贫致富的关键力量，因为面向职业和就业的能力是获得就业岗位的基本条件，就业则是实现持续发展的主渠道。

其次，低收入群体缺乏参与经济发展所需的能力，发展教育是能力开发的有效举措。一些低收入家庭学生和低收入成年劳动力缺乏明确的未来规划、学习和培训动力不足、缺乏转移就业的意愿，表面看似懒散和存在"等靠要"问题，实则为缺乏改变现状的能力和勇气。受访低收入家庭学生和低收入成年劳

动力通过教育和培训产生多方面的变化，这表明通过教育培训开发其自我发展的能力，有利于改善自我认知、提高生产水平、促进融入社会、分享经济成果和实现自我持续发展，是建立低收入群体治理长效机制的基本途径。

最后，低收入群体缺乏改善处境的技术技能，职业教育是促进他们脱贫致富的关键途径。现代社会是以职业为基础的分工精细化的社会。社会成员尤其是处境不利者的生存和发展，有赖于职业教育，特别是终身化的职业教育。对于社会处境不利者而言，职业教育不仅是改变不利处境的需要，更是其实现发展的必要支撑，也是扩大中等收入群体以增加社会流动活力的教育保障。对低收入家庭毕业生和成年低收入劳动力的调查均表明，职业教育和技能培训为其获得第一份工作提供重要支撑，为他们实现发展搭起桥梁。事实上，低收入群体依托职业教育和技能培训，走向就业和创业，进而实现增收致富和持续发展，是职业教育适应工业社会、促进低收入人口发展、促进社会融合的具体表现。

三、职业教育赋能脱贫致富的运行特征

就运行特征看，职业教育赋能脱贫致富呈现出政府高度重视和全面动员社会资源，职业院校和培训机构发挥各自优势，依托全日制学历职业教育和非学历技能培训，面向低收入群体激活内源发展动力和赋予持续发展的力量，依托就业创业促进低收入群体增收、发展和致富环环相扣的运行状态。行动层面则主要表征为以下三种基本模式：

首先，开展学龄贫困人口＋职业教育＋就业创业＋增收致富的行动。该行动面向学龄人口，将工作重心前移（提前干预和积极预防），通过对潜在劳动力的人力资本开发，提高弱势群体人力资本质量，增强自我发展能力，提升适应社会变化能力，这样才能从根本上确保他们逐步向中等收入群体靠近。从长远看，有利于扩大社会中等收入群体，进而实现共同富裕的目标。

其次，开展低收入成年人＋技能培训＋就业创业＋增收致富的行动。该行动面向成年低收入人口，以就业需求为起点，以岗位技能为核心，逆向设计，依托灵活实用的技能培训，着力提高劳动生产力，以应对技术储备不足、工作岗位变动、技术更新带来的风险，为低收入人口提供安全保障。随着终身教育和培训制度的完善，面向成人的职业教育和培训在弱势群体发展中将产生越来越

大的价值。

最后，开展本土人才培养+贫困地区发展+区域经济发展和个体增收致富同步的行动。相较于前两种行动，该行动面向区域发展，突破原有的将低收入人口向外转移就业脱贫的思维局限，关注西部地区、少数民族地区等地的经济社会发展的人才需要，助力于这些地区的内源发展，在部分地方已取得明显成效，有效衔接乡村发展，是城乡统筹发展的内在需要，是突破传统发展范式、探索区域内源性脱贫致富、发挥职业教育赋能乡村振兴作用的积极尝试。

四、职业教育赋能弱势群体的国际经验

国际劳工组织、联合国教科文组织和世界银行等国际组织将减贫纳入组织职能范畴，基于自身在该领域的实践经验，借助自身在教育援助与促进就业方面的优势，以满足弱势群体个性化需求为出发点，细化目标群体、开展就业创业教育、促进体面就业，致力于弱势群体体面就业的实现和生活质量的提升。

首先，以人的发展为目标，提供个性化服务。依据群体特征细化服务对象、以服务对象需求为出发点、提供个性化的培训支持是国际劳工组织、联合国教科文组织和世界银行职业教育减贫的共同特征。国际劳工组织突出弱势群体体面就业的基本需要，以此为出发点，提供系统化支持；联合国教科文组织专注于促进社会公正，将职业教育视为促进弱势群体自我发展的教育保障；世界银行则注重开发弱势群体的经济价值，将职业教育视为开发弱势群体就业产生的经济价值的政策工具。

其次，以就业创业为导向，促进体面就业。国际组织倡导面向弱势群体，开展就业创业教育，服务于体面就业的实现和生活质量的提升，扩充弱势群体自我发展的权能，进而使其更好地融入社会发展。国际劳工组织注重教育培训与就业之间的衔接，并致力于体面就业目标的达成；联合国教科文组织为发展中国家提供面向弱势群体的职业教育和培训的技术支持；世界银行运用经济手段，激活发展中国家的职业教育和培训供给，以更高的质量服务于弱势群体的就业和发展，共同追求体面劳动和就业的组织愿景。

最后，以协同参与为保障，构建治理共同体。从运行机制看，国际劳工组织和联合国教科文组织主要通过发出倡议和推出项目、制定相关标准和提供技

术援助，将组织的减贫意图转变为各国政府的相应行动和方案，借助专业人才的指导和参与实现预期目标。世界银行运用经济手段，通过教育贷款和相关项目，支持各国开发适应经济所需的人力资本，进而实现减贫的意图。相关方密切互动和共同参与是国际组织减贫的共同特征。

五、职业教育赋能脱贫致富的实现路径

职业教育赋能脱贫致富的实现方式可以归纳为两类：以职业院校为主体实施的全日制学历职业教育和由职业教育与培训机构实施的职业技能培训。虽然实施重点各不相同，然而在本质上却是共通的，即精准聚焦于服务对象、立足低收入群体需求的精准赋能，进而促进低收入群体能力发展并打造就业创业的完整链条。

首先，精准识别赋能对象。研究发现，学校职业教育赋能摆脱贫困精准瞄准"建档立卡"家庭、"城市低保"家庭、"农村低保"家庭和"残疾贫困家庭"等家庭的子女，这些家庭在人力资本、经济资本和社会资本方面相对较为薄弱，发展能力不足，脱贫难度较大。非学历技能培训主要服务于农村成年低收入劳动力，此类人年龄偏大，转移就业较为困难。随着形势的变化，服务对象虽有所拓展，但国家相继推出的政策依然将重点定位于低收入群体，这一群体同样是职业教育的功能范畴和服务对象，有利于发挥职业教育的优势。

其次，发挥综合赋能优势。无论是全日制学历职业教育还是职业技能培训，均能较好地赋予低收入群体发展权能。前者表现为赋予低收入家庭学生通用能力、方法能力、专业能力，帮助其改善自我认知、增强内源发展动力；对低收入家庭毕业生的访谈发现，这些学生已经增收脱贫致富，有的已实现创业和职业生涯发展，对自己有明确的定位和预期。后者表现为赋予成年低收入劳动力技术和技能，增强其脱贫致富的信心，使其自我认知得到改善。这充分说明教育是促进可持续发展的长远之计，就业是摆脱贫困和促进发展的根本途径，职业教育是促进就业和拔除穷根的优先选项。

最后，突出应用能力生成。相较于其他教育，职业教育与经济和就业的联系更为紧密，反映在职业教育赋能脱贫致富中，体现为面向低收入人口的能力开发与能力应用衔接，以能力应用促进能力发展，进而实现增收脱贫和迈向富

裕。对于低收入家庭的子女，往往表现为长周期和系统化的培养，阶段性教学实习+顶岗实习+就业推荐+就业创业；对于成年低收入劳动力，表现为确定岗位或明确需求+展开培训+获得技能+生产转化或岗位就业。两者均具有教育培训与岗位就业衔接、能力应用与能力发展互相促进的内在特征。

六、职业教育赋能共同富裕的路径构建

面对共同富裕的时代背景，职业教育需要主动适应巩固脱贫攻坚成果和赋能乡村振兴的现实需要，更需要担当起服务高质量发展和赋能共同富裕的时代使命。面向新的时代之需，职业教育面向特定群体、开发面向职业和就业岗位的能力的实质并没有改变，然而在服务面向、实施方式和目标追求上已有明显的不同。唯有三者同步调整，才能发挥职业教育的特色和优势，以适应新发展阶段对职业教育的新诉求。

首先，服务对象以职业能力储备不足的低收入人口为重点。随着脱贫攻坚迈向共同富裕，在此情境之下，贫困及与之相关的系列概念或将成为历史，然而这并不意味着贫困现象和问题不再存在。事实上，贫困将以新的形式出现，这是社会发展的一般规律。在建设社会主义现代化国家的新征程中，职业教育服务弱势群体迈向共同富裕将主要集中在以下两个方面：一是已经摆脱贫困状态但返贫风险仍然较高的群体，对于这些群体，关键是提供稳定就业所需的技能培训和相应服务；二是增收困难仍处于贫困边缘状态的群体，对于这些群体，关键是提供更新劳动技艺和提升职业技能的培训服务，以促使其增收致富。

其次，实施方式从以学校职业教育为主转向以多元主体共同提供培训为主。学校学历职业教育和非学历技能培训是职业教育赋能脱贫致富的主要形式；两种服务方式均面向贫困家庭劳动力，难以辐射在职在岗的低收入人口。面对新形势下低收入群体增收需要，亟须构建学校职业教育培训、培训机构技能培训、企业培训互相结合和共同参与的支持网络。具体运行中，可能是由不同的服务主体提供培训课程和模块，共同支持低收入群体的技能提升。

最后，目标已从助力贫困人口摆脱贫困转向支持低收入群体增收致富。摆脱贫困的职业教育多以短期性的技能培训为主，目的在于提高贫困者的劳动生产力或促进贫困者转移就业，以此增加收入，进而摆脱贫困。促进低收入群体

增收的职业教育注重教育层次和质量的提升，强调对低收入者职业生涯发展的支撑力度，本质上是依托职业教育实现低收入者的再技能化以增强发展后劲，助力更好地增收致富。

第二节　研究展望

面对永恒变化的社会现象和社会问题，任何研究相对而言都是有限的，其难以穷尽该现象和问题的所有方面。结合研究实际，从研究者的角度就进一步研究的问题予以提示和预判，不失为减少研究不足的尝试。接下来，将立足后工业社会的时代环境、终身学习的时代境遇、全面建成小康社会的现实处境，就职业教育参与低收入群体治理、赋能共同富裕提出以下几点粗浅想法。

一、以多学科视野审视职业教育赋能共同富裕的功能价值

历史地看，职业教育更多是发展经济学探讨贫困问题时使用的工具，人力资本理论是典型代表和重要支撑。而从现实看，职业教育还是积极社会政策尤其是积极福利政策的重要载体，是社会治理中改善民生、教育治理中优化教育供给结构和体系的重要渠道。

（一）职业教育赋能共同富裕的对象重识

首先，服务对象识别上应以就业状态为标准。当前更多是以经济为标准识别职业教育反贫困的服务面向，其难以识别出就业困难、对职业教育和培训有需求的个体。应加快构建基于就业状态的识别标准，这既是个体适应以劳动分工为基础的现代社会的根本需要，也是确保弱势群体通过实现就业获得收入的基本保障。其意味着应以就业状态为主，应将在寻找职业上有困难、职业生涯适应中有需求的群体纳入其内。

其次，覆盖对象包括多种社会群体。基于工作状态的识别标准，意味着不仅仅是低收入群体才能进入服务范围，在工作上有困难、非低收入家庭的就业困难群体，比如大学毕业生、退伍军人、转岗者、新兴产业工人等，均可通过职业教育和培训获得能力提升，以实现发展。

（二）职业教育赋能共同富裕的功能审视

其一，面向低收入群体的职业教育和培训，可以提升其获得收入的能力，进而提升其收入水平，从而实现经济上的增收致富之功能；经济上的改善还可以为低收入群体向上流动提供经济基础和条件。

其二，面向弱势群体的职业教育和培训，可以促进其社会参与进而扩大其社会网络和提升获取社会资源的能力，有利于降低其脆弱性，增加社会活力和维护社会稳定。在社会分工日益细化、职业导向突显的时代，职业教育和培训的支撑和保障更为重要。

其三，面向特殊区域发展的职业教育和培训，可以挖掘地方特色资源，并将其转化为经济优势，从而助力其实现内源发展。从这些地区内源发展的人才需要和内源动力的培育来看，职业教育可谓是启动发展的发动机。

二、以发展的立场考察职业教育赋能共同富裕的实现路径

实现共同富裕的过程中，经济、社会和教育的发展是持续变化的过程。面对持续变化的经济、社会和教育需求，职业教育赋能共同富裕的具体路径必然发生变化，以适应持续变化的需求环境。其意味着需要以发展的立场审视职业教育赋能共同富裕的实现路径，以窥探其日益明显的发展趋势。

首先，教育和培训的供给主体将更加多元化。其既表现为不同参与主体提供的内容各有侧重，还表现为各个主体追求的目标层次的多样性，如此可以适应不同群体的多样化和个性化需求。然而，在开发低收入群体面向职业的能力方面，不同主体间又有着共同的价值追求。

其次，教育和培训的目标定位将更加多元化。既要服务于当地无产业可依靠、无岗位可就业的人口外出就业所需的技能培养，更要面向地方产业，致力于培养地方劳动力，并将其转换为当地特色产业发展的参与者，还要满足灵活就业人员的技能需求；既要致力于促进就业，更要推动产业发展。

最后，教学和培训的方式方法将更加多元化。目前更多是由职业院校、社会培训机构、企业培训中心各自承担和实施。从发展趋向看，三者之间的竞争与合作将更加突显。比如，不同的培训模块由不同的机构承担以发挥各自优势。这样的模式与社会分工精细化的趋势相符合，还可以整合各供给主体的力

量，进而提升供给侧的整体质量。

三、以适应新格局引领职业教育赋能共同富裕的路径优化

增强职业教育的适应性是职业教育服务经济社会发展的题中之义。面对新发展格局，职业教育已从助力弱势群体摆脱贫困转向赋能低收入群体增收致富。对象和目标的变化要求实现的方式方法也要有所调整。

首先，基于市场需求的变化而行动。面向反贫困的职业教育和培训，从历史经验看，均将教育培训和就业的联系视为基本保障，启示在于，应立足市场所需而开展教育和培训，以此提高其能力转化和实现就业的可能性。促进低收入群体增收致富，同样应立足于新形势下的市场需求，提供满足市场需求的职业教育和培训服务。

最后，基于服务对象的需要而行动。历史经验同样说明，没有服务对象的参与，任何教育和培训项目均难以发挥作用。其意味着面向共同富裕，职业教育和培训应基于低收入群体所需，以满足培训者多样而独特的技能需求为出发点。

参考文献

中文文献

【学术专著】

阿比吉特·班纳吉，埃斯特·迪弗洛.贫穷的本质：我们为什么摆脱不了贫穷[M].景芳，译.北京：中信出版集团，2018.

阿马蒂亚·森.贫困与饥荒[M].王宇，王文玉，译.北京：商务印书馆，2019.

白永红.中国职业教育[M].北京：人民出版社，2011.

陈凌，张原，国懿.德国人才战略：历史、发展与政策[M].北京：党建读物出版社，2016.

范小建.扶贫开发形势和政策[M].北京:中国财政经济出版社，2008.

杜威.民主主义与教育[M].王承绪，译.北京：人民教育出版社，1990.

费孝通.乡土中国生育制度[M].北京:北京大学出版社，1998.

郭劲光.脆弱性贫困：问题反思、测度与拓展[M].北京：中国社会科学出版社，2011.

郭湛.主体性哲学——人的存在及其意义[M].北京：中国人民大学出版社，2011.

何俊志，任军锋，朱德米.新制度主义政治学译文精选[M].天津：天津人民出版社，2007.

贺国庆，朱文富，等.外国职业教育通史[M].北京：人民教育出版社，2014.

亨利·乔治.进步与贫困[M].吴良健，王翼龙，译.北京：商务印书馆，2010.

胡鞍钢.国情报告·第十七卷[M].北京：党建读物出版社，2016（待核对）.

靳希斌.从滞后到超前：20世纪人力资本学说·教育经济学[M].济南：山东教育出版社，1995.

靳希斌.教育经济学[M].北京：人民教育出版社，2005.

李华.国际社会保障动态：反贫困模式与管理[M].上海：上海人民出版社，2015.

李瑞华.贫困与反贫困的经济学研究：以内蒙古为例[M].北京：中央编译出版社，2013.

厉以宁.工业化和制度调整：西欧经济史研究[M].北京：商务印书馆，2010.

联合国教科文组织.内源发展战略[M].北京：社会科学文献出版社，1988.

联合国教科文组织国际教育发展委员会.学会生存：教育世界的今天和明天[M].北京：教育科学出版社，1996.

联合国教科文组织国际教育和价值观教育亚太地区网络.学会做事：在全球化中共同学习与工作的价值观[M].余祖光，译.北京：人民教育出版社，2006.

刘来泉.世界技术与职业教育纵览[M].北京：高等教育出版社，2002.

马克·罗伯特·兰克.国富民穷：美国贫困何以影响我们每个人[M].屈腾龙，朱丹，译.重庆：重庆大学出版社，2014.

莫列奇·姆贝基.贫穷的设计师：为什么非洲的资本主义需要改变[M].董志雄，译.上海：上海人民出版社，2011.

欧文·E.休斯.公共管理导论（第二版）[M].彭和平，周明德，金竹青，等译.北京：中国人民大学出版社，2001.

萨拉蒙.政府工具：新治理指南[M].肖娜，等译.北京：北京大学出版社，2016.

石伟平.比较职业技术教育[M].上海：华东师范大学出版社，2001.

史蒂芬·M.博杜安.世界历史上的贫困[M].杜鹃，译.北京：商务印书馆，2014.

世界银行.1980年世界发展报告[M].北京：中国财政经济出版社，1980.

司树杰，王文静，李兴洲.中国教育扶贫报告（2016）[M].北京：社会科学文献出版社，2016.

王俊文.当代中国农村贫困与反贫困问题研究[M].长沙：湖南师范大学出版社，2010.

王三秀，李冠阳，王昶.中国政府反贫困规范重构[M].北京：中国社会科学出版社，2013.

王三秀.教育反贫困：中国教育福利转型研究[M].北京：人民出版社，2014.

王曙光.中国农村：北大"燕京学堂"课堂讲录[M].北京：北京大学出版社，2017.

王文长.少数民族地区反贫困：实践与反思[M].北京：中国社会科学出版社，2016.

吴海涛，丁士军.贫困动态性：理论与实证[M].武汉：武汉大学出版社，2013.

吴忠.国际减贫理论与前沿问题（2010）[M].北京：中国农业出版社，2010.

习近平.习近平谈治国理政（第四卷）[M].北京：外文出版社，2022.

姚建平.中国转型期城市贫困与社会政策[M].上海：复旦大学出版社，2011.

俞可平.论国家治理现代化[M].北京：社会科学文献出版社，2014.

俞可平.治理与善治[M].北京：社会科学文献出版社，2000.

曾天山.教育扶贫的力量[M].北京：教育科学出版社，2018.

张成福，党秀云.公共管理学[M].北京：中国人民大学出版社，2001.

张琦.中国减贫政策与实践：热点评论（2013—2016）[M].北京：经济日报出版社，
2017.

张汝立，等.外国贫弱群体政策研究[M].北京：社会科学文献出版社，2019.

中共中央党史和文献研究院.习近平扶贫论述摘编[M].北京：中央文献出版社，
2018.

中国国际扶贫中心.利贫增长的公共政策研究[M].北京：中国财政经济出版社，
2012.

左常升.包容性发展与减贫[M].北京：社会科学文献出版社，2013.

【期刊论文】
陈振明.政府工具研究与政府管理方式改进——论作为公共管理学新分支的政府工
具研究的兴起、主题和意义[J].中国行政管理，2004（6）：43-48.

高玉峰.中国职业教育扶贫:从全覆盖迈向全面精准[J].中国职业技术教育,2017（6）：
37-41.

韩广富.中国共产党农村扶贫开发工作史纲的逻辑构建[J].理论学刊，2012（6）：31-
36.

和震.世界银行职业教育政策的演变[J].清华大学教育研究，2010（1）：66-70，76.

侯长林，游明伦.职业教育的多元化扶贫功能及其定位探讨[J].教育与职业，2013
（36）：26-28.

黄进丽.少数民族地区职业教育服务精准扶贫的路径选择[J].职教论坛，2017（23）：
85-88.

九三学社中央课题组.关于加强"三区三州"职业教育发展的思考[J].教育与职业，
2019（14）：43-44.

李培林，田丰.中国劳动力市场人力资本对社会经济地位的影响[J].社会，2010(1)：
69-87.

李鹏，朱成晨，朱德全.职业教育精准扶贫：作用机理与实践反思[J].教育与经济，2017（6）：76-82.

李小云，陈邦炼，唐丽霞.精准扶贫：中国扶贫的新实践[J].中共中央党校（国家行政学院）学报，2019（5）：80-91.

李小云.允许农民自由流动是减贫的动力[J].中国乡村发现，2016（4）：11-14.

李雪萍，陈艾.社会治理视域下的贫困治理[J].贵州社会科学，2016（4）：86-91.

李中国，黎兴成.职业教育扶贫机制优化研究[J].国家教育行政学院学报，2017（12）：88-94.

梁洪波.略论发展民族地区的职业教育问题[J].广西民族学院学报（哲学社会科学版），1991（3）：102-106.

梁伟军，谢若扬.习近平扶贫重要论述的群众主体观论析[J].华中农业大学学报（社会科学版），2020（3）：14-22,169.

刘军豪，许锋华.教育扶贫：从"扶教育之贫"到"依靠教育扶贫"[J].中国人民大学教育学刊，2016（2）：44-53.

刘晓，陈志新.英、法、德三国职业教育与培训体系的发展演变与历史逻辑——一个历史制度主义视角的分析[J].外国教育研究，2018(5)：104-116.

陆汉文，杨永伟.发展视角下的个体主体性和组织主体性：精准脱贫的重要议题[J].学习与探索，2017（3）：32-39.

马良灿，哈洪颖.项目扶贫的基层遭遇：结构化困境与治理图景[J].中国农村观察，2017（1）：2-13,140.

孟照海.教育扶贫政策的理论依据及实现条件——国际经验与本土思考[J].教育研究，2016（11）：47-53.

瞿连贵，石伟平.我国职业教育反贫困的限度与突破进路[J].职教论坛，2019（4）：6-14.

瞿连贵，石伟平.职业教育精准扶贫的政策设计、实施成效及优化策略[J].教育与职业，2020（24）：26-33.

瞿连贵，石伟平.中国职业教育反贫困的实践经验及未来转向[J].职教论坛，2020（12）：6-14.

瞿连贵.从职业教育扶贫到职业教育精准扶贫——内容分析、问题反思及前景展望[J].成人教育，2018（11）：75-80.

沈小波，徐延辉.不同发展视角下教育对缓解贫困的意义 [J].财经科学，2008（9）：71-77.

石伟平.福斯特的职业教育思想及其影响 [J].外国教育资料，1995（2）：56-62.

苏海，向德平.社会扶贫的行动特点与路径创新 [J].中南民族大学学报（人文社会科学版），2015（3）：144-148.

覃志敏.连片特困地区农村贫困治理转型：内源性扶贫——以滇西北波多罗村为例 [J].中国农业大学学报（社会科学版），2015（6）：5-11.

唐珍.农村贫困治理中主体性的消解与构建 [J].齐齐哈尔大学学报（哲学社会科学版），2018（2）：49-51,69.

唐智彬，刘青."精准扶贫"与发展定向农村职业教育——基于湖南武陵山片区的思考 [J].教育发展研究，2016（7）：79-84.

田北超.发展民族职业教育　增强扶贫工作活力——论民族地区的职教扶贫工作模式 [J].西南民族学院学报（哲学社会科学版），1995（1）：14-16.

王爱云.1978—1985年的农村扶贫开发 [J].当代中国史研究，2017（3）：36-50,125.

王嘉毅，封清云，张金.教育与精准扶贫精准脱贫 [J].教育研究，2016（7）：12-21.

王三秀.农村贫困治理模式创新与贫困农民主体性构造 [J].毛泽东邓小平理论研究，2012（8）：51-56，115.

王娴，赵宇霞.论农村贫困治理的"内生力"培育 [J].经济问题，2018（5）：59-63.

王雨磊.数字下乡：农村精准扶贫中的技术治理 [J].社会学研究，2016（6）：119-142,244.

卫小将.精准扶贫中群众的主体性塑造——基于赋权理论视角 [J].中国特色社会主义研究，2017（5）：80-85.

魏向赤.关于教育扶贫若干问题的思考 [J].教育研究，1997（9）：62-66.

吴春选.谈智力扶贫 [J].群言，1987（9）：23-32.

向德平，华汛子.改革开放四十年中国贫困治理的历程、经验与前瞻 [J].新疆师范大学学报（哲学社会科学版），2019 (2)：59-69.

谢德新.职业教育精准扶贫的理论基础、涵义阐释与功能定位 [J].职教论坛,2018(3)：24-29.

许锋华，盘彦镟.反贫困视域下连片特困地区职业教育定向培养模式的建构 [J].中南民族大学学报（人文社会科学版），2017（1）：64-67.

许锋华，徐洁，刘军豪.连片特困民族地区职业教育反贫困的作用机制及实现保障研究[J].广西民族研究，2017（6）：151-157.

许锋华.精准扶贫：民族地区职业教育发展的新定位[J].高等教育研究，2016（11）：64-69,76.

薛二勇，周秀平.中国教育脱贫的政策设计与制度创新[J].教育研究，2017（12）：29-37.

杨云.人力资本视野下西部民族地区反贫困的路径选择[J].思想战线，2007（4）：76-81.

姚松，曹远航.70年来中国教育扶贫政策的历史变迁与未来展望——基于历史制度主义的分析视角[J].教育与经济，2019（4）：12-18.

余少祥.人力资本在反贫困中的效用：理论模型与实证分析[J].中国政法大学学报，2020（2）：5-16,206.

余祖光.终身教育背景下职业教育的扶贫助困功能[J].北京大学教育评论，2007（3）：23-27，187-188.

俞可平.国家治理的中国特色和普遍趋势[J].公共管理评论，2019（3）：25-32.

袁利平，万江文.我国教育扶贫研究热点的主题构成与前沿趋势[J].国家教育行政学院学报，2017（5）：58-65.

曾小兰，朱媛.职业教育精准扶贫的定位、模式及推进策略[J].教育与职业，2017（19）：5-11.

张友琴，肖日葵.人力资本投资的反贫困机理与途径[J].中共福建省委党校学报，2008（11）：46-50.

周潇.从学校到工厂：中等职业教育与农二代的社会流动[J].青年研究，2015（5）：22-30，94.

周正.从巴洛夫到福斯特——世界职业教育主导思想转向及其启示[J].湖南师范大学教育科学学报，2006（1）：84-89.

朱德全，吴虑，朱成晨.职业教育精准扶贫的逻辑框架——基于农民工城镇化的视角[J].西南大学学报（社会科学版），2018（1）：70-76,190.

朱德全.西部贫困地区农村"双证式"教育扶贫模式探索[J].教育研究，2004（2）：80-84.

【学位论文】

陈育琴.主客体关系学与我国农村扶贫[D].昆明：云南师范大学，2001.

高引荫.民族地区乡村内源发展研究[D].武汉：中南民族大学，2016.

李志强.贫困治理中的农民主体性缺失问题研究[D].兰州：兰州大学，2017.

闫温乐.世界银行教育援助研究：特征、成因与影响[D].上海：华东师范大学，2012.

赵芳.世界银行高等教育援助活动研究[D],上海：上海师范大学，2017.

朱容皋.农村职业教育反贫困责任问题研究[D].长沙：湖南农业大学，2009.

【网络资料】

国家教委办公厅.国家教委办公厅关于对全国143个少数民族贫困县实施教育扶贫的意见[EB/OL].（1992-10-19）[2023-12-21].https://www.gdjyw.com/jyfg/12/law_12_1530.htm.

国家统计局.扶贫开发持续强力推进脱贫攻坚取得历史性重大成就——新中国成立70周年经济社会发展成就系列报告之十五[EB/OL].（2019-08-12）[2023-12-21].https://www.gov.cn/xinwen/2019-08/12/content_5420656.htm.

国务院.国务院关于促进乡村产业振兴的指导意见（国发〔2019〕12号）[EB/OL].（2019-08-19）[2023-12-21].http://www.xqj.moa.gov.cn/cyrh/201908/t20190819_6322767.htm.

国务院.国务院关于推行终身职业技能培训制度的意见（国发〔2018〕11号）[EB/OL].（2018-05-08）[2023-12-21].http://www.gov.cn/zhengce/content/2018-05/08/content_5289157.htm.

国务院.国务院关于印发国家八七扶贫攻坚计划的通知（国发〔1994〕30号）[EB/OL].（1994-12-30）[2023-12-21].https://new.nrra.gov.cn/art/1994/12/30/art_46_51505.html.

国务院.国务院关于印发国家职业教育改革实施方案的通知（国发〔2019〕4号）[EB/OL].（2019-02-13）[2023-12-21].http://www.gov.cn/zhengce/content/2019-02/13/content_5365341.htm.

国务院办公厅.国务院办公厅关于印发职业技能提升行动方案（2019—2021年）的通知（国办发〔2019〕24号）[EB/OL].（2019-05-24）[2023-12-21].https://www.gov.

cn/zhengce/zhengceku/2019-05-24/content_5394415.htm.

国务院办公厅.国务院办公厅转发教育部等部门关于实施教育扶贫工程意见的通知[EB/OL].（2013-09-11）[2023-12-21].https://www.gov.cn/zwgk/2013-09-11/content_2486107.htm.

国务院办公厅.国务院办公厅转发教育部等部门关于实施教育扶贫工程意见的通知[EB/OL].（2013-09-11）[2023-12-21].https://www.gov.cn/zwgk/2013-09-11/content_2486107.htm.

教育部,国家发展改革委,财政部,等.教育部等四部门关于印发《高中阶段教育普及攻坚计划（2017—2020年）》的通知[EB/OL].（2017-03-30）[2023-12-21].http://www.moe.gov.cn/srcsite/A06/s7053/201704/t20170406_301981.html.

教育部,国家发展改革委,民政部,等.教育部等六部门关于印发《教育脱贫攻坚"十三五"规划》的通知[EB/OL].(2016-12-19)[2023-12-21].http://www.gov.cn/xinwen/2016-12/29/content_5154106.htm#1.

教育部,中央组织部,中央宣传部,等.教育部等八部门关于进一步激发中小学办学活力的若干意见（教基〔2020〕7号）[EB/OL].（2020-09-22）[2023-12-21].http://www.moe.gov.cn/srcsite/A06/s3321/202009/t20200923_490107.html.

教育部办公厅,国务院扶贫办综合司.教育部办公厅国务院扶贫办综合司关于印发《贯彻落实〈职业教育东西协作行动计划（2016—2020年）〉实施方案》的通知[EB/OL].（2017-05-22）[2023-12-21].http://www.moe.gov.cn/srcsite/A07/zcs_zhgg/201706/t20170615_307017.html.

教育部办公厅.教育部办公厅关于办好深度贫困地区职业教育助力脱贫攻坚的指导意见[EB/OL].(2019-10-17)[2023-12-21].http://www.moe.gov.cn/srcsite/A07/s7055/201910/t20191030_406100.html.

教育部办公厅.教育部办公厅关于印发《职业教育东西协作行动计划滇西实施方案（2017—2020年）》的通知[EB/OL].（2017-09-08）[2023-12-21].http://www.moe.gov.cn/srcsite/A07/zcs_zhgg/201709/t20170919_314758.html.

教育部发展规划司.《教育脱贫攻坚"十三五"规划》有关情况[EB/OL].（2016-12-29）[2023-12-21].http://www.moe.gov.cn/jyb_xwfb/xw_fbh/moe_2069/xwfbh_2016n/xwfb_161229/161229_sfcl/201612/t20161229_293358.html.

劳动和社会保障部,国家发展计划委员会,农业部,等.关于进一步开展农村劳动力开发就业试点工作的通知(劳社部发〔2000〕15号)[EB/OL].(2000-07-20)[2023-12-21]. https://law.lawtime.cn/d631448636542.html.

梁泽运,赵刚.决战脱贫在今朝! 全面建成小康社会一个民族都不能少[EB/OL]. （2020-05-27）[2023-12-21].http://topics.gmw.cn/2020-05/27/content_33865286.htm.

人力资源社会保障部,财政部,共青团中央.人力资源社会保障部财政部共青团中央关于印发百万青年技能培训行动方案的通知[EB/OL].（2020-07-21）[2023-12-21]. http://www.gov.cn/zhengce/zhengceku/2020-07/31/content_5531384.htm.

新华社.中共中央、国务院印发《中国教育现代化2035》[EB/OL].(2019-02-23) [2023-12-21].http://www.gov.cn/zhengce/2019-02/23/content_5367987.htm.

新华社.中共中央关于全面深化改革若干重大问题的决定[EB/OL].(2013-11-15) [2023-12-21].https://www.gov.cn/zhengce/2013-11/15/content_5407874.htm.

新华社.中共中央国务院关于实施乡村振兴战略的意见[EB/OL].(2018-02-04)[2023- 12-21].http://www.gov.cn/zhengce/2018-02/04/content_5263807.htm.

悦琪.中共中央、国务院关于尽快解决农村贫困人口温饱问题的决定[EB/ OL].(2007-06-22)[2023-12-21].http://www.ce.cn/xwzx/gnsz/szyw/200706/22/ t20070622_11897661.shtml.

忠建丰.孙春兰在四川调研时强调扎实推进深度贫困地区教育健康扶贫工作 [EB/OL].（2019-03-22）[2023-12-21].http://www.moe.gov.cn/jyb_xwfb/s6052/ moe_838/201903/t20190325_375072.html.

国际劳工组织章程和国际劳工大会议事规则（2012年）[EB/OL].（2018-12-01） [2023-12-21].https://www.ilo.org/wcmsp5/groups/public/---ed_norm/--relconf/ documents/meetingdocument/wcms_652215.pdf.

中共教育部党组关于脱贫攻坚专项巡视整改进展情况的通报[EB/OL].（2019-05-20） [2023-12-21].https://www.ccdi.gov.cn/yaowen/201905/t20190517_194145.html.

中共中央、国务院关于帮助贫困地区尽快改变面貌的通知[EB/OL].（1984-09-29） [2023-12-21].http://www.fsou.com/html/text/chl/1616/161615_1.html

中华人民共和国就业促进法[EB/OL].（2013-07-04）[2023-12-21].http://china. findlaw.cn/laodongfa/laodongjiuye/1035450.html.

【内部资料（未出版）】

云南省教育厅，教育部驻滇西扶贫总队.2017年云南省落实教育部《职业教育东西协作行动计划滇西实施方案（2017—2020年）》工作情况材料汇编[Z].2017.

云南省人力资源和社会保障厅.云南省技能人才队伍建设工作（2012—2016）文件汇编[Z].2017.

英文文献

ILO. Global Employment Trends for Youth 2017: Paths to a Better Working Future [EB/OL].(2017-12-01)[2023-12-21].https://www.ilo.org/wcmsp5/groups/public/---dgreports/---dcomm/---publ/documents/publication/wcms_598669.pdf.

JONES P W. World Bank Financing of Education: Lending, Learning and Development[M]. London and New York: Routledge, 1992.

KING K, PALMER R. Skills Development and Poverty Reduction: The State of the Art [EB/OL].(2006-01-01) [2023-12-21].https://www.gov.uk/dfid-research-outputs/skills-development-and-poverty-reduction-the-state-of-the-art-post-basic-education-and-training-working-paper-series-n-9.

Learning and Work Institute. Skills and poverty: Building an Anti-Poverty Learning and Skills System[EB/OL].(2016-09-08) [2023-12-21].https://learningandwork.org.uk/resources/research-and-reports/skills-and-poverty-building-an-anti-poverty-learning-and-skills-system/.

NARAYAN D. Empowerment and Poverty Reduction[M]. The World Bank, 2002.

NWACHUKWU P. Poverty Reduction Through Technical and Vocational Education And Training (TVET) in Nigeria[J].Developing Country Studies, 2014 (4):10-13.

OECD. The Role of Technical and Vocational Education and Training (TVET) In Fostering Inclusive Growth at the Local Level In Southeast Asia[EB/OL].(2018-11-28)[2023-12-21]. https://www.oecd-ilibrary.org/employment/the-role-of-technical-and-vocational-education-and-training-tvet-in-fostering-inclusive-growth-at-the-local-level-in-southeast-asia_5afe6416-en .

PSACHAROPOULOS G. World Bank Policy on Education: A Personal Account[J]. International Journal of Educational Development, 2006(3):329-338.

SCHULTZ T W. The Economic Value of Education[M]. New York: Columbia University Press,1963.

SHAFIQ M N. Six Questions about the World Bank's 2020 Education Sector Strategy[EB/OL].(2012-01-20) [2023-12-21].http://www.pitt.edu/~mnshafiq/M_Najeeb_ Shafiq_%28University_of_Pittsburgh%29/Research_files/Chapter%203%20Six%20 Questions%20%28Shafiq%29.pdf.

The World Bank. Priorities and Strategies for Education: A World Bank Review[M]. Washington, DC:World Bank, 1995.

UNESCO. Strategy for Technical and Vocational Education and Training (TVET) (2016— 2021) [EB/OL].(2016-07-08)[2023-12-21]. https://en.unesco.org/sites/default/files/tvet.pdf.

World Bank. Education Sector Working Paper[R].Washington, D.C.: World Bank, 1971.

World Bank. Education Sector Working Paper[R].Washington, D.C.: World Bank, 1974.

World Bank. World Development Report 2000/2001 : Attacking Poverty [EB/OL]. (2014-06-06) [2023-12-21]. https://www.researchgate.net/publication/314511791_World_ Development_Report_Attacking_Poverty.

World Bank. World Development Report 2005: A Better Investment Climate for Everyone [EB/OL].(2005-08-01) [2023-12-21].https://baccountability.com/announcement/world-development-report-2005-better-investment-climate-everyone/.

World Bank. World Development Report 2007: Development and the Next Generation[EB/ OL]. (2006-09-01) [2023-12-21]. https://elibrary.worldbank.org/doi/abs/10.1596/978-0-8213-6541-0.

Access to Quality TVET for All [EB/OL].[2023-12-21] .https://unevoc.unesco.org/home/ Equity+and+gender+equality.

Annual Report 2019: Ending Poverty, Investing in Opportunity [EB/OL].(2019-12-04) [2023-12-21] .https://www.worldbank.org/en/about/annual-report#anchor-annual.

Decent Work, the key to poverty reduction [EB/OL].(2015-08-27) [2023-12-21].https:// www.ilo.org/global/topics/poverty/WCMS_396219/lang--en/index.htm.

Five Questions about the ILO Centenary Declaration [EB/OL].(2019-07-01) [2023-12-21] .https://www.ilo.org/global/about-the-ilo/newsroom/news/WCMS_712047/lang--en/index.htm.

Global Forum Skills for Work and Life Post-2015 [EB/OL].[2023-12-21] .https://unevoc. unesco.org/home/Global+Forum+2014+Roundup.

ILO and UNESCO Reconfirm Commitment to Joint Work in New Agreement [EB/OL].

(2014-07-15) [2023-12-21] .https://www.ilo.org/moscow/news/WCMS_327543/lang--en/index.htm.

Informal Economy, Poverty and Employment: an Integrated Approach [EB/OL].[2023-12-21].https://www.ilo.org/beijing/what-we-do/projects/WCMS_142302/lang--en/index.htm.

Poverty Reduction Strategies [EB/OL].[2023-12-21].https://www.ilo.org/emppolicy/areas/poverty-reduction-strategies/lang--en/index.htm.

Quality TVET for All: Contributing to Sustainable Development, Globally[EB/OL].[2023-12-21] .https://unevoc.unesco.org/home/UNESCO-UNEVOC+-+Who+we+are.

The ILO's Strategic Plan for 2018–2021[EB/OL].(2016-10-21) [2023-12-21] .https://www.ilo.org/gb/GBSessions/previous-sessions/GB328/pfa/WCMS_533187/lang--en/index.htm.

The Importance of Being Vocational: Challenges and Opportunities for VET in the Next Decade[EB/OL].(2020-07-01) [2023-12-21].https://www.cedefop.europa.eu/en/publications-and-resources/publications/4186.

The Republic of Rwanda.Economic Development & Poverty Reduction Strategy(2008—2012)[EB/OL].(2008-04-25) [2023-12-21]. https://vision2050.minecofin.gov.rw/fileadmin/user_upload/Publications/V2020_Implemantation_strategies/EDPRS_1/EDPRS1.pdf.

UNESCO in brief [EB/OL].[2023-12-21].https://en.unesco.org/about-us/introducing-unesco.

UNEVOC Global Forum on Advancing Learning and Innovation in TVET [EB/OL].(2019-12-02) [2023-12-21] .https://unevoc.unesco.org/home/ALIT+2019.

What We Do [EB/OL].[2023-12-21].https://www.worldbank.org/en/about/what-we-do.

World Development Report 2016: Digital Dividends [EB/OL].(2016-01-08)[2023-12-21] .https://www.worldbank.org/en/publication/wdr2016.

World Employment and Social Outlook: Trends 2020 [EB/OL].(2020-01-18) [2023-12-21]. https://www.ilo.org/wcmsp5/groups/public/---dgreports/---dcomm/---publ/documents/publication/wcms_734455.pdf .

Youth Employment and Entrepreneurship [EB/OL].[2023-12-21] .https://unevoc.unesco.org/home/Youth+employment+and+entrepreneurship.

附录一

职业院校在校学生发展情况调查问卷

　　亲爱的同学，为了解你在校的学习和生活情况，以及对将来就业的想法，请你抽出宝贵时间（约6～8分钟），认真填写本问卷。答案无对错之分，请根据个人实际填写。问卷为匿名调查，请你放心填答。你的真实想法对我们的研究至关重要。感谢你的配合与支持！

一、个人情况

1.你的性别是 □ 男 □ 女

2.你的户口是 □ 城市户口 □ 农村户口

3.你的民族是 □ 汉族 □ 少数民族

4.你所学专业名称是＿＿＿＿＿＿＿＿＿ 。

5.你所读专业的学制是 □ 三年制（中专/技校/职高）

　　　　　　　　　　　　□ 四年制（开放教育+高级技工）

　　　　　　　　　　　　□ 五年制

6.你目前处于何种教学阶段 □ 校内学习 □ 阶段性教学实习 □ 顶岗实习

二、家庭情况

7.你家的住址在 □ 县或区的城区及附近 □ 乡镇政府所在地及附近

　　　　　　　□ 村委会所在地　　　　□ 自然村

8.你家有几个孩子 □1个 □2个 □3个 □4个及以上

9.你父亲的受教育情况是 □ 没有上过学 □ 小学 □ 初中

　　　　　　　　　　□ 高中/中专/技校/职业高中

　　　　　　　　　　□ 专科 □ 本科及以上

10.你母亲的受教育情况是 □ 没有上过学 □ 小学 □ 初中

　　　　　　　　　　□ 高中/中专/技校/职业高中

　　　　　　　　　　□ 专科 □ 本科及以上

11.你家的收入主要来自 □ 固定工资 □ 经商 □ 务农

　　　　　　　　　　□ 外出务工 □ 政府补助

12.你家属于哪一种贫困家庭 □ 城市低保 □ 农村低保

　　　　　　　　　　　　□ 建档立卡 □ 残疾贫困 □ 普通家庭

13.你家的收入在当地属于 □ 中上水平 □ 中等水平 □ 中下水平

三、入校方式

14.你通过何种方式了解现在所在的学校?

□ 网络宣传 □ 现场宣传 □ 报纸宣传 □ 广播宣传 □ 电视宣传

□ 他人推荐 □ 其他

15.你如何确定现在就读的学校?

□ 自己决定的 □ 父母决定的 □ 兄弟姐妹推荐的 □ 同学推荐的

□ 初中班主任推荐的 □ 亲戚推荐的 □ 朋友推荐的 □ 其他

16.你如何确定现在就读的专业?

□ 自己决定的 □ 父母决定的 □ 兄弟姐妹推荐的 □ 同学推荐的

□ 初中班主任推荐的 □ 亲戚推荐的 □ 朋友推荐的 □ 其他

四、行为习惯

17.本学期以来你请过假吗?

□ 经常请假 □ 偶尔请假 □ 很少请假 □ 没有请假

18.你是如何看待请假现象的?

□ 对学习有影响,但有事就会请　　□ 对学习有影响,会尽量避免

□ 对学习没有影响,有事就会请　　□ 对学习没有影响,但会尽量避免

19.本学期以来你上课迟到过吗?

□ 经常迟到 □ 偶尔迟到 □ 很少迟到 □ 没有迟到

20.你是如何看待迟到现象的?

□ 会影响到学习,也会尽量避免 □ 会影响到学习,但不在乎

□ 不会影响学习,但会尽量避免 □ 不会影响学习,也不在乎

21.本学期以来你上课有过缺席吗?

□ 经常缺席 □ 偶尔缺席 □ 很少缺席 □ 没有缺席

五、学习状况

22.你最喜欢的课程是

□ 公共文化课(如语文、数学、英语)

□ 专业基础课(如会计基础、财经法规)

□ 专业实训课(包括校内实训与校外实训)

23.上课前你会预习吗?

□ 每次都会预习 □ 经常会预习 □ 偶尔会预习

□ 很少会预习 □ 从来不预习

24.上课时你能理解老师所讲的内容吗?

□ 完全能理解 □ 多数能理解 □ 多数不能理解 □ 完全不能理解

25.上课时你会主动回答问题吗?

□ 经常会 □ 偶尔会 □ 很少会 □ 从来不会

26.上课时你会记笔记吗?

□ 每次都会 □ 多数时候会 □ 偶尔会 □ 很少会 □ 从来不会

27.上课时你的注意力如何?

□ 能集中注意力,并能理解所学内容

□ 能集中注意力,只能理解部分所学内容

□ 能集中注意力,但不能理解所学内容

□ 不能集中注意力,但能理解所学内容

□ 不能集中注意力,只能理解部分所学内容

□ 不能集中注意力,也不能理解所学内容

28.上课时你通常

□ 没有与课堂教学无关的行为

□ 偶尔有与课堂教学无关的行为

□ 经常有与课堂教学无关的行为

29.上课时你曾出现过的无关行为有

□ 阅读其他书 □ 与同学讲话聊天 □ 使用手机或平板

□ 独自发愣或睡觉 □ 其他

30.老师布置的作业你会按要求完成吗?

□ 每次都会按要求完成作业 □ 多数时候会按要求完成作业

□ 偶尔会按要求完成作业 □ 很少会按要求完成作业

□ 从不按要求完成作业

31.课后你会复习学过的内容吗?

□ 经常会复习 □ 偶尔会复习 □ 很少会复习 □ 从来不会复习

六、未来规划

32.你想过毕业后的工作吗?

□ 想过,知道自己想要什么工作

□ 想过,但不知道自己想要什么工作

□ 没想过,也不知道自己想要什么工作

33.毕业后你打算

□ 找工作就业 □ 继续学习提升学历 □ 自己创业 □ 没有想过

34.如果升学你会优先考虑

□ 学校名气大小 □ 专业就业前景 □ 自己的兴趣爱好 □ 家人是否支持

35.你是如何看待实习教学的?

□ 很重要并且要对口实习 □ 很重要但不一定要对口实习 □ 说不清楚

36.你是如何看待对口就业的?

□ 很重要,我相信能对口就业 □ 很重要,但我不确定能否对口就业

□ 不确定,学校提供什么岗位就去什么岗位

37.选择就业时你通常会考虑（多选）

□ 工作环境 □ 收入水平 □ 发展前景 □ 个人兴趣 □ 离家远近 □ 家人态度

38.毕业后你会选择到何处去就业？

□ 乡或镇所在地及附近 □ 县、区、市所在地及附近 □ 省会所在地及附近

七、辍学风险

39.本学期以来班上有人退学吗？

□ 有 □ 没有

40.在你看来班上有人退学的主要原因是

□ 经济 □ 人际 □ 家庭 □ 学习 □ 生活

41.班上有人退学对你是否有影响？

□ 有 □ 没有

42.本学期以来你是否有过退学想法？

□ 有 □ 没有

43.有退学想法时你通常会如何做？

□ 会告诉父母 □ 会告诉兄弟姐妹

□ 会告诉同学或朋友 □ 会告诉班主任或辅导员

□ 不告诉别人而自己调节 □ 不告诉别人而自己离开

44.有退学想法时你希望得到何种帮助？

□ 父母能够说服你留下来 □ 同学能够劝你留下来

□ 班主任能够引导你留下来 □ 朋友能够劝你留下来

□ 不需要别人帮助自己会决定去留

八、个人发展

45.进校以来我的文化基础知识得到提升。

□ 完全符合 □ 比较符合 □ 一般 □ 比较不符合 □ 完全不符合

46.进校以来我的自信心得到提升。

□ 完全符合 □ 比较符合 □ 一般 □ 比较不符合 □ 完全不符合

47.进校以来我与人交往的能力得到提升。

□完全符合 □比较符合 □一般 □比较不符合 □完全不符合

48.进校以来我的健康习惯得到改善。

□完全符合 □比较符合 □一般 □比较不符合 □完全不符合

49.进校以来我解决问题的能力得到提升。

□完全符合 □比较符合 □一般 □比较不符合 □完全不符合

50.进校以来我掌握了更多的学习方法。

□完全符合 □比较符合 □一般 □比较不符合 □完全不符合

51.进校以来我更加明确自己的责任。

□完全符合 □比较符合 □一般 □比较不符合 □完全不符合

52.进校以来我的专业技能得到提升。

□完全符合 □比较符合 □一般 □比较不符合 □完全不符合

53.我知道自己所学专业对口的职业。

□完全符合 □比较符合 □一般 □比较不符合 □完全不符合

54.我知道自己所要从事的工作所要具备的能力。

□完全符合 □比较符合 □一般 □比较不符合 □完全不符合

55.我掌握了自己将要从事的工作所需要的能力。

□完全符合 □比较符合 □一般 □比较不符合 □完全不符合

56.我相信我能胜任将来所从事的工作。

□完全符合 □比较符合 □一般 □比较不符合 □完全不符合

调查到此结束，感谢您的参与，祝您学习进步！生活愉快！

附录二

贫困成年劳动力职业技能培训调查问卷

亲爱的朋友：

您好！为了解您参加职业技能培训后的效果，改进职业技能培训服务，更好地服务农村劳动力转移和农民培训，请您花费一点宝贵时间，仔细阅读题目后根据自己的真实想法和实际情况作答。此次调查为匿名调查，不会留下您的任何联系方式，调查结果仅作研究使用，对您的回答也将严格保密。您无须有任何顾虑，可安心作答。非常感谢您的支持！

一、基本信息

1.您的性别是

□男　□女

2.您的年龄是

□20岁及以下　□21～30岁　□31～40岁　□40岁以上

3.您的家庭所在地在

□自然村　　□村委会及附近　　□乡镇及附近　　□县城或市区

4.您的家庭属于

□建档立卡户　□非建档立卡户

5.您参加的培训属于

□农村实用技术培训　　□劳动力转移培训　　□其他培训

6.您参加培训的费用来源为

□全部由政府补助　　□部分政府补助，部分自己交　　□全部自己交

7.您参加过的培训次数为

□1次　　□2次　　□3次　　□4次及以上

二、培训效果（请根据自己的实际选择）

8.参加培训后您的收入

□增加了　□没有变化　□说不清楚

9.培训使您掌握了新的技术技能

□是的　□不是的　□说不清楚

10.培训提升了您的技术技能

□是的　□不是的　□说不清楚

11.培训后您的劳动技能

□提高了　□没有提高　□说不清楚

12.培训后您认为未来的生活会

□更美好　□没变化　□说不清楚

13.培训后您脱贫致富的信心

□增强了　□没变化　□说不清楚

14.培训后您认为自己

□变得更好　□没有变化　□说不清楚

三、培训满意度（请根据自己的实际选择）

15.您认为培训内容与您的需求

□完全吻合　　□比较吻合　　□不确定　　□比较不吻合　　□完全不吻合

16.您对培训时间的安排

□非常满意　　□比较满意　　□不确定　　□比较不满意　　□非常不满意

17.您对培训地点的安排

□非常满意　　□比较满意　　□不确定　　□比较不满意　　□非常不满意

18.您对培训教师的培训方式

□非常满意　　□比较满意　　□不确定　　□比较不满意　　□非常不满意

19.您能理解培训的内容

□完全吻合　　□比较吻合　　□不确定　　□比较不吻合　　□完全不吻合

20.您对培训的质量

□非常满意　　□比较满意　　□不确定　　□比较不满意　　□非常不满意

21.您对培训的整体效果

□非常满意　　□比较满意　　□不确定　　□比较不满意　　□非常不满意

调查到此结束，感谢您的参与，祝您生活愉快！

附录三

贫困家庭毕业生访谈提纲

您好！经过前期与您联系并征得您的同意，接下来将对您展开访谈。访谈主要围绕您的基本信息、就业和收入状况，您对职业院校学生和生活的感受，您对毕业后就业和发展的主要体会和感想展开，此外，还想了解您对未来生活和工作的规划。需要跟您说明的是，我将记录您所说的话语，您的信息仅被用于我的研究，对涉及个人隐私的信息我将进行处理以保护您的隐私。如存在您不愿意我记录的内容，请告诉我。访谈可能持续三十分钟到一小时。感谢您接受我的访谈。

一、受访个案基本信息及就业状况

1.请问您是哪一年毕业的？

2.您学的是什么专业？

3.您的学制是几年？

4.您已工作几年？

5.您目前在做什么工作？

6.您有担任职务吗？（如有，是什么职务？）

7.您属于就业还是创业？

8.请问近三个月您的平均月收入是多少？

二、受访个案的学习和生活回顾、职业体验及当前职业发展

请以职业院校学习、生活及毕业以来的经历为例，谈谈您对以下问题的看法：

1.在校学习时什么活动对您的影响比较大？为什么？

2.在校学习时什么人对您的学习和生活帮助大？他/她帮您解决了什么困难和问题？

3.您认为在学校学到的最重要的是什么？

4.您认为要帮助家庭困难学生渡过难关，职业院校中哪些人最重要？他们需要做些什么？

5.在职业院校学习生活中遭遇困难时您是如何解决的？

6.以您的经历为例，您认为要想实现自力更生以摆脱不利处境，关键在于什么？

7.您对未来的工作和生活有何考虑？

再次感谢您的支持和配合，祝您工作顺利，生活愉快！

后　记

本书以我的博士论文为基础，申报浙江省2023年哲学社会科学规划后期资助课题，获批立项后，历经两年多修改完善形成。

本书聚焦于脱贫致富进程中职业教育功能发挥与价值实现的理论与实践问题。脱贫致富是我国从摆脱普遍贫困逐步走向共同富裕的长期实践过程。在这一过程中，对于职业教育而言，无论是促进摆脱普遍贫困还是助力共同富裕，其背后的底层逻辑是一致的，即依托技术教育和技能培训，促进低收入群体增加人力资本，进而有效参与到现代社会生产中，并通过就业增收摆脱不利处境，通过技能积累和创业致富向中等收入群体转变，从而有效融入共同富裕社会中。基于以上认识，本书以学历职业教育和非学历职业技能培训为分析主线，构建职业能力开发—就业岗位供给—劳动生产参与—工资收入获取的实践逻辑。依循这一逻辑，从理论依据、政策制度、国际经验、实践情况、典型案例等层面开展研究。

本书立足我国从摆脱贫困到实现共同富裕的历史进程，从政策层面揭示职业教育功能价值的演变；遵循技能开发—技能应用—技能提升的分析思路，以阐释职业教育赋能脱贫致富的内在机理；直面建设共同富裕社会的时代需要，构建职业教育赋能共同富裕实现路径。本书旨在深化和拓展职业教育赋能脱贫致富的理论认识，丰富和完善职业教育赋能脱贫致富的实践路径，提供职业教育赋能共同富裕的行动方案和典型案例。相较于以上目标，由于时间和能力有限，书中对职业教育赋能脱贫致富的理论认识还有待深化，对职业教育赋能脱贫致富的实证分析还有待拓展，对职业教育赋能共同富裕的典型模式还有待提炼。这些不足之处恰恰是将来进一步研究的空间，需要给予特别关注。

一路走来，感谢感恩相遇相识并为我提供帮助和支持的师友、同学、领导和同事，感谢在研究过程中接受问卷调查、集体座谈和访问的教育行政部门负责人，职业院校管理者、师生及已经走上工作岗位的同学。

我首先要特别感谢我的导师石伟平教授，他在论文选题、研究指导、论文修改、书稿完善等方方面面为我提供了大量帮助，时时关心我的研究进展，总能在我最困惑的时刻给予指导。我要特别感谢华东师范大学职业教育与成人教育研究所的徐国庆老师、匡瑛老师、陆素菊老师、付雪凌老师、周瑛仪老师、李政博士等对论文修改完善给予的细致指导。我还要感谢浙江大学教育学院顾建民教授、华东师范大学国际与比较教育研究所彭正梅教授、天津大学教育学院潘海生教授在论文答辩阶段给予的宝贵建议，使我更加深刻地认识到论文的不足之处及进一步完善的方向。

我要特别感谢李鹏、陈春霞、申怡、张蔚然、钱维存、徐峰、胡微、马欣悦、杨顺光、林玥茹、井文、范栖银等同学在论文写作阶段给予我帮助和支持。我要特别感谢在申报浙江省哲学社会科学后期资助项目中给予我很多支持的领导和同事，他们是浙江省现代职业教育研究中心的邵建东研究员、韦清副研究员、王亚南副研究、赵俞凌研究员、徐珍珍副研究员、孙凤敏老师、王斌老师。感谢南京师范大学教育科学学院郝天聪副教授、云南大学文学院黄增喜副教授、浙江大学教育学院博士生张晓超、厦门大学教育研究院博士生张迅等对书稿提出的宝贵意见！特别感谢浙江大学出版社徐婵女士和黄梦瑶编辑专业、细致的指导和支持，她们在内容和形式等方面提出了建设性意见，以更好地呈现本书。

当然，我还要特别感谢在论文盲审和浙江省哲学社会科学后期资助项目评审阶段提出宝贵意见的各位专家，他们的建议使得本书以更为准确合理的形式呈现。本书得到浙江省哲学社会科学基金、金华职业技术大学学术出版资金资助，出版过程得到浙江省哲学社会科学工作办公室的指导，在此一并表达谢意！

最后，我特别感谢家人的理解和支持！自工作以来，尤其是读博期间，我自己的时间基本花在工作和学习上，家里的一切都是由我妻子李耀莲女士在操持，但她非常理解我、支持我，在这里我要特别感谢她！还有女儿瞿秋童，在我开始撰写本书时，她还在上小学，我平时陪伴她的时间很少，对她学习和生活的关心也不够，还好她比较独立，能够安排好自己的学习。在本书出版时，她已进入高中学习，这本书权当送给她的一个礼物。

由于自身水平有限，本书定有不少疏漏和不足，诚盼各位专家和读者指正！

2024年10月16日于浙江省金华市